Julia Jobst

Noemi

Liebe, Hunger, Hungerliebe

Roman

payer*publishing*

ISBN 978-3-200-04255-1

Printed in Austria

Alles, was sie ist,
schon immer war und
ewig sein wird,
ist frei.

Kapitel **Seite**

Zuordnung Schriftarten/Zeiten

das Hier & Jetzt
das Vergangene
die Träume & ***die Anderswelt***
die Bewusstwerdung

Pränatale Erinnerungsfetzen
Wo ist sie hin?

Alles, was sie ist, schon immer war und ewig sein wird, ist frei.
Sie wusste es nicht.
Im Laufe der Zeit ging Vieles von der Freude in ihren Augen
und der Kraft in ihrem Herzen verloren.
Niemand bemerkte es je.
Manche sagten:
„Wieso bist du so schweigsam?
Fühlst du dich etwa einsam?“
Das war es aber nicht, was sie so traurig machte.
Denn sie spürte immer noch, warum sie hier war.
Sie war hier, um das warme goldene Licht der
untergehenden Sonne in sich aufzunehmen und
das tiefe Blau des Abendhimmels,
das daraufhin folgte.
Sie war da, um zu leben und
die feinen Unterschiede herauszufinden,
die das Besondere ausmachen.
Nicht zu vergessen, um dem Rauschen der Meeresbrandung und
der Blätter der Bäume im Wind und
dem Singen der Vögel zu lauschen.
Sie wollte sich ins duftende Gras legen,
mit einem lieben Menschen reden und
dabei einfach glücklich sein.
Sie wollte auch reisen,
um die Geschichten von überall aus der Welt zusammenzutragen.
Sie konnte so gut erzählen,
wenn die richtige Zeit dafür da war.
Und lachen konnte sie! Über alles Mögliche.
Über den lustigen Klang mancher Worte,
über die Verhaltensweisen der Menschen,
über das Leben und alles, was darin enthalten war.
Und nicht zu vergessen: über sich selbst.
Manches kann niemals vollständig mit Worten erklärt werden.
Sie hasste zu viele Worte.
Und vor allem falsch verstandene Worte,
die nur Ärger nach sich zogen.
Weil die Worte immer mehr wurden
und das Verständnis immer weniger.
Dies wiederum ließ sie oft fast verzweifeln.

Sie konnte niemandem etwas geben,
was er nicht bereits in sich selbst trug.
Manchmal glaubte sie das,
doch dies war ein Trugschluss.
Und umso größer waren die Enttäuschung und
der Schmerz, wenn sie es bemerkte.
Da waren auch noch Gefühle in ihr, die so stark waren,
dass sie sich in lebendige Wesen hätten verwandeln können.
Mischwesen zwischen glühender Sehnsucht,
tiefstem Schmerz und dem unerschütterlichen Glauben,
dass doch noch alles gut wird.
Ja, und Freude.
Eine riesige überirdische Freude auf all das,
was noch kommen sollte.
Dennoch war etwas von ihr gewichen.
Etwas Unverwechselbares, etwas Wesenseigenes,
das mehr und mehr einer großen Leere
und dahingehender Verzweiflung Platz machte.
Sie empfand nach wie vor Freude, doch sie wusste plötzlich,
diese Freude war nicht ein Teil der gesamten Welt.
Sie war immer nur in ihr selbst.
Wie sollte es auch etwas außerhalb von ihr geben,
das sie glücklich machen konnte? Das gab es nicht.
Das befürchtete sie.
Das wusste sie.
Doch wie konnte sie die Sinnlosigkeit der Existenz
mit der Freude ihres Lebens vereinbaren
und auf die ganze Welt übertragen?
Wie sollte sie es schaffen, eine Brücke über den Abgrund
zwischen ihrer Welt und der Welt da
draußen zu schlagen?
Sie war fest entschlossen, das herauszufinden,
auch wenn sie scheitern sollte.
Sie musste mehr über diese leise Ahnung herausfinden,
die sie immer dann beschlich,
wenn sie ganz allein mit sich selbst war...

Die Melancholie-Süchtige

Wenn Melancholie eine Schokoladensorte wäre, hätte ich mich daran höchstwahrscheinlich schon tot gefressen!
Aber jetzt mal im Ernst.
Der Anfang einer langen Geschichte voller Höhen und Tiefen begann mit der Bewusstwerdung dessen, dass ich entweder nicht ganz richtig im Kopf war, nicht ganz normal, wie man es so schön ausdrückt, oder aber eine völlig neue Denkweise ins Leben mitbrachte, die viele Menschen nicht verstehen konnten, die ihre bisherigen Vorstellungen von Moral, Logik und angelerntem Wissen außer Kraft setzte...
Wie sollten sie es auch verstehen, ich selbst konnte oft nicht richtig begreifen, was an mir so ungewöhnlich war, so „anders" als bei all den anderen. Aber spüren. Ja, spüren konnte ich es. In den ersten Jahren nur vage, wie ein Wispern und Raunen in den Bäumen und Gassen, wenn ich vorüberging. Bereits als Kind stach ich unfreiwillig aus der Masse hervor, galt unter Gleichaltrigen als „komisch" und irgendwie „unheimlich". Im Grunde wollte ich immer nur dazugehören, eine von ihnen sein. Doch dieser Wunsch blieb mir verwehrt. Auch nach langen Jahren der Enthaltsamkeit und des Kampfes gegen mich selbst.
Weder durch elterliche Bestrafung noch durch gut gemeinte Worte war dieser Umstand veränderbar. Eine unerlöste Sehnsucht in mir, die stärker und stärker nach ihrer Verwirklichung verlangte je älter ich wurde. Nicht, dass mein Leben besser oder spannender als das der anderen verlaufen wäre. Aber all das, was ich im Laufe meiner bisherigen Entwicklung erleben durfte, war wie eine Hymne an das Leben selbst.
Eine Erkenntnis, die das Leben als komplexe, einzigartige und faszinierende Struktur begreift und zum Ausdruck bringt. Jeder Mensch bekommt die Chance, etwas Unvergleichliches, Atemberaubendes, Individuelles und Lohnenswertes daraus zu gestalten. Das ist eine meiner gewonnenen Einsichten. Vielleicht habe ich mein Leben nach der Meinung anderer Menschen nicht genug gelebt, zu viel Zeit und Geld verschwendet oder einfach nur alles falsch gemacht.
Die Ansichten anderer Leute sind mir jedoch zum Glück noch nie wirklich wichtig gewesen. Zeitweise war es zermürbend, wenn ich versuchte mich anzupassen oder mich zu verstellen. Bis ich mir die Freiheit nahm, nur noch mir selbst zu gefallen, niemand anderem.
Dieser Prozess war ein langer, steiniger und nicht immer leichter Weg. Das Leben fühlte sich oft unheimlich hart an und schmeckte richtig bitter. Je heller die Höhen, desto dunkler die Täler...
Gerade die schweren Zeiten waren es, die mich zurückführten auf meinen eigentlichen Pfad, zurückwarfen auf den Nullpunkt und mir

die Chance boten, mich daran zu erinnern, wer ich wirklich war. Egal wie schlecht es uns auch manchmal gehen mag, wie sehr wir uns auch manchmal wünschen, am liebsten nie geboren worden zu sein: wir sind am Leben und solange wir das sind, haben wir Einfluss auf alles andere, was lebt! Ohne Schattenseiten würden wir auch das Glück und alles Schöne nicht zu schätzen wissen.
Ich bin so dankbar für mein Leben!
Und das aus meinem Munde! Das grenzt schon beinahe an ein kleines Wunder. Ich musste lernen, mit mir selbst, mit meinem Körper und meinen Mitmenschen respekt- und liebevoll umzugehen. Mit den Problemen und Ängsten, die sich mir in den Weg stellten und den vielen unbeantworteten Fragen, die mich so quälten.
Vor allem galt es auch, einen Ausdruck für all das zu finden, was in mir vorging. Das geschah sehr oft durch das geschriebene Wort. Dies war mein Weg mich selbst besser kennenzulernen und anderen gleichzeitig ein Bild von mir zu verschaffen. Zu sagen was man fühlt, wie man denkt, was man schon alles durchgemacht hat und vielleicht noch erleben möchte, stellt ein Grundbedürfnis jedes Menschen dar.
Niemand ist umsonst hier. Jeder Einzelne hat seinen ureigenen Sinn zu erfüllen, auch wenn viele ihn leider erst viel zu spät erkennen. Oder nie. Das war bisher meine größte Angst. Zu scheitern, nicht mehr weiter zu wissen. Zu vergessen, woher wir kommen und wozu wir hier sind. Zu vergessen, wer wir sind. Es gibt noch mehr im Leben als arbeiten, konsumieren, essen und ein wenig Spaß haben, wenn sich eine Gelegenheit dazu bietet.
Glauben wir Menschen mit unserem beschränkten kleinen Verstand wirklich, die Welt sei nur aus purem Zufall entstanden? Die Sterne, die Galaxien, das Leben selbst wären nichts als ein reiner Glücksfall? Eine Art Anomalie oder ein Produkt besonders günstiger Lebensbedingungen?
Wo ist da die Seele? Wo ist das Lebendige und vor allem: was IST dieses Lebendige in uns? Wodurch wirkt das Göttliche, wenn nicht durch die Schöpfung und alles was ist? Was sind wir denn, wenn nicht genau das? Göttlich!
Glauben wir wirklich mehr an das, was uns andere sagen, als das, was wir selbst tief in unserem Inneren, in unserem eigenen Herzen spüren? Sind wir allen Ernstes der Auffassung, es gäbe Glück, Zufall oder Pech? Es gibt nur das, was wir uns selbst erdacht haben. Das, was wir mit unseren eigenen Gedanken erschaffen. Wie oft sperrten wir uns schon in ein Gefängnis aus Zwängen und Ängsten, lebten sozusagen hinter unsichtbaren Gittern unserer eigenen Innenwelt? Gedanken sind der Schlüssel zu allem was ist und was sein wird. Nur durch gute Ge-

danken kann es auch eine gute Welt geben.
Überprüfen wir uns doch einmal selbst, über was wir den ganzen lieben langen Tag so nachdenken. Wir würden erstaunt sein, wie viel davon zu nichts nütze oder - noch schlimmer - sogar schädlich für uns selbst und andere Menschen ist!
Würden wir auch nur einen kleinen Teil unseres täglichen Lebens mit Gedanken, Gefühlen und dementsprechenden Handlungen der Liebe, der Harmonie und der Freude bereichern - wir hätten schon einiges an Lebensqualität hinzugewonnen. Wir müssen neu erlernen, uns wieder mehr mit uns selbst zu beschäftigen, mit unseren innigsten Herzenswünschen.
Wir alle, jeder Einzelne von uns, kann mithelfen eine liebevolle, lebenswerte, lebendige Welt zu gestalten.
Dies ist keine einfache Aufgabe und kostet auch Überwindung, doch der Lohn dieser Mühen wird nicht ausbleiben, und alle Liebe und Freude, die wir geben, wird auf den mannigfaltigsten Wegen zu uns zurückkommen!

Warten wir nicht so lange, fangen wir damit an.
Macht ist, wenn du was machst!

Kapitel 1
Zwiegespräche, zerronnene Zeit & Zwillingshexen

Herbstzeit.
Mit Nebelschwaden garniertes Nieselwetter. Alles grau in grau. Na, das konnte ja noch heiter werden! Und dazu dieser eiskalte Wind, der mir hier am Bahnsteig besonders unverschämt stark um die Ohren pfiff, um mir die Tränen aus den Augen zu treiben...

Fröstelnd zog ich meinen bodenlangen schwarzen Mantel enger um die schmale Taille und trat ungeduldig von einem Fuß auf den anderen. Meine Schuhe, tips- taps... meine blauen Finger, die meine Tasche umklammerten... meine Frisur... Frisur? Ach herrjeh, meine Frisur! Die konnte ich jetzt sowieso vergessen. Die klebte bereits völlig zerstört in triefenden, schwarzen Strähnen auf meinem Kopf und meiner Stirn.

„Bestimmt sehe ich aus wie eine Wasserleiche, die noch versucht hat sich hübsch zu machen, bevor man sie in den Fluss geworfen hat“, dachte ich mit einem Anflug von jenem typischen Galgenhumor, der mir so oft schon verstörte Blicke eingebracht hatte. Wenngleich es meist auch nur für einige Sekunden reichte. Ungeduldig reckte ich meinen Hals nach der Bahnhofsuhr. Der Zug musste doch jede Minute eintreffen.
„Wie schön wäre es jetzt in der Sonne! Stattdessen sitze ich hier auf diesem windigen, kalten und nassen Fleckchen Erde fest und muss versuchen, Winter um Winter irgendwie durchzustehen und der Kälte und der Einsamkeit zu trotzen“, flüsterte ich wehmütig vor mich hin und bemerkte wie meine Finger von der Kälte zu kribbeln begannen, ehe es in ein unangenehmes schmerzhaftes Ziehen übergehen würde.
In wenigen Wochen sollten die langen dunklen Nächte endgültig ihren Einzug gehalten haben. Und wie so oft stiegen in mir die noch immer sehr lebhaften Erinnerungen an einen lange zurückliegenden Sommer hoch.
Den Sommer meiner Träume. Zumindest hätte er das werden können. Aber nein, am besten gar nicht mehr daran denken!
Wieso konnte die schwarze Fee nicht einfach dafür sorgen, dass die Untiefen meiner Erinnerung vollkommen abgeriegelt wurden? Wieso konnte sie hier nicht konsequent sein? Warum wollte sie mich mit purer Absicht quälen? Oder war das gar nicht die schwarze Fee, die mir da so weh tat?
„Wäre es wirklich besser woanders?“, riss sie mich ganz unerwartet aus meinen schwelgerischen Gedanken, die schon wieder versuchten ins genaue Gegenteil abzudriften. In verbotene Gefilde, von denen ich mir wünschte, sie nie mehr betreten zu müssen und dass sie einfach aufhören würden zu existieren.
„Es muss schon sehr bequem sein, alle anderen, nur nicht sich selbst für sein Leben verantwortlich zu machen und vor den wichtigen Aufgaben die Augen zu verschließen und davonzulaufen?“, wollte sie wissen.
Ich schickte ihr einen missbilligenden Blick aus meinen heute besonders rabenschwarzen Augen.
Warum musste sie sich auch immer in meine Überlegungen einmischen, die sie gar nichts angingen? Andererseits war ich ihr auch dankbar für ihre, wenn auch manchmal etwas ungelegen kommenden Denkanstöße, die sich wie schon des Öfteren, zu heißen Diskussionen aufschaukeln konnten...
„Hm. Ich glaube ich habe vieles falsch gemacht, das ich nicht

mehr ändern kann und genau die Erinnerung daran ist es, wovor ich nicht davonlaufen kann. Obwohl ich es so gerne tun würde. Ich meine, ich wollte das alles ja gar nicht, aber ich konnte nichts dagegen tun, dass es dennoch geschehen ist. Somit kann ich nicht behaupten jemals mein Leben frei und verantwortungsbewusst bestimmt zu haben..." Diese Erkenntnis traf mich mit schmerzhafter Wucht. Und das nur deshalb, weil ich zur Abwechslung mal an etwas Schönes denken wollte.
Aber Pustekuchen! Nun hatte ich es also wieder einmal geschafft meine alten Wunden, die noch längst nicht vollständig verheilt waren, erneut aufzureißen. „Warum willst du dich denn nicht einmal ernsthaft damit beschäftigen, wenn es dich doch noch immer so sehr belastet?"
Das brachte das Fass zum Überlaufen.
„Ach, was meinst du denn, was ich bisher immer versucht habe? Gerade du müsstest doch am besten wissen, dass es einfach zu spät dafür ist! Zu spät, hörst du!? Wieso kannst du mich nicht endlich befreien? Befreie mich doch einfach von diesem ganzen Müll, dann haben wir beide Ruhe!"
„So einfach kommst du diesmal nicht davon! Du verdrängst doch nur einen Teil deiner selbst, deine Schattenseite, die du nicht wahrhaben willst", fügte sie hinzu und grinste mir herausfordernd entgegen.
Ich hätte sie erwürgen können, wäre sie nicht trotz allem so erfrischend ehrlich gewesen...
„Diese Weglauf- und Versteck-Taktik bringt dich keinen Zentimeter weiter. Versuche in allem was geschehen ist einen höheren Sinn zu erkennen, dann wirst du ihn auch finden und dann ist es auch egal, was ist, was einmal war, wo du bist und das ganze Drumherum. Jedes noch so schlimm anmutende Ereignis war auf seine Weise richtig und nützlich, und hat dich auf deinem Lebensweg weiter vorangebracht. Entwicklung heißt nicht, dass alles immer möglichst gemütlich in warme Decken gewickelt und mit Kaffee und Kuchen und nach dem menschlichen Willen abläuft."
Jetzt war ich schon ein bisschen verblüfft über ihre geistreichen, zum Weiterdenken anregenden Anstöße. Noch mehr aber über ihre freimütige Hilfe, die sie mir sonst nicht immer gleich so bereitwillig anbot. Das war ich ja gar nicht von ihr gewohnt. Naja, ab und zu vielleicht. Ihre dummen Witze konnte sie sich aber diesmal gleich sparen.
„Ich erkläre mich bereit, meinen Problemen offen zu begegnen

und bin gewillt, sie zu lösen, insofern du mir deine Unterstützung anbietest!", fing ich an.
Erfreut hob sie eine Augenbraue und blickte mir direkt in die Augen.
„So schnell hast du ja schon lange nichts mehr begriffen!"
„Begriffen? Ich würde eher sagen, ich erkläre mich einverst..."
„Dann los, sag mir, was du von nun an in deinem Leben verändern möchtest! Dann kann ich dir auch dabei helfen. Aber sprich es genau aus!", schnitt sie mir eifrig das Wort ab und hüpfte voller Ungeduld von einem Fuß auf den anderen.
„Ach, und du meinst, dann wird alles besser oder wie?", gab ich leicht angesäuert zurück und fischte mir eine Haarsträhne aus dem Gesicht.
Eigentlich hatte ich jetzt überhaupt keine Lust mehr, mich mit ihr über solch nervenaufreibende, persönliche Angelegenheiten zu unterhalten. In Gedanken war ich schon längst zu Hause und entfachte ein wärmendes Feuer im Kamin...
„Bekomme ich heute noch eine Antwort, oder bist du im Stehen eingeschlafen?", kam es auch schon ungeduldig bei mir an.
„Fuck! Verflucht noch mal! Ich will einfach nur noch meine Ruhe haben, verstehst du das nicht? Ich kann die Vergangenheit nicht mehr verändern, ich bin manisch-depressiv, schizophren und ein Freak! Ich werde von Gedanken gequält, die kein Mensch jemals auch nur im Ansatz verstehen könnte..."
„Schön, dass wir das geklärt haben. Aber dafür hast du ja mich! Wie wäre es mal zur Abwechslung mit etwas positiverem Gedankengut?"
„Ach, ich weiß nicht, das ist doch längst kein Geheimnis mehr, das mit dem positiven Denken und so. Das weiß doch heutzutage jeder Durchschnittsbürger von Nebenan. Ich halte von diesem Schöngerede nicht mehr viel, das ist doch auch nur eine Art Verleumdung und Verdrängung von unbestreitbaren Tatsachen, oder?"
„Nun, wir leben in einer dualen Welt. Licht und Schatten - you know? Natürlich existiert das Böse genauso real wie das Gute, wenn wir es jetzt mal so ausdrücken wollen. Jedoch können wir unsere Zukunft durch eine bewusste Ausrichtung unserer Gedanken dahingehend beeinflussen, dass wir irgendwann nur noch das denken, was wir auch wirklich haben wollen. Konzentrierst du dich auf schöne Dinge, werden sie sich vermehren, umgekehrt ist es genauso. Somit sind wir die Erschaffer unserer Lebensumstände!

Es bleibt nur die Frage: was möchtest du hier und jetzt in deinem Leben erschaffen?“
Jetzt hatte sie mich. Sie hatte es tatsächlich geschafft, mich neugierig zu machen!
„Und du meinst, das funktioniert?“
„Ich weiß, dass es funktioniert! Weil das Universum genau so aufgebaut ist. Es ist geistiger Natur und reagiert auf jeden deiner Gedanken. Alles, was du materiell um dich herum in dieser Welt siehst, hat seinen Ursprung im Unsichtbaren. Alles, was ist, existiert innerhalb dieser großen Einheit, mit der jeder von uns verbunden ist und kommunizieren kann. Auch du kannst das. Punkt.“
„Wie kannst du mir das beweisen?“
„Beweisen, beweisen! Ihr Menschen seid doch alle gleich! Von Ängsten gesteuert und unglaublich misstrauisch. Ist es denn nicht Beweis genug, dass du hier bist, mit all deinen komplexen Gedanken - wie hast du aus den Weiten des Alls ausgerechnet hierher auf die Erde gefunden? Welche Kraft veranlasst es, dass sich Menschen begegnen und es so ist, als würden sie sich schon ewig kennen? Was ist es, das dich denken und fühlen lässt – ein Haufen chemischer Reaktionen in deinem Hirn, oder doch noch etwas anderes?“
Sichtlich erregt von meinem Unverständnis gestikulierte und fuchtelte sie wild mit ihren Händen vor meinem Gesicht herum.
„Keine Ahnung. Das beantwortet nicht meine Frage. Wie könnte ich durch bloßes Denken etwas in meinem Leben verändern? So einfach kann es doch auch nicht sein!“
„Einfachheit ist ein Zeichen von Genialität.“
„Ok. Eins zu Null für dich. Und wie soll ich das kontrollieren können, was ich denke?“
„Hast du schon mal einen Film im Kino gesehen?“
„Was für eine Frage!“
„Gut, dann stell dir das, was du willst, als einen Film vor! Als lebendige farbenfrohe Bilder! Schau dir deinen Film so oft an, bis du vollkommen zufrieden damit bist und nichts mehr hinzufügen oder verändern willst. Fühle wie glücklich und inspiriert du bist, wenn wie du so lebst wie es dir gefällt! Spüre Liebe, Glück und wundervolle Freude durch deine Adern pulsieren und sei dankbar für die Kraft deines Glaubens daran, dass dies alles Wirklichkeit wird!“
„Was für ein Film!“
„Du meinst...? Aber nein...!“

„Der einzige Film, der sich bei mir abspult, ist, dass es langsam Zeit ist die Notbremse zu ziehen, weil es sonst für mich zu spät ist!"
„Hör auf dich selbst ständig in Frage zu stellen! Du bist nicht verrückt, nur weil ich hier bin!"
„Vielleicht aber genau deswegen, weil ich eben nicht mal wirklich weiß ob du da bist! Was du da sagst, ist zu phantastisch und zu abgehoben."
„Abgehoben ist es zu meinen, du wärst von einer höheren Gewalt gelenkt und völlig machtlos, auch nur einmal eigenständig zu denken und dein Leben selbst in die Hand zu nehmen."
„Ich... ich werde es versuchen."
„Heute Abend? Dein persönlicher Kopf-Kino-Film? Das wäre doch mal ein guter Start, oder?"
„Wieso auch nicht? Allerdings weiß ich gar nicht, wie ich mir mein perfektes Leben vorstellen soll... komisch oder?"
„Normal. Die Menschen beklagen sich ständig über Dinge, die sie nicht wollen. Aber wissen sie denn überhaupt, was sie wollen?"
„Ach, wieso bin ich nur keine Fee geworden?"
„Damit du endlich lernst, dass es wichtig ist, Verantwortung zu übernehmen!" „Kann es sein, dass du froh bist, mir Ratschläge geben zu können, während ich mich hier herumquälen muss?"
„Kann gar nicht sein! Außerdem läuft alles nach Plan."
„Nach Plan? Wovon faselst du denn nun schon wieder?"
„Jeder Mensch hat seinen Lebensplan, den er zu erfüllen hat. Das weißt du nicht?"
„Doch. Aber ich kenne meinen nicht. Noch nicht."
„Das ist nicht so tragisch, den kennt so gut wie niemand wirklich genau. Außer du wärst ein Avatar! Aber solange du auf die Zeichen achtest, ist alles bestens."
„Avatar? Zeichen? Soll das heißen, es gibt Menschen, die ganz genau wissen, warum sie hier sind? Und das Leben schickt uns Botschaften, die wir entschlüsseln müssen, wenn wir keine Allwissenden sind?"
„Wir reden nicht von müssen. Du kannst, wenn du daran interessiert bist. Und ja, das Leben sendet uns ständig Hinweise. Leider wissen die meisten Menschen nichts davon."
„Allmählich nervst du mich mit deinem schlauen Gerede!"
„Na, dich nicht mehr von äußeren Ereignissen nerven zu lassen ist eigentlich Grundvoraussetzung für ein glückliches Dasein. Ärger ändert nichts mehr an der Situation und raubt dir wert-

volle Energie, die du für wichtigere Dinge hättest gebrauchen können!"
„Ja, ich weiß, aber was soll ich denn tun, wenn ich mal wieder in so eine Situation gerate, in der ich vor lauter Wut und Ärger am liebsten wild um mich schlagen würde?"
„Du könntest dir bewusst machen, dass dein Selbst, dein wahres Wesen, nichts und niemand auf dieser Welt verletzen oder verärgern kann. Das, was sich ärgert, ist nur dein kleines Ego, das von allen bewundert und verhätschelt werden möchte. Und das immer Recht behalten muss. Doch das bist nicht du. Sieh nichts mehr als persönliche Beleidigung oder als Angriff, sondern nimm alles, was dir widerfährt, als Geschenk an, um daran zu wachsen."
Sie räusperte sich und fuhr fort:
„Dazu kommt außerdem, dass dein Gegenüber genauso gern in Frieden lebt wie du, nur hat er es gerade im Augenblick vergessen! Also musst wenigstens du dich daran erinnern wer du wirklich bist, um ihm ebenfalls zu dieser Einsicht zu verhelfen. Und wenn alles nichts mehr hilft, ist eine kräftige Ohrfeige manchmal auch ganz hilfreich, um anderen deine Grenzen aufzuzeigen! Vor allem, wenn jemand versucht, dir körperlich zu nahe zu rücken."
Das amüsierte mich und ich ließ meine Mundwinkel in die Höhe schnellen.
„Na wenn das so ist, fallen mir auf Anhieb gleich mehrere Leute ein, die sowas schon lange mal nötig hätten!", gluckste ich.
Sie grinste und fügte hinzu:
„Naja, das mit der Ohrfeige ist vielleicht nicht gerade der Königsweg. Tatsächlich ist es aber manchmal sogar angebracht, dass du mal andere Saiten aufziehst und hart durchgreifst. Mach deiner Wut ruhig mal Luft. Bleib aber fair. Denke an deine Würde und die Würde deines Gegenüber und alles wird gut!"
„Ich bin beeindruckt! So habe ich das bisher noch gar nicht betrachtet! Allerdings glaube ich nicht, dass ich das sofort umsetzen kann..."
„So... das glaubst du also nicht? Wieso fehlt dir der Glaube daran?"
„Weil ich zu schwach bin und zurückfallen werde... Ich glaube einfach, dass es nicht so leicht ist, sich in schwierigen Situationen korrekt zu verhalten. Vor allem dann nicht, wenn ich wütend und emotional verwickelt bin."
„Korrektheit ist immer dann gegeben wenn die Gefühle echt

sind, die zum Ausdruck gebracht werden. Glaube an dich selbst, das ist sehr wichtig. Damit hast du alle Kräfte auf deiner Seite und du fühlst dich bereits viel sicherer und selbstbewusster! Es gibt keinen Grund, wieso du nicht eine gute Meinung von dir selbst haben solltest und einen gesunden Stolz. Du bist wichtig! Sonst wärst du nicht hier!"
„Also, wenn ich das jetzt richtig verstanden habe, ist einfach so gut wie alles möglich, wenn ich nur eine gute ‚Kino-Darstellerin' bin und an mich selbst glaube?" „Dies ist zwar die Light-Version dessen, was ich dir vermitteln wollte, aber du hast durchaus den Kern getroffen. Richtig erkannt!"
Jetzt ging mir ein Licht auf. Wie sollte mein Leben bisher auch harmonisch verlaufen, wenn ich die ganze Zeit über glaubte, dass ich wohl immer eine Einzelgängerin bleiben musste, die nie genug Geld verdienen würde, um sich einen neuen Spaten kaufen zu können? Wie sollte ich jemals glücklich werden, wenn ich stets glaubte, die Welt sei so ungerecht und niemand würde mich wirklich verstehen?
Ich begriff. Ich begriff so vieles in diesem einen Moment, ohne zu ahnen, dass mir die Ausmaße dieses Gespräches erst sehr viel später in aller Deutlichkeit vor Augen geführt werden sollten.
„Also los, raus mit der Sprache!", raunzte sie mich unwirsch an. Überrascht sammelte ich kurz meine Gedanken und begann dann meine Frage zu formulieren, die sie mir womöglich schon längst an der Nasenspitze ablesen konnte: „Also... mal angenommen, ich wünsche mir etwas, also nicht nur so, sondern ganz, ganz arg. So sehr, dass es fast schon weh tut..."
„Ja...?"
„...also so sehr, dass ich gar nicht mehr weiß, wie viel Glück ich noch fühlen könnte und was ich mir noch alles bildlich vorstellen soll, damit es endlich eintritt..."
„Ja...?"
„Wird es sich dann auf jeden Fall manifestieren?", fragte ich erwartungsfroh. Sie seufzte und strich sich eine Haarsträhne aus dem Gesicht.
„Zögere nicht, alles dafür zu tun, dass sich dein Herzenswunsch auch erfüllen kann. Von nichts kommt nichts!"
Verwirrt zog ich meine Stirn kraus.
„Na das ist aber jetzt wieder was Neues für mich. Erkläre mir das doch bitte etwas genauer!", bat ich.
„Ich meine damit, dass alles, was du wirklich gerne möchtest, nicht von alleine passiert. Du musst schon die Voraussetzungen

schaffen, die nötig sind, weil sich nämlich sonst absolut nichts von deiner Luftschlösschen-Traumwelt in der Realität zeigen wird! Und noch krasser: Es wird sich niemals etwas Grundlegendes in deinem Leben ändern können, wenn du nicht selbst dafür sorgst, dass etwas geschieht! Deine Träume stehen abholbereit an jeder Straßenecke, du müsstest nur anhalten und ihnen die Hand reichen. Es wird niemand kommen und dein Leben verzaubern. Du hast alles in dir selbst, um dafür zu sorgen, dass dein Leben wundervoll wird!"
„Verdammt! Jetzt reicht es mir aber! So eine verquirlte Kacke habe ich mir ja schon lange nicht mehr so lange angehört ohne es zu bemerken, und nicht mal mein krankes Hirn wäre imstande sich solchen Unsinn auszudenken!", platzte es aus mir heraus.
Sie holte tief Luft und richtete sich noch kerzengerader auf, als sie ohnehin schon vor mir stand.
„Wichtigtuerin!", stichelte ich, aber eigentlich war ich heilfroh, dass sie, so eigenartig das auch klingen mochte, so verrückt war.
Oder war ich froh, dass ICH so verrückt war?
„Ich weiß, dass du fasziniert und gleichzeitig vor den Kopf gestoßen bist von dieser neuen Sichtweise der Dinge! Und es ist absolut nichts Verwerfliches daran, wenn du erst mal alles in Frage stellst und hinterfragst und nicht gleich jede Meinung teilst! Alles hat seine zwei Seiten, du solltest nur aufpassen, auf welche du dich konzentrierst!"
„Ich hätte gerne mehr Selbstvertrauen und Lebensfreude, kann aber noch so oft irgendwelche positiven Formeln vor mir herbeten, es bringt einfach nichts! Ich fühle mich nur noch gehetzt und blockiert. So, als würde ich vieles wissen und wäre einfach unfähig, es anzuwenden!"
„Bleib einfach locker, Noe. Du kannst nicht alles auf einmal haben. Fang doch erst mal mit kleinen Schritten an! Werde dir jeden Tag bewusster dessen, was du denkst, sagst und tust. Dann wirst du merken, dass sich etwas in deinem Leben verändert, bis zu dem Punkt, an dem dieses neue Bewusst-Sein eine Eigendynamik entwickelt hat, die sich ganz von alleine weiter fortsetzen wird! Das fängt zum Beispiel damit an, dass du morgens aufwachst und einfach den Tag begrüßt und deine ganz alltäglichen Aufgaben mit neuem Leben füllst, indem du sie wach und mit wahrer Hingabe ausführst. Jede Bewegung, jeder Handgriff kann, mit voller Aufmerksamkeit ausgeführt, zu einem neuen Erlebnis werden. Es gibt so viele Möglichkeiten, so viele Gelegen-

heiten. Du kannst jeden Tag in ein Meisterwerk verwandeln, ihn achtsam und mit Freude im Herzen leben."

*

Sie hatte ja so Recht, mit dem, was sie mir da alles sagte. Es hörte sich alles so einfach, so selbstverständlich an. Als ob ich es schon die ganzen Jahre über gewusst, jedoch bisher nie die Kraft gefunden hatte, es in meinem Alltag zu integrieren.
Ich drehte meinen Kopf zur Seite und ließ meinen müden Blick die nass glänzenden Bahngleise entlang gleiten, die sich in undefinierbarer Ferne zu einem gemeinsamen Punkt vereinigten...

*

„Was ist los mit dir, habe ich etwas Falsches gesagt?", erkundigte sie sich mit besorgtem Unterton in der Stimme. „Ach, weißt du, der heutige Tag hat mir wirklich gereicht. Nichts als sinnloses Geschwätz und leere Inhalte, die mir von den Professoren und Kollegen von der Uni entgegen kamen. Nichts, was mich in irgendeiner Weise angesprochen oder berührt hätte."
„Das ist aber bestimmt nicht der Hauptgrund für deine Melancholie. Willst du darüber sprechen?"
„Ich weiß nicht. Schon wieder nur Probleme. Mir hängt das alles tierisch zum Hals raus und ich bin so sehr mit meinen eigenen Gedanken und Gefühlen beschäftigt, dass ich mich nicht wundere, dass niemand sonderlich großen Kontakt zu mir pflegen möchte. Ehrlich gesagt war mir das bisher auch piepegal, denn irgendwie hatte ich immer das Gefühl, ich hätte mit denen sowieso nichts gemeinsam."
„Das muss wohl auf Gegenseitigkeit beruhen...", gab sie augenzwinkernd zurück. „Wie dem auch sei. Manchmal wünsche ich mir dennoch insgeheim, dass ich mich bereits früher mehr darum gekümmert hätte, endlich noch einmal ganz von vorn anzufangen und die schon lange herbeigesehnten neuen Freunde zu finden", schloss ich und dachte daran, wie ich schon die ganze Zeit über ein Leben als Einzelgängerin vorzog, obwohl etwas in mir unaufhörlich nach zwischenmenschlichem Kontakt verlangte, ja förmlich danach schrie. Die Angst und der Zweifel waren eben doch stärker. Schon seit geraumer Zeit schlich ich lieber alleine durch die dunklen Gänge und weitläufigen Hallen meiner riesigen morschen Gedankengebäude, um von einem Punkt

zum anderen, von einer Gedankenschleife in die nächste überzugehen...

„So lange ich mir selbst noch in die Augen sehen kann, ist doch alles in bester Ordnung, oder nicht?", fragte ich sie gerade heraus.
Sie schien kurz nachzudenken, ob es richtig wäre darauf zu antworten, dann aber meinte sie:
„Kannst du denn noch aus vollster Überzeugung behaupten, dich selbst von ganzem Herzen so anzunehmen, wie du bist, mit all deinen Fehlern und Schwächen, nach alldem, was du einigen Menschen angetan hast und mit dem du offensichtlich heute noch zu kämpfen hast?"
Das war jetzt aber ziemlich verletzend von ihr. Leider konnte ich nichts zu meiner Verteidigung vorbringen. Sie hatte nun mal die Wahrheit gesprochen. Dass ich mich in der Vergangenheit, gelinde gesagt, nicht immer ganz korrekt verhalten hatte, wusste ich nur zu gut.
Mit verschränkten Armen stand ich vor ihr und wartete darauf, was sie wohl weiterhin dazu sagen würde. Stumm und mit großen dunklen Augen funkelte sie mich an.
„Los, sag doch was!", forderte ich sie auf.
„Schließlich weißt du bekanntlich auf alles eine Antwort!"
„Irgendetwas gibt mir das Gefühl, dass du ziemlich ‚fertig' bist... Sag mal, bist du manchmal neidisch auf andere Menschen, denen es augenscheinlich besser geht als dir? Die mehr erreicht haben, die besser aussehen, die mehr Geld haben?"
Unweigerlich begann sich meine Haltung zu verkrampfen, doch ich ließ mir nichts anmerken, behielt mein Pokerface bei und lächelte dezent.
Sie lächelte auch.
„Nein. Ich gönne jedem was er hat. Jeder bekommt das, was er verdient...!" „Dann ist ja alles in Ordnung. Einige Menschen haben da nämlich massive Probleme", fügte sie noch wie beiläufig hinzu.
Ich wusste nur zu gut, worauf sie hinaus wollte - und dass sie mich wieder mal durchschaut hatte...
„Na ja, manchmal ist das schon schwierig für mich, vor allem, wenn ich an all diese unglücklichen Ereignisse zurückdenke und die alten Gefühle wieder hochkommen...", gab ich zaghaft zu und schämte mich dafür, dass sie einfach alles bemerkte und es nichts gab, was ich vor ihr hätte verbergen können. „Reden kann

Wunden heilen...!“, hörte ich sie flüstern und sie beugte sich so nah zu mir herüber, dass ihr nebelzarter Atemhauch meine Wange streifte. Oder war es doch nur ein Luftzug?
„Erzähl es mir. Erzähl mir alles...“

*

Unsere Blicke trafen sich.
Der Regen schien für einen Augenblick sein monotones Plätschern zu vergessen und ich meine durchnässte Kleidung. Der Wind setzte aus und eine Tür öffnete sich einen Spalt weit. Wie von selbst begannen sich die Worte auf meiner Zunge zu formen, um leise aus meinem Mund zu tröpfeln. Irgendwem musste ich ja mein Herz ausschütten. Warum also nicht ihr?

*

„Nicht, dass ich noch nie versucht hätte, mich aus all meinen Zwängen zu befreien. Ich hebe mich ja schon deshalb von der Masse ab, weil ich weiß, dass viele Angelegenheiten in unserer Gesellschaft einfach nicht nach meinem Sinn für Gerechtigkeit ablaufen. Außerdem renne ich nicht wie ein Hase der Karotte hinterher, obwohl ich schon gerne etwas mehr Geld in der Tasche hätte. Ich erfreue mich an dem, was ich habe, vor allem aber an der unvergleichlichen Schönheit der Natur, und versuche mich von den Massenmedien und ‚negativen‘ Menschen fernzuhalten.
Ich weiß um vieles, stehe damit jedoch allein und verlassen da. Niemand scheint sich dafür zu interessieren, dass das alltägliche Leben nicht alles sein kann...
Irgendwie war es dieses schon immer vorhandene Wissen tief in mir, das mir schon als Kind und später noch mehr als Jugendliche bewusst machte, dass ich kein „normales Leben“ wie all die anderen führen könnte. Leider machte mir diese Tatsache vieles nicht gerade leichter. Einiges zu lernen gab es bisher durch meine Fehlschläge allemal, doch warum muss der Preis dafür, wie ich mein Leben führe, nur so verdammt hoch sein...?
Im Grunde will ich doch nur in Frieden leben, einfach glücklich sein, ein paar gute Freunde und genügend Geld für meine Bedürfnisse haben. Wie jeder Mensch. Somit bin ich doch gar nicht so anders als alle anderen!
Eventuell möchte ich zu einigen interessanten Orten dieser Welt reisen, um mich zu ‚verbinden‘. Mit anderen Kulturen und Denkweisen. Mit

der Welt. Um dort neue Eingebungen für meine persönlichen schriftlichen Aufzeichnungen zu erhalten.
Oder ist denn das schon zu viel verlangt? Wieso eigentlich lasse ich mich immer wieder von meinem eigenen Weg abbringen? Weshalb traue ich mir nicht einmal zu, mein Leben endlich nach meinen eigenen Wünschen und Vorstellungen zu gestalten, und mache mich noch immer davon abhängig, was andere über mich denken und sagen? Wie lange soll ich noch versteckt leben und die Enthaltsame spielen? In meinem Herzen pochen so viele ungelebte Träume und Visionen, die danach schreien, endlich Wirklichkeit zu werden...!"

*

Mein Redefluss stoppte abrupt und mein Gesicht hellte sich auf. Dankbar für die trockene und warme Mitfahrgelegenheit ließen wir uns nicht lange bitten, in den Zug einzusteigen und setzten uns auf einen freien Platz am Fenster. Natürlich im Nichtraucherabteil.
Mein langer Mantel wies an den unteren Kanten hässliche nasse Ränder auf. Eine kleine Pfütze begann sich auf dem Fußboden zu bilden, während ich das Regenwasser an der Aussenseite des Fensters beobachtete, wie es dort in langen Strömen, pulsierenden Adern gleich, hinab rann.
„Nie nimmt es den gleichen Weg, nie steht es still. Leben heißt sich wandeln. Was stehen bleibt, stirbt..."
„Es gibt nichts Schlimmeres, als einen Raucher in einem Zugabteil."
„Da hast du Recht, ich glaube jedes Mal, ich müsste ersticken..."

*

Einst hatte mich die Stille...

...fest in ihrer Umarmung.
Als Kind lebt es sich so unbeschwert und leicht
und die Träume tanzen zusammen mit dir durch deine Welt.
Ich möchte so gerne glauben es wäre noch so.
Ich werde kälter. Jeden Tag ein bisschen mehr.
Meine Leidenschaft verbrennt niemanden mehr.
Doch der Hunger nach mehr ist nicht zu stillen und
ich will einfach nicht wahr haben, dass ich kurz ‚davor' stehe.
Ich stehe kurz davor meine Bequemlichkeit

gegen das Ungewisse einzutauschen.
Wenn ich darf.
Der Himmel hält immer ein kleines blaues Wunder bereit...
Ich vertraue einfach auf die Stille die mich ruft,
auf den Atem, der mich am Leben hält
und auf meine Füße, die mir folgen.
Immer weiter fort von hier.
Bald geht mir der Mut aus und
die Hoffnung krallt sich noch ein letztes Mal verzweifelt
an meiner glatten Oberfläche fest.
Woran sollte sie noch Halt finden?
Die raue Schale verbirgt sich und
Perfektion ist das Ende aller Zufriedenheit.
Aber wer weiß das schon?
Wenn ich mich jetzt niedersetzen würde,
am Wegesrand, einfach so,
niemals mehr aufstehen würde.
Wer könnte mich retten?
Wen würde es kümmern?
Wer wäre bereit mir eine helfende Hand zu reichen?
Und würde ich diese auch annehmen wollen?

*

Das monotone Rattern der Waggons schläferte mich ein. Die schwarze Fee saß gebannt an der Scheibe und starrte hinaus. Wahrscheinlich nahm sie die Welt mit anderen Augen wahr und vermochte es, in Dinge zu blicken, die gewöhnlichen Augen verborgen blieben...

*

Mir war natürlich bewusst, dass ich endgültig abstürzte, hinab in einen gähnenden dunklen Schlund, der sich von meinem Glück, meiner Zuversicht und meiner Lebensfreude ernährte und mich nie wieder frei geben würde, wenn ich ihm erst einmal gestattete, den letzten winzigen Rest meiner positiven Gefühle zu vertilgen.
Sozusagen hatte ich meine Seele bereits an die Dunkelheit verpachtet, doch nun hatte ich ein Gegengift. Die Fee...

*

„Super, jetzt ist wohl schon wieder der Akku leer!", seufzte ich genervt, als die Musik aus meinem Mp3-Player nach einigen Minuten einfach abbrach. Nichts. Rein gar nichts, außer nackte abgeerntete Felder, leergefegte Straßen und graue Tristesse zwischen den sich gleichförmig wiederholenden Bauten war zu entdecken.
„Wie schwer es doch ist, einmal gar nichts zu tun, einfach nur innezuhalten, zur Beobachterin zu werden und an keinem Gedanken festzuhalten", dachte ich mir, als ich noch einmal flüchtig auf die Zeitanzeige im Zug blickte...
Die Uhr zeigte genau halb acht an.
„Halb acht?!"
Ich war in diesen Zug um zwanzig vor Fünf eingestiegen, also musste er doch wie üblich um fünf am Bahnhof sein! Er benötigte für diese Strecke immer zwanzig Minuten! Das war einfach schon immer so, seit ich mit diesem Zug fuhr!
„So langsam können wir doch nie und nimmer gefahren sein, selbst der lahmste aller Bummelzüge müsste in dieser Zeit bereits die Hälfte der Erde umrundet haben!"
Völlig verstört warf ich einen erneuten Blick auf die Uhr und sank daraufhin restlos verwirrt auf meinen Sitz zurück. Aber nur kurz.
„Ich will hier raus, der Zug fährt mit uns wohin er will und wir können nicht mehr aussteigen!", krakeelte ich aufgebracht und rüttelte wie wild an der Tür.
Wie ich es von meiner Zwillingshexe ohnehin erwartet hatte, blieb sie völlig entspannt.
„Diese Uhr hier tickt wohl nicht mehr richtig, was?!"
Sie kicherte. So einen schlechten Scherz hatte ich schon lange nicht mehr gehört. Ohne auf meinen ärgerlichen Blick einzugehen, bog sie sich bereits vor Lachen und zwitscherte:
„Merkwürdige Sache, wie? Ich persönlich tippe auf Zeitverschiebung, das kommt in unserem Raum-Zeit-Kontinuum für gewöhnlich nicht allzu oft vor, allerdings kann es unter besonderen Umständen durchaus mal passieren, dass sich ein Loch in der Zeit auftut und man direkt durch fährt."
Ich warf ihr einen weiteren schiefen Blick zu. Wahrscheinlich wollte sie mich veralbern und sich über mich lustig machen, weil ich immer gleich so panisch reagierte, wenn plötzlich irgendetwas nicht mehr ganz nach Plan lief. Zwar konnte ich mir kaum vorstellen, dass es so etwas wie Zeitverschiebung in dieser Art tatsächlich gab und dass es ausgerechnet mir heute passieren sollte. Jedoch war mittlerweile durch ihre Anwesenheit so gut wie gar nichts mehr mit Sicherheit auszuschließen...

Nun konnte ich sowieso nichts weiter tun, als solange abzuwarten bis der Zug in den nächsten Bahnhof einfahren würde...

*

„Na endlich!“
Erwartungsvoll stürzte ich als Erste ins Freie, um gleich daraufhin abrupt inne zu halten. Hinter mir hörte ich sie schelmisch glucksen. Fassungslos und mit offenem Mund starrte ich auf das übergroße Ziffernblatt der Bahnhofsuhr. Doch noch vielmehr waren ihre Zeiger von Bedeutung, die sprichwörtlich am „Durchdrehen“ waren.
„Oh Gott, irgendetwas Unheimliches geht hier vor sich...!“, stieß ich hervor. Wie ungewöhnlich schnell die Zeiger rotierten! Die Zeit raste nur so dahin, als wäre etwas hinter ihr her!
„Was mache ich denn jetzt bloß?“, überlegte ich fieberhaft und wusste nicht so recht, was ich nun tun sollte. Verwirrt stand ich da und konnte meinen Blick nicht mehr von den rasenden Zeigern abwenden, die nun vielmehr wie ein Propeller aussahen. Doch was sich nun zutrug, setzte dem ganzen Schauspiel noch die Krone auf.

Die Uhr zerfloss vor meinen Augen, wie ein Bild aus Öl, über das jemand Terpentin gekippt hatte. Stück für Stück tröpfelte sie auf den Bahnhofsvorplatz und ich stand da und konnte mich nicht von der Stelle rühren. Staunend bemerkte ich die vielen schillernden Farben, die zähflüssig herab rannen, als ob die Zeit sagen wollte:
„Halt ein, deine Hast hat keinen Sinn. Zeit ist eine Illusion, sie verläuft nicht in geraden Bahnen!"
Ein bunter Farbstrom ergoss sich nun in Richtung Boden und nahm auch auf mich keine Rücksicht. Ungläubig riss ich die Augen auf und wollte zurückspringen. Doch zu spät. Dicke Tropfen hingen bereits in meinen Haaren, auf meinem Mantel und in meinem Gesicht. Doch als ob das alles noch nicht genug wäre, ergoss sich gleich darauf ein weiterer Schwall Farbmasse, der sich wie Zuckerguss über mich stülpte und sich unter meinen Füßen zu einer zähen Pfütze sammelte.
Jetzt war es nicht nur unmöglich, mich schnell und frei zu bewegen, die klebrige Masse hinderte mich auch noch daran, klar zu sehen und ließ mich nur noch im Schneckentempo voran waten.
War ich am Ende etwa in eines der Bilder von Dalí geraten, diesem surrealistischen Maler, der ebenfalls Uhren auf einem seiner berühmten Gemälde zerfließen ließ? Ich wischte mein Gesicht mit einem Anflug von Panik und gleichzeitiger Zuversicht so gut es ging frei und wandte mich in meiner Not an meine Begleiterin, die noch immer völlig unbeeindruckt neben mir stand und sich anscheinend prächtig amüsierte:
„Hi-Hilfe! So hilf mir doch! Ist denn hier niemand, der mir helfen könnte? Wie soll ich denn all die verlorene Zeit wieder einholen?"
Mühsam presste ich jedes einzelne Wort aus meinem pappigen Mund. Kichernd wie ein Clown prustete sie: „Gar nicht! Zeit spielt keine Rolle. Hektik bringt dich gar nicht weiter!"
Ich beschloss, nicht mehr auf sie zu achten. Es hätte sowieso keinen Sinn gehabt...
Verzweifelt suchte ich den Platz mit verschleiertem Blick nach vorüber eilenden Menschen ab. Doch weit und breit war niemand zu sehen und ich bemerkte ein unheimliches Gefühl von Platzangst und Lähmung in mir, weil ich meine Beine nicht mehr richtig bewegen konnte. Das war das Schlimmste überhaupt.
Ich wollte mich umdrehen, doch ich konnte mich nicht mehr rühren. Eingesperrt ohne Gitter. Gefangen in mir selbst. Ich wollte schreien, doch es kam kein Ton mehr hervor...

*

„He! Sie da, am Fenster! Wachen Sie doch endlich auf! Hier ist

Endstation! Bitte aussteigen! Auuus-steeeiii-geeen!", drang es von irgendwo her an mein Ohr. Der Schaffner erweckte keinen sehr freundlichen Eindruck, als er mich unsanft wachrüttelte.
„Wie... Was... Ach so... Entschuldigen Sie bitte, ich muss wohl kurz eingeschlafen sein...", stotterte ich verstört.
„Wie oft muss das denn noch passieren, Fräulein?! Können Sie sich nicht ein klein wenig zusammenreißen?"
Der Schaffner war ein alter, mürrischer Kauz, der sichtlich genervt mit den Augen rollte.
Erst jetzt wurde mir bewusst, was geschehen sein musste.
„Natürlich!", rief ich und sprang auf.
„Kann ja gar nicht anders sein!"
„Was sagen Sie da?", fragte der Alte verwirrt.
„Na, die Uhr! Wie konnte ich nur so naiv sein und glauben, sie würde tatsächlich vor meinen Augen zerfließen?", plapperte ich ungehalten los. Verständnislos blickte er mich an und ich beschloss, dass es jetzt wohl besser an der Zeit wäre, hier schleunigst zu verschwinden und meinen Mund zu halten. Wer weiß, auf welche Gedanken er noch gekommen wäre, wenn ich weitererzählt hätte. Zur Sicherheit warf ich beim Aussteigen doch noch einmal einen flüchtigen Blick auf die Uhr. Fünf. Ok.
„Zeit für ein kleines Spiel", flüsterte ich der Fee zu. Seit ich so allein war, hatte ich mir das zu einer Angewohnheit gemacht, um meine Heimfahrt zu überbrücken.

*

„Hallo Mama, hier bin ich!"
Winkend und lächelnd eilte ich ihr entgegen.
„Hallo mein Liebling, das Auto steht da hinten", begrüßte sie mich ebenso gut gelaunt.
„Das freut mich aber, dass du es doch noch geschafft hast!", rief ich und drückte sie fest an mich.
Am liebsten hätte ich sie nie mehr losgelassen.
Der Heimweg verlief ziemlich still...

*

Wie hätte er auch anders verlaufen sollen?
Die Vorstellung, dass wieder jemand da wäre, der sich um mich kümmerte, mich vom Bahnhof abholte, mir Essen kochte und mich in die Arme nahm, wenn ich das Bedürfnis danach hatte.

Ja, maanchmal hätte ich so gerne wieder eine liebevolle besorgte Mutter gehabt, so wie früher. Ich träumte ab und an davon. Wenn ich überhaupt mal träumte, versunken in meinen tiefschwarzen, vor Selbstmitleid triefenden Nächten...

*

Diese komische, schmelzende, farbtriefende Salvador-Dalí-Uhr bereitete mir trotz der Tatsache, dass es sich nur um einen Traum handelte, noch immer Kopfzerbrechen.
Wenigstens lenkten mich meine Überlegungen vom Frieren und vom unangenehmen Nässegefühl meiner feuchten Kleidung auf der Haut ab...
Ich kannte mich ja normalerweise nicht so sehr mit berühmten Malern aus, doch dieser Dalí war mir im Gedächtnis geblieben. Weil er so unsinnige, aber doch so faszinierende, mit versteckten Botschaften gespickte Bilder malte. Traumbilder. Parallel-Realitäten. Dinge, die einfach nicht von dieser Welt sind.
„Doch was ist denn schon die Wirklichkeit?“ fragte ich mich und dachte dabei an manche Träume, die mir erschreckend real vorkamen.
„Also die Frage eben war nicht uninteressant, das muss man dir lassen“, meldete sich meine vorlaute Begleiterin zu Wort.
„Weißt du, ich frage mich, ob nicht alles, was wir als so unheimlich wichtig erachten, vielleicht nur ein Traum ist, und wenn wir aufwachen, bemerken wir plötzlich, dass das ganze Leben eine Illusion war und wir uns gar nicht so hätten aufregen müssen über manche Dinge. Der Tod ist in diesem Sinne das Aufwachen in einer anderen Realität. Doch auch hier weiß im Grunde genommen keiner, ob dies nicht ein Traum im Traum ist. Ein Traum, der niemals endet, ineinander verschachtelt bis in alle Ewigkeit... Was ist also die Wirklichkeit? Irgendwie nichts und doch alles.“
„An dir ist aber ein guter Philosoph verloren gegangen.“
„Wieso denn Philosoph, gibt es denn keine Philosophinnen?“ wollte ich wissen.
„Leider habe ich von wirklich bedeutenden weiblichen Philosophen noch nichts gehört!“, entgegnete sie nachdenklich.
„Ist es denn nicht schlimm, wie unsere Welt fast ausschließlich von Männern regiert wird?“, empörte ich mich.
„Sex, Macht, Geld.“
„Da hast du allerdings Recht. Frauen haben ja erst in diesem

Jahrhundert die gleichen Rechte wie Männer erhalten, zumindest sollte es jetzt so sein, nicht nur hier, sondern überall auf der Welt. Vor gar nicht allzu langer Zeit sah das - und in erschreckend vielen Ländern der Erde tut es das noch immer - ganz anders aus.
Dort werden Frauen als minderwertig angesehen, und sind nur dazu ‚gut', Kinder zu gebären, sich um den Haushalt zu kümmern und männliche Triebe zu befriedigen. Frauen werden auch in vielen Berufen immer noch schlechter als Männer bezahlt, obwohl sie das Gleiche leisten. Außerdem werden sie von vielen immer noch als „das schwache Geschlecht" hingestellt, obwohl doch jeder weiß, dass Frauen gerade durch ihre Fähigkeit, Gefühlen mehr Beachtung zu schenken, wahre Stärke und Intelligenz an den Tag legen."
„Ich finde das schlimm, vor allem auch die Hexenverfolgungen im Mittelalter, bei denen viele Frauen bei lebendigem Leib verbrannt wurden, nur weil sie schon immer mehr als andere Menschen dazu befähigt waren, von ihren Kräften und ihrem inneren Wissen Gebrauch zu machen. Das war wohl vor allem den Männern nicht ganz geheuer."
„Tja, und wenn historisch betrachtet, spielten Frauen augenscheinlich immer nur eine untergeordnete Rolle. Jedoch waren sie auf ihre Art schon immer mächtiger und stärker. Auf eine andere, eine sanfte Weise und nicht so offensichtlich."
„Du meinst, dass Frauen immer schon die Männerwelt beherrschten, jedoch mehr im Hintergrund, im Verborgenen, nicht zuletzt wegen ihres unwiderstehlichen Charmes, den sie auf Männer auszuüben verstehen?"
„So kann man es auch sagen, ja."
„Und obwohl doch gerade die Frauen dafür sorgen, dass es in dieser Welt noch einigermaßen menschlich zugeht, würdigt das bis heute niemand so richtig. Was ist eigentlich die wirkliche Aufgabe einer modernen Frau? Mit wem oder was kann ich mich als Frau heutzutage noch identifizieren?"
„Als wer oder was empfindest du dich denn selbst?"
„Mensch! Was soll diese Frage!? Das kann ich nicht beantworten! Ich bin ein Alien, ein Monster, ein Freak. Aber bestimmt keine Frau. Ich bin androgyn, bestenfalls noch bisexuell. Und das auch nur, weil ich mich nicht auskenne...!" Kurzzeitig amüsiert über meine eigene Blödheit musste ich grinsen.
„So, dann bist du also weder Mann noch Frau? Lustigerweise liegst du damit gar nicht mal so verkehrt!"

„Ähm... ok. Dann sag bloß, dass du nur hier bist, weil du Interesse hast!“, lachte ich los.
„Interesse hab ich wohl. Aber ausschließlich an DIR und nicht an deinen Geschlechtsteilen. Die sind mir schnuppe. Seelen haben kein Geschlecht. Engel auch nicht.“
„Aber Engel sind netter als ich.“
„Stimmt. Somit scheidet diese Möglichkeit schon mal von vornherein aus.“ „Leider. Aber ich kann ja später immer noch einer werden! Meinst du nicht?“
„Hi, hi. Bevor das passiert, wird eher der Teufel wieder einer.“
„Naja, immerhin ist er ja ein gefallener Engel.“
„Zurück zu deiner Frage.“
„Ich empfinde mich ehrlich gesagt als etwas heimatlos. Entwurzelt... So könnte ich es auch nennen... Bestenfalls als Nomadin. Ich denke, jede Frau muss heutzutage individuell dem nachgehen, was sie selbst als richtig und wichtig empfindet. Die Geschlechterrollen lösen sich mehr denn je auf. Jeder Mensch, egal ob Frau oder Mann, hat die Möglichkeit, seine Fähigkeiten und Talente einzubringen, die es einzusetzen gilt... Wenn das geschieht, dann entsteht ein Gefühl von Zugehörigkeit und Heimat, weil etwas auf dieser Welt lebenswert geworden ist durch das eigene Zutun...“
„Wie fühlst du dich, wenn du an etwas denkst, was dich froh stimmt?“
Ich seufzte, schüttelte den Kopf und lächelte. „Es gibt nichts auf dieser Welt, das mich froh stimmen könnte... Oder doch, ja, vielleicht einfach in den blauen Himmel gucken und einen Vogel singen hören?“ „Also wenn das nichts sein soll...“

*

Die Natur nahm schon immer einen sehr hohen Stellenwert in meinem Leben ein. Dies war auch der Grund, weshalb ich hierher gezogen war. Egal zu welcher Jahreszeit, hier fand ich die Ruhe und Entspannung, nach der ich mich oft so sehr vergeblich sehnte. Keine Menschenseele sehen oder hören. Nur ich und das sanfte Rauschen des Windes in den Wipfeln, das Gefühl von Einsamkeit und gleichzeitiger Zugehörigkeit, ganz und gar eintauchend in die mystische Welt aus miteinander verwobenem Leben und flüsternder Stille...

*

Endlich daheim! Eilig steckte ich den großen eisernen Schlüssel ins Türschloss und drehte ihn dreimal herum. Quietschend sprang es auf. Zuallererst ließ ich meinen nassen Mantel von den Schultern gleiten und über einen Stuhl fallen. Danach riss ich mir die Schuhe von den Füßen und entledigte mich meiner restlichen zähen Kleidungsstücke, um schließlich in meine bequemen Schlabbersachen zu schlüpfen. In der Küche stach mir sofort mein Abwasch der letzten Tage ins Auge. Den musste ich gekonnt ignorieren. Umgehen. Wegmachen.
„Lecker, Spaghetti mit selbst gemachter Tomatensoße!", freute ich mich, als ich in einen der Töpfe blickte, denn ich kochte meistens immer für zwei Tage im Voraus. Wenigstens eine warme Mahlzeit am Tag musste sein, denn das wärmte mich etwas auf und gab mir das Gefühl von Sicherheit.
Seitdem ich für mich selbst kochen musste, hatte ich kein Stück Fleisch mehr angerührt. Irgendwie hatte ich keinerlei Verlangen mehr danach und es ekelte mich sogar bei der Vorstellung, dass hinter der Metzgerei-Theke eine Art Leichenteile-Ausstellung zelebriert wurde, bei der die Leute in Mund gerechte Stücke geschnittene Kadaver kauften. Sowas war wirklich nichts, was mir das Wasser im Munde zusammenlaufen ließ.
„Sind Tiere wirklich zum Essen und Ausbeuten da? Oder sollten wir Menschen, wenn wir schon die „Krone der Schöpfung" darstellen, nicht versuchen, alles Leben zu schützen und zu achten? Wie kann jemand den Mord und die Gefangenschaft von lebenden Wesen verantworten, nur um damit seine bloße Gier nach Genuss zu befriedigen? Kann es sein, dass wir Menschen allzu oft vergessen, dass Tiere unsere Freunde sind, mit Gedanken und Gefühlen, genau wie wir? Ist das alles nicht eine riesige Verantwortung, die wir da mit uns herumtragen und die wir aufs Schlimmste missbrauchen...?"
In meine Stimme mischte sich der meinerseits sehr beliebte Galgenhumor, als ich langsam das alte Gedicht vor mir hersagte, das ich einmal für Mama und Papa zu Weihnachten auf ein Stück edles Papier geschrieben hatte:

Das Lied der Weihnachtsgans

Ich schenke euch mein Leben für euer egoistisches Mahl.
Auf dass mein Leib den euren nähre.
Qual und Tod sind der Preis den ich bezahle,
nur um einmal Bekanntschaft mit eurem

silbernen Besteck machen zu dürfen.
Euer Genuss sei mein Verderben,
doch wer muss nicht irgendwann mal sterben?
Ich heiße euch willkommen
zum Fest der Liebe!

*

Dieses „Lied“ hatte natürlich nicht unbedingt zum familiären Weihnachtsfrieden beigetragen, jedoch war das auch nicht meine Absicht gewesen.
Also, mutterseelenallein kauerte ich am Tisch in meiner kleinen, etwas kargen, aber dennoch schnuckelig eingerichteten Küche und war dabei, meine kalten Spaghetti hinunter zu würgen.
Doch der Schein trog. Wie allzu oft, wenn man nicht genau hinsah. Denn alleine war ich ja eigentlich nie. Die schwarze Fee. Meine dunkle Schwester. Sie war seit ihrem überraschenden Auftauchen vor einiger Zeit immer und überall erreichbar, gab aber oft auch einfach ohne gefragt zu werden ihren Senf dazu. Vor allem meist dann, wenn ich gar nicht darauf gefasst war. Außerdem wusste sie immer verdammt gute Antworten und regte mich sehr zum Nachdenken an. Nun ja, bisher hielt ich sie bisher immer für eine imaginäre Wunschpersönlichkeit, ein geistiges „Abziehbild“ von mir selbst. Jedoch kam sie mir, je länger ich mich mit ihr beschäftigte, immer selbstständiger und realer vor. Eine zweite Noemi sozusagen, die sich oft so verhielt, wie ich mich gerne verhalten hätte, es aber aufgrund hinderlicher Begebenheiten bisher nie fertig gebracht hatte...
Doch um ehrlich zu sein, hatte ich noch immer keinen blassen Schimmer, wie und woher sie so unerwartet aufgetaucht war, wer oder was sie wirklich war und warum sich diese „zweite Noe“ ausgerechnet mit mir unterhalten wollte. Eigentlich hatte ich beschlossen, mir nicht mehr weiter den Kopf darüber zu zerbrechen, hatte ich sie doch mit meiner eigenen Phantasie erschaffen. Oder doch nicht? Plötzlich kamen mir massive Zweifel. Seltsam, noch vor ein paar Stunden hätte ich alles darauf gewettet, dass sie nur eine kreative Ausgeburt meiner selbst war, um zumindest scheinbar mit einem Menschen sprechen zu können...
Aber nun kam mir das Ganze merkwürdig und auch ein bisschen unheimlich vor.
„Woher wusste denn meine Zwillingshexe um all diese intelli-

genten Dinge, von denen selbst ich keine Ahnung hatte? Oder wusste sie es auch nur, weil ich irgendwo schon mal etwas darüber gehört oder gelesen hatte, es aber nicht mehr bewusst in meinem Gedächtnis abrufen konnte? Oder war ich hier in dieser Einsamkeit bereits gänzlich am Überschnappen?
„Nein, ganz bestimmt nicht!", sprach ich nun streng an mich selbst gewandt und begann unruhig in der Küche auf- und abzulaufen. Langsam wurde mir die Angelegenheit unangenehm. Die Vorstellung von etwas, das ich weder erklären noch kontrollieren konnte, verursachte mir Gänsehaut und ich versuchte diesen Gedanken, einem lästigen Insekt gleich, von mir abzuschütteln.
„Wahrscheinlich bin es letztendlich doch ich selbst, die sich da mit Informationen zuschüttet und glaubt, das käme von einer zweiten Persönlichkeit."
Dass ich eine blühende Phantasie besaß, hatten mir ja schon einige Leute vorgeworfen und mich schlichtweg als Tagträumerin hingestellt, die sich mehr in ihrer eigenen Märchenwelt als in der Realität aufhielt. Aber irgendwoher mussten die vielen schlauen Antworten ja kommen. Dummes Zeug war es jedenfalls beim besten Willen nicht. Ich hatte nur vergessen, wer die schwarze Fee war. Vergessen, weshalb sie mich begleitete. Vergessen, wer ich selbst war...
Vergessen, vergessen - aufessen!

*

„Hmmh, lecker, ein bisschen Schärfe könnte noch mit rein...!"
Erschrocken zuckte ich zusammen und wurde jäh aus meinen Spekulationen gerissen
„Was hast du da gerade gesagt?!", staunte ich und legte den Löffel beiseite.
„Ja denkst du etwa, Geschmack ist etwas Greifbares? Geschmack ist doch auch nur eine Empfindung, etwas Körperloses oder?"
„Da hast du Recht! Darüber habe ich noch gar nicht nachgedacht! Also isst du sozusagen mit mir mit?"
„Selbstverständlich. Ich bin doch mit dir verbunden, das solltest du eigentlich wissen, Noe."
Ich schauderte. Je häufiger ich mit ihr sprach, desto mehr gewann ich den Eindruck, sie vor mir, mal stehend, mal schwebend oder leicht tänzelnd, erahnen zu können. Wenn auch nur ganz

schwach, durchsichtiger und feiner als der zarteste Stoff.
Ich musste tatsächlich nicht mehr ganz bei Trost sein, aber tun konnte ich jetzt auch nichts mehr dagegen. Meine gespenstische Doppelgängerin war einfach da, ob ich nun wollte oder nicht...
„Hast du vielleicht auch einen richtigen Namen?“, rief ich und versuchte meine Hände in ihre Richtung zu stecken, um zu fühlen, ob ich vielleicht etwas spüren konnte.
„Jetzt bin ich wohl schon so weit, dass ich dieser zweiten Persönlichkeit einen eigenen Namen geben will?“, stellte ich entsetzt fest. Das grenzte ja nun doch schon an eine ernsthafte Geisteskrankheit oder so was.
„Ich besitze viele Namen und doch keinen. Ich bin weit gereist, durch alle Zeiten hindurch und doch war ich immer nur hier. Ich bin die schwarze Lady, der Schatten, das was ist, wenn nichts mehr ist. Du kennst mich schon so lange!“, erklang die mir bereits wohl bekannte Stimme in meinem Kopf, die mich vor Aufregung erzittern ließ.
„Leider vergesst ihr Menschen die wichtigen Dinge oft allzu schnell wieder...“
„Das verstehe ich nicht...!“
„Ich bin nun hier und ich kann dir nur sagen, dass ich bereits vielen Menschen vor dir geholfen habe“, raunte sie.
„Ich weiß zwar jetzt nicht so genau, was das wieder für ein komisches Spiel sein soll, aber egal. Ich habe die Nase voll davon. Ich kenne dich nicht und wenn du meinst, du könntest dich hier aufspielen, bist du bei mir an der falschen Adresse!“ Darauf wurde alles still und es kam keine Antwort mehr.
Was war das nun wieder? Ich war wohl doch blöder, als ich mich bisher verkauft hatte und wusste vielleicht noch viel weniger, als ich mir wagte vorzustellen. Und als ich genauer nachdachte, wurde mir auch ziemlich schnell klar, dass mein Wissen, im Vergleich zu dem Wissensschatz, über den die gesamte Menschheit verfügte, seit sie auf diesem Erdball wandelte, so klein war wie ein winziger Tropfen in einem riesigen Ozean. Und selbst das, was sich Generationen in den letzten hundert Jahren angeeignet hatten, sei es in den Bereichen der Medizin, Technik, Naturwissenschaften oder der Weltraumforschung, stellte mit Sicherheit nur einen Bruchteil dessen dar, was noch alles möglich wäre...
„Wie gerne würde ich mehr wissen über all die verborgenen und unerklärlichen Dinge, die sich da draußen in der Welt und im Weltall abspielen“, dachte ich mit einem Anflug von Sehnsucht und Fernweh. Wie auf ein Zeichen hin sprang ich auf und räumte

geistesabwesend den Tisch leer. Ich fühlte mich mit einem Mal so eigenartig, so schwach auf den Beinen.
„Leg dich hin, ich möchte dir etwas zeigen!“
Das war zwar ein Befehl, aber diesmal gehorchte ich ausnahmsweise gern. Ich wunderte mich über gar nichts mehr. Nicht mehr.
„Halte deine Augen geschlossen! Denke an nichts, lass dich komplett fallen!“, hörte ich ihre Anweisungen und ich konnte nichts anderes tun als mich auf mein Bett zu legen und ihren Worten Folge zu leisten. Eine Woge eines nie gekannten Wohlgefühls erfasste mich. Vor meinen geschlossenen Augen begannen plötzlich Bilder wie ein Film abzulaufen, die von ihrer Stimme entsprechend kommentiert wurden...
„Schon lange vor unserer heutigen, modernen Gesellschaft des 21. Jahrhunderts existierten Kulturen, die es vortrefflich verstanden, auf höchster Stufe entwickelte Technologien in völliger Harmonie mit der Natur zu verbinden...“
Gespannt lauschte ich und ließ die Eindrücke vergangener Epochen und fremder Kulturen an mir vorüberziehen.
„Oder glaubst du immer noch, wir stammen von den Affen ab? Pass gut auf und sieh gut hin, denn hier ist die Wahrheit...“

*

Die Bilder und Informationen, die ich daraufhin vorgesetzt bekam, überstiegen alles, was ich bisher gesehen, gelernt und gewusst hatte.
Wie versteinert lag ich auf meiner Matratze und konnte keines meiner Glieder rühren, bis dieses aberwitzige Schauspiel, diese kolossale Informationsflut abrupt endete und ich Mühe hatte zurückzukehren.
Zutiefst beeindruckt von diesem unfassbar wertvollen Wissen, den Galaxien an überwältigenden Bildern, die sich wie ein Film vor meinem inneren Auge abgespielt hatten, lag ich da und starrte auf die braune Holzdecke über mir. Konnte das wirklich alles wahr sein?
Was für ein Bild vermittelt uns denn da die heutige Wissenschaft, die behauptet, mehr herausgefunden zu haben, als alle bisherigen Kulturen auf der Erde zusammen? Jeder von uns verfügt genau genommen nur über einen lächerlich lückenhaften Wissensschatz, der sowas von beschränkt, kleinkariert - und wer weiß was noch alles - ist...
Und doch meinte jeder, er wüsste bereits alles und kenne

sich aus mit dem Leben und allem, was sich je auf der Welt zugetragen hatte...
„Doch wieso bekomme gerade ich, jetzt, zu diesem Zeitpunkt, all diese Informationen zugetragen? Welchen Sinn soll das denn erfüllen?“, fragte ich mich.
Vieles davon hatte ich mir selbst schon mal so oder so ähnlich zusammengereimt. Doch auch jetzt verstand ich dessen tiefgründigeren Sinn nicht.
„Was bringen mir denn diese ‚Weisheiten‘, wenn ich im täglichen Leben nichts davon umsetzen kann?“, überlegte ich und konnte mir keinen Reim auf all diese, zum Teil doch sehr verwirrenden Bilder und Informationen machen.
Den einzig klaren Gedanken, der mir im Gedächtnis haften blieb, notierte ich daraufhin wie gewohnt fein säuberlich in meinem Notizbuch.

*

Ist es nicht seltsam,
dass der Mensch das einzige Lebewesen hier auf Erden ist,
das sich bewusst seines Verstandes bedienen kann
und doch meist am dümmsten von allen handelt?

*

Und noch etwas war hängen geblieben. Tief in mir. Dieser Wissensschatz fungierte als Schlüssel zu etwas, das jetzt noch nicht soweit war, es aufzusperren. Jedoch sollte ich vorbereitet werden. Vielleicht sollte es mir auch zeigen, dass ich mich auf dem richtigen Weg befand, wenn ich mich nicht mehr nach der extrem extrovertierten, schnelllebigen Konsum-Gesellschaft richtete, sondern mutig eigene, neue Pfade beschritt, die die Antworten im Inneren suchten.
Die Zeit war reif für eigene Erfahrungen, die nicht auf angeblichen wissenschaftlichen Erkenntnissen oder angelerntem toten Wissen beruhten, sondern die aus dem realen Leben stammten.
„Was bilden sich die Menschen eigentlich alle ein, einschließlich mir selbst?“, sprach ich an sie gewandt und bewunderte dabei ihre feingliedrige Gestalt und ihre grazilen Bewegungen.
„Wir nehmen von der Wirklichkeit nicht mal ein Millionstel wahr und meinen doch, alles zu wissen!“
Ich war richtig erschüttert über diese Arroganz.

„Viele sagen, so, wie unsere Mutter Erde derzeit behandelt wird, kann es nicht weitergehen. So, wie sich die Menschen benehmen, sich anfeinden, hintergehen und bekämpfen, kann uns keine glückliche Zukunft bevorstehen. Doch weißt du was? Es geht immer weiter. Egal was wir auch tun. Ob wir uns alle gegenseitig umbringen oder die Welt unbewohnbar machen. Die Natur überlebt uns alle."
Ich spürte wie mir Tränen in die Augen traten.
„Das alles finde ich so unsagbar traurig! Muss es denn soweit kommen? Wie kann ich etwas dafür tun, dass sich etwas daran ändert?", fragte ich betroffen. „Das klappt nur, indem du lernst, dich dem Ruf deiner Seele hinzugeben, dem Unbekannten zu öffnen, und Herz und Verstand, Denken und Fühlen, und Eins und Null miteinander in Einklang zu bringen."
„Was soll denn das nun wieder heißen? Muss ich dafür Kundalini-Yoga praktizieren oder zur Schamanin werden?"
„Oho! Du, das wäre gar nicht so ungewöhnlich. Beides kann eine Brücke darstellen, ist aber keinesfalls Voraussetzung. Ich meine damit, dass sich heute der Großteil der Leute nur noch auf ihren Intellekt verlässt und das Gespür, das Nicht-Greifbare ausgrenzt. Es gibt noch so unendlich viel zu erfahren und ein Ende ist nicht in Sicht. Doch dazu sollten wir unsere Gewohnheiten hinter uns lassen und uns öffnen für die leisen Gedanken hinter den Gedanken, denen meist keine Beachtung geschenkt wird.
„So? Ich glaube, dass das nicht sehr ratsam wäre. Wenn ich nicht immer so oft auf jede noch so leise Gefühlsregung von mir reagiert hätte, dann wäre vieles in meinem Leben bisher positiver und nicht so schmerzhaft für mich ausgefallen..." „Du meinst, dass du vieles anders gemacht hättest, indem du mehr auf deinen Verstand gehört, also nicht so emotional reagiert hättest?"
„Ja genau, denn mit meiner jetzigen Situation bin ich ganz und gar nicht zufrieden und sie macht mir sehr zu schaffen. Besonders die Tatsache, dass ich keine Freunde finde..."
„Das liegt aber ganz gewiss nicht daran, dass du in der Vergangenheit zu viel auf deine innere Stimme gehört hast, sondern daran, dass du kein Vertrauen in deine eigenen Fähigkeiten besitzt und Emotionen mit Gefühlen verwechselst!"
„Emotionen mit Gefühlen verwechseln - ist das nicht beides dasselbe?"
„Ganz und gar nicht! Emotionen flackern kurz auf und kommen durch äußere Ereignisse zustande. Wutausbrüche, Lachen über lustige Dinge und dergleichen. Gefühle sind nicht so kurzlebig

und kommen aus dir selbst.
Sie leben in dir, wohnen in dir, sprechen aus dir. Unabhängig von äußeren Umständen. Merk dir ein für alle Mal: Wenn du auf die Stimme deines Herzens hörst und ihr vertraust, wirst du nie enttäuscht werden! Niemals! Sie ist deine engste und beste Freundin, die ausschließlich immer die wertvollsten Chancen für dich bereithält!"
Diese Worte stimmten mich unsagbar betrübt. Denn die unumstößliche Gewissheit, in meinem Leben bisher alles verkehrt gemacht und nie auf die Stimme meines Herzens gehört zu haben, zog sich wie eine immer enger werdende Schlinge um meinen Hals.
„Was sagt dir denn dein Herz bei diesem Problem?", fragte sie sanft und schien mich kaum merklich an die Schulter zu stupsen.
„Ich weiß es nicht! Ich weiß es nicht! Wahrscheinlich habe ich die Stimme meines Herzens, meine innere Stimme, noch nie wahrgenommen, in meinem Egoismus, meinem falschen Stolz und meiner Eigenwilligkeit...", schluchzte ich los.
„Mein Leben ist so wertlos! Ich habe bisher alles falsch gemacht, was ich nur falsch machen konnte und dabei auch noch andere Menschen verletzt..."
„Noe, nun hör mir mal gut zu! Tief in deinem Inneren wartet eine erfolgreiche kreative junge Frau darauf freigelassen zu werden. Ein einzigartiges wundervolles Wesen, das allein von dir selbst eingesperrt und gefangen gehalten wird. Lass es endlich heraus! Lass dich selbst endlich frei! Ich weiß, du hast die Kraft dazu! Oder was denkst du denn, warum du meine Stimme hören und mit mir sprechen kannst?! Bestimmt nicht, weil es dir an Feingefühl mangelt!"
„Aber was soll ich denn tun, damit ich mit mir selbst wieder klar komme?", gluckste ich mit Tränen erstickter Stimme.
„Du musst dich selbst wieder lieben lernen, dann kannst du die Liebe auch an deine Mitmenschen weitergeben und sie wird um ein Vielfaches verstärkt zu dir zurückkommen.
Dann wirst du auch wie von selbst neue Freunde finden, die nicht einfach nur Freunde sind, sondern zu wahren Gefährten und treuen Wegbegleitern werden. Du brauchst keine oberflächlichen Bekanntschaften mehr, davon hattest du in deiner Vergangenheit genug.
Du sehnst dich nach Halt und Verständnis, nach wahrer Liebe und Geborgenheit, und suchst nach wie vor an der falschen Stelle danach! Doch du begreifst allmählich, dass du das alles zuerst

in dir selbst finden musst, um es dann auch bei anderen finden zu können."
Ich schluckte. Das klang einleuchtend. Und schwierig. Felsbrockenschwer schwierig.
„Kannst du mir dabei helfen?", wisperte ich und wischte mir die Tränen aus dem Gesicht.
„Natürlich, dazu bin ich doch hier. Du hilfst dir doch immer nur selbst. Was glaubst du denn? Ich kann doch auch nur das sein, was du im Grunde längst bist! ICH bin doch DU!"
Ich erschrak. Ich begegnete ihrem offenen Blick, ja, ich erkannte in ihren schimmernden Augen meine geheimsten Gedanken wieder.
„Heißt das, ich spreche die ganze Zeit über immer nur mit mir selbst!?"
„Das weißt du doch eigentlich. Mach dir nichts vor. Du bist wahnsinnig. Ein wahnsinniges Genie. Überleg doch mal, was ich dir gerade gesagt habe und mache das Beste daraus. Außerdem ist es absolut nicht sinnvoll, dich ausschließlich nur auf mich, beziehungsweise auf den Teil von dir selbst zu verlassen, den du im Außen als eine Art Abziehbild wahrnimmst. Somit bleibt auch der Zugang zu deinem Herzen und deiner Intuition verschlossen."
„Hmm!?"
„Du musst endlich genug Vertrauen in dich und das Leben setzen, dich ganz allein auf deine eigenen Fähigkeiten, verlassen und nicht auf eine „zweite Noemi", die immer griffbereit vor dir steht..."
„Aber ich dachte, du bist ich und dann hast du doch gar keinen Grund, wegzugehen! Ich habe doch solche Angst, schon wieder alleine zu sein! Es macht mich einfach fertig, jeden Tag nach der Uni zu Hause herumzusitzen und mich mit meinen trübsinnigen Gedanken herumzuschlagen!"
„Das ist doch auch nicht deine Aufgabe! Geh auf die Menschen zu, die du gern hast! Du kannst nicht erwarten, dass dich andere ansprechen, wenn du so einen verschlossenen Eindruck machst. Ändere dein Leben! Du hast doch schon so Vieles erreicht, du musst dir dessen nur bewusst werden und endlich losziehen. Hallo, du bist dran! Du hast jetzt, in diesem Augenblick alles, was du brauchst, um all deine Probleme sofort zu lösen. Sie wären nicht jetzt da, wenn du sie nicht auch jetzt lösen könntest..."
„Wie soll ich anfangen? Wo soll ich beginnen? Schon beim leisesten Versuch, etwas in dieser Richtung zu unternehmen,

erinnere ich mich gleich wieder an die bisher erfolgreich verdrängten Fehlschläge, die ich erlitten habe...!"
„Du bist einzigartig und wundervoll. Ich weiß, dass du weißt, worauf es ankommt und dass du nur einen einzigen ersten Schritt gehen musst. Deshalb habe ich beschlossen, dass es für dich besser wäre, in Zukunft nicht mehr so direkt mit mir zu kommunizieren."
„Soll das heißen, du willst mich tatsächlich schon so bald wieder verlassen?", japste ich mit gebrochener Stimme.
„Nein. Ich verlasse dich natürlich nie. Das kann ich gar nicht. Ich werde mich allerdings nicht mehr so offensichtlich zeigen und mit dir unterhalten. Ich werde direkt dorthin zurückkehren, wo ich hergekommen bin. Zu dir, in dein Innerstes!" Nun verstand ich gar nichts mehr. Mein Schatten wollte mich verlassen, obwohl er es gar nicht konnte? Sie war da und musste doch zu mir zurückkehren? Sie half mir, obgleich ich mir nur selbst zu helfen im Stande war?
„Deine innere Stimme ist nicht so vorlaut und sie spricht sehr viel sanfter und subtiler zu dir als ich. Die Tatsache, dass du den Zugang zu deinen Schattenseiten gefunden hast, ist doch eindeutig ein Indiz dafür, dass dir der Weg bereits geebnet ist! Jeder Tag ist eine Herausforderung für dich und kann dich näher zu deinem Herzen führen. Nimmst du allerdings diese Herausforderungen nicht an und zögerst unnötig alles hinaus, wird es nur schwieriger, und es wird zu deinem eigenen Schaden sein. Du wirst dann weder die Stimme deines Herzens noch meine jemals wieder hören können! Dein strahlendes heiliges wahres Selbst wird verschüttet werden unter lauter unnützem Müll, bestehend aus gesellschaftlichen und persönlichen Zwängen, scheinbar unlösbaren Problemen und dem Trugbild, das du dann dein „Ich" nennst. Was aber nur ein lächerliches Abziehbild von dem darstellt, das dich selbst im Grunde ausmacht. Darum nutze die Chance wohl, die dir zuteil wird und bedenke gut, was das für dich bedeuten kann!"

*

Ich starrte sie mit offenem Mund an. Gerade in diesem Moment schickte die spätherbstliche Abendsonne ihre letzten Strahlen aus der dicken grauen Wolkensuppe hervor. Einer davon fiel genau durch mein Fenster und durchbrach ihren ätherischen Leib, der sich schemenhaft vor mir abzeichnete.

Sie lächelte mir noch einmal zu, ein sanftes strahlendes Lächeln, bevor sie sich langsam wie Nebel vor meinen Augen auflöste.

„Die geheime Tür zu deinem Herzen findest du am besten als Kind, als Kind, als Kind... ", vernahm ich zum Abschied ihre glockenhelle Stimme wie ein immer leiser werdendes Echo in meinem Kopf.
Bis auch dieses schließlich gänzlich verstummte...

Kapitel 2
Verpuppung

Das war das letzte Mal.
Das letzte Mal, dass ich mich mit meiner Dual-Schwester, der schwarzen Fee, auf diese Art und Weise austauschen konnte. Sie war und blieb mir verborgen. Je mehr ich über Sinn und Unsinn meiner Existenz nachdachte, desto verwirrter fühlte ich mich. Und ja, ich wusste, dass ich nichts wusste. Das war es dann aber auch.
Wie sollte es nun weitergehen?
„So wie bisher jedenfalls nicht mehr. Es muss endlich Schluss sein mit all diesen Lügen, die du dir selbst auftischst, mit deinem ewigen Versteck spielen vor dir selbst, mit deiner Angst, nicht anerkannt zu werden und diesem unergründlichen Hass auf die Menschen und auf deine Eltern!“, redete ich mir selbst ins Gewissen.
„Meine Eltern! Wie war ich als Kind? Was wollte sie mir damit überhaupt nahe legen? Meine Eltern! Vielleicht sollte ich sie fragen?“
Eigentlich wusste ich ja bestens Bescheid über alles, doch ich konnte es einfach nicht anwenden.
Nicht jetzt, nicht heute...
Und auch nicht morgen. Vielleicht nie...
Langsam trottete ich ins Badezimmer, um mein müdes Gesicht zu waschen und mich anschließend schlafen zu legen. Mir graute schon jetzt vor dem nächsten Tag. Ich wollte nicht mehr aufstehen, nicht mehr leben, nicht mehr denken, nicht mehr fühlen... Nicht ohne meine lieb gewonnene schwarze Fee. Ich wollte nicht mehr die Ablehnung der Menschen spüren und auch nicht deren aufgesetzte Freundlichkeit.
Schwach und abgebrannt wie ein verglommenes Streichholz sank ich in mich zusammen. Nichts war wirklich so, wie ich es gerne haben wollte. Alles lief gegen meinen Willen ab. Ich kam mir so machtlos, so leer vor.
Und so wahnsinnig traurig. So müde und traurig, dass ich es selbst nicht wirklich begreifen konnte.
Wie sollte ich je wieder zu dem finden, was ich bereits als Kind verloren hatte? Wer war ich denn, dass ich behaupten konnte, irgendein Quäntchen Glück für mich beanspruchen zu dürfen?

*

Der darauf folgende Tag war, wie ich es auch nicht anders erwartet hatte, einfach ausgedrückt zum Davonlaufen. Das lag nicht daran, dass es Donnerstag war. Nein, ganz und gar nicht. Es lag einfach daran, dass heute überhaupt ein neuer Tag begonnen hatte. Dass jeder Tag, den ich länger mit mir selbst verbrachte und niemanden hatte, dem ich meine Gefühle mitteilen konnte, miserabel war. Wenn in mir Orkane tobten, die alles wieder und wieder in Aufruhr brachten, mich so sehr aufwühlten, dass ich manchmal meinte, durchdrehen zu müssen, dann half nur noch Eines...

Langsam zog ich die Klinge aus meiner Tasche und setzte sie an. Nicht, dass ich mich ernsthaft verletzen wollte. Aber nein. Ich brauchte nur ab und zu die Gewissheit, dass da noch etwas war. Etwas was ich als mich selbst wieder erkennen konnte. Die Gewissheit, noch hier zu sein, ein Ventil für meine überkochenden Emotionen... Rote Tränen...

Scheiß Emos. Aber was machte man nicht alles für ein bisschen Erleichterung? War es nicht wichtiger, sich einfach glücklich zu fühlen, statt ‚nur' positiv zu denken? Sobald ich mich wieder in meine destruktiven Gedanken verstrickte, war alles Gute sowieso wie weggeblasen. Die Menschheit, ihr Denken und ihre daraus resultierenden Gefühle waren von der Wurzel an verseucht. So kam es mir jedes Mal vor, wenn ich mit Menschen zu tun hatte. Ich besaß in ihren Räumen keine Macht. In diesen Gebäuden, Straßen und Systemen, die von ihnen beherrscht wurden. Dagegen kam ich mit meiner kleinen verletzlichen Phantasiewelt nicht an und das flößte mir Furcht ein.

„Bin ich nicht hoffnungslos verloren in dieser kalten und grausamen Welt? Und doch wurde ich in dieses Leben geschickt und habe alle Möglichkeiten!"

Es war alles so schwer, so fremd für mich, als käme ich von einem weit entfernten Stern, auf dem alles sehr viel einfacher und unkomplizierter verlief. Leider änderte das nichts daran, dass ich nun mal hier war und mich unmöglich ewig so durchmogeln konnte.

Ich stützte mich einfach nur noch darauf, dass ich ja im Grunde nur eines tun bräuchte: etwas tun, wenigstens irgendetwas tun! Verdammt noch mal, was hinderte mich daran, mich frei zu bewegen und meine Energie sinnvoll einzusetzen? Ich wollte endlich heraus rennen aus diesem Irrgarten aus toter Materie - doch wo war der Ausgang...?

*

Im Sommer nahm ich mir fest vor, wenigstens ein einziges Mal frühzeitig aufzustehen, um zumindest einen Sonnenaufgang erleben zu können. Sonnenaufgänge hatten irgendwie etwas Zuversichtliches und Erhebendes an sich. Nicht so wie die Sonnenuntergänge, zu denen ich einen natürlichen Hang besaß und welche eher Abschied nehmend, wehmütig sehnsüchtig und melancholisch auf mich wirkten. Leider waren Sonnenuntergänge weitaus anziehender für mich als ich mir eingestehen wollte. Nicht zuletzt deswegen, weil ich dafür nicht so früh aufstehen musste...
Um halb acht musste ich normalerweise an der Uni sein, um mich dort auf ein Leben vorbereiten zu lassen, das auf den Verkauf meiner Arbeitskraft abzielte. Moderne Sklaverei eben.
Es war so deprimierend, zu wissen, dass die ganze Zeit, die ich in meinem Leben sinnlos mit Schule und unnützen Beschäftigungen vergeudete, Lebenszeit war, die ich nie wieder zurückbekommen würde.
„Hätte ich mich doch damals für etwas Anderes entschieden! Von wegen Studium und so ein Quatsch! Das ist die reinste Zeitverschwendung!“, fluchte ich leise vor mich hin.
Doch welche andere Wahl hätte ich denn gehabt? Jeder Tag bestand aus dem gleichen Trott und das Einzige, was mir in dieser Zeit wirklich geholfen hat, war der Gedanke daran, dass es ja irgendwann einmal vorbei sein musste. Für immer vorbei.
Manchmal sank ich einfach in ein großes schwarzes Nichts, das mich einhüllte wie der schwere Mantel der schwarzen Fee. All meinen Schmerz sanft zudeckend, mich zumindest für einen Augenblick lang in der Süße des Vergessens schwelgend...
Es schien fast so, als wären die lehrreichen Worte meiner geliebten „Schattenschwester“ bereits wieder völlig untergegangen, verwischt wie Spuren im Sand...
Ganze unglaubliche drei Jahre verstrichen. Einfach so. So schnell wie drei kleine aufeinander folgende Schnitte. Ich lebte ohne Sinn und ohne Ziel einfach in den Tag hinein. Ohne an meiner unzufriedenen Lebenssituation etwas zu verändern, ohne Freunde und ohne wahre Freude.
Die Uni war mir längst egal - ich fehlte sowieso ständig. Und obgleich sie für mich das Widerlichste war, was ich in meinem Leben eine Konstante nennen konnte, so dachte ich dennoch nicht im Traum daran, sie komplett hinzuschmeißen. Naturwis-

senschaften. Biologie. Technik. Bionik. Ja, die Wissenschaft vom Leben. Wie konnte ich nur so naiv sein und annehmen, die komplexen, ja regelrecht mystischen Vorgänge in der Natur mit dem bloßen Verstand erklären oder gar erfassen zu können? Ich wollte hinter die Dinge blicken, aber nicht auf diese rationale Weise, die keine Wunder, keinen Zauber mehr zuließ. Ich wollte mehr wissen, denn Wissen war bekanntlich Macht und genau das war mein Problem.
Ich wusste gar nichts und fühlte mich plötzlich auch nicht mehr im Stande, diese starre Wahrheit, die ich lernen sollte, in mir aufzunehmen.
Ich wusste, dass ich nichts wusste und genau dort begann mein Glaube. Der Glaube daran, dass es Vorgänge und Kräfte in diesem Universum geben musste, die nicht mit mathematischen Formeln zu erklären waren, die noch etwas mit einem tieferen, einem inneren Verständnis zu tun haben mussten, veranlasste mich dazu, mich auf die Suche nach meiner eigenen Wahrheit zu machen...

So begann ich eines Winters mit meiner Verpuppung. In der Hoffnung, neugeboren und verwandelt für die Dauer eines Sommers meinem Kokon als gaukelnde Schmetterlingsbraut entschlüpfen zu können.

*

Und da war er. Der Sommer.
Wieder einmal dieser überschwängliche Taumel. Er kündigte sich zuerst ganz zögerlich, mit einem lieblichen zartrosa Frühling an, der mich in meinem Garten in süße Duftwolken hüllte.
Bald würde ich wieder selbstvergessen im Garten unter den duftenden, von Blütendunst und Insektengesumm schwangeren Bäumen sitzen, die ersten Sonnenstrahlen genießen und mir vorstellen, wie mein „neues Leben" aussehen sollte. Ein Leben, welches wohl für immer ein Luftschloss bleiben musste...
Die milde Luft hauchte meinen, von der Winterstarre unbeweglichen Gliedern frische Kräfte ein und auf wundersame Weise küsste die Sonne jedes Mal neuen Lebensmut in mir wach.
Ich spürte eine ungezügelte Energie in mir aufkeimen. Stärker als je zuvor. Lebendiger als gewohnt. Eine deutliche Veränderung hatte sich in mir vollzogen. Langsam, aber dennoch bemerkbar. Oder war das nur wieder eines meiner altbekannten Strohfeuer?
Sprachen drei verschwendete Jahre nicht für sich? Was sollte sich jetzt noch großartig verändern? Mich verändern? Ja, mich verändern!

*

Frühlings-Phantasie

Liaison mit der neunten Idee aus der zweiundsechzigsten
Windung meines Hirns.
Ich kann nicht mehr länger warten.
Weil während des Wartens zu viel passiert,
was sich nicht vermeiden lässt.
Ausgeburten wirrer Phantasiegebilde im Seerosenteich
innerhalb eines einzigen Regentages.
Vielleicht doch zu viel von diesen Liedern gehört,
die ins Endlose führen und
einen einfach barfuß in der Tauwiese stehen lassen,

bevor der Morgen anbricht?
Was ist sehnsuchtsvoller als der
sommernächtliche Singsang der Nachtigallen?
Wenn der Frühling flüstert, von knospenden Versprechen und
anschwellenden Rundungen?
Leiser Wind streichelt die langen Schilfgräser und
die Farben flirren durch meine Iris
wie ein Rausch aus tausend Pinselstrichen.
Verrückt ist noch komischer als vermutet.
Die Schmetterlinge katapultieren sich auf Platz Eins
der Nahrungskette mit nur einer Raupe pro Stängel.
Ich weiß nicht wieso die Palmkätzchen heute nicht miauen
aber die Insekten sind gefräßiger als die Vögel.
Schokoladige Genüsse sind selten geworden im Land
der wöchentlich wechselnden Diäten.
Aber innerhalb der eigenen vier Wände
lässt es sich doch noch aushalten.

*

Die Sommerhitze begann zu brüten und ich wurde Dauergast im Freibad. Bisher hatte ich größere Menschenansammlungen immer gemieden. Doch plötzlich konnte ich nicht mehr genug bekommen von dem Bewusstsein, dass alles gut und schön war, so wie es eben war. Einfach nur zu leben, wie all die anderen. Ohne über gestern, heute oder morgen nachzudenken. Einfach nur zu sein. Mich tragen zu lassen von der Masse, die immer in die gleiche Richtung schwamm.
Eingezwängt in der Sardinenbüchse des Mainstreams hatte ich zwar nicht viel Bewegungsfreiheit aber immerhin musste ich die auch gar nicht haben. Platz war in dieser Sardinenbüchsen-Welt auch nichts, was man beanspruchen konnte, und zu viele Fragen sollte man erst gar nicht anfangen zu stellen...
Ich war schon wieder drauf und dran es mir in einer neuen Etage meiner Scheinwelt bequem zu machen. Eine Einzige wäre für mich auch viel zu wenig gewesen. Es ging mir damit eigentlich ziemlich gut und ich fühlte mich wohl in meiner kleinen bequemen Realität.
Zumindest eine Zeit lang. Und abends saß ich dann wie gehabt allein in meinem Häuschen am Waldrand und dachte über die Welt nach, trauerte vergangenen Zeiten hinterher und melancholierte stundenlang vor mich hin.

Doch das war innerhalb der Sardinenbüchse nicht tragbar und so musste ich sie doch wieder belügen. Alle musste ich belügen, weil ich nicht wie sie sein konnte. Doch wohin sollte das führen? Allen Erwartungen zum Trotz passierten außerplanmäßige Dinge, die mit einem unvorhergesehenen Öffnen der Büchse gleichzusetzen waren.

*

Ja, ich sollte tatsächlich noch einmal auf die richtige Bahn gelenkt werden. Wem ich es zu verdanken hatte, weiß ich bis heute nicht.
Meiner Schwester? Meinem Äußeren? Mir selbst oder gar einer überirdischen Macht, die mich aus meinem selbst erschaffenen Grab wieder heraus schaufeln wollte? Letztendlich spielt es auch keine Rolle mehr. Tatsache ist, dass mir dieses, wenngleich auch auf den ersten Blick unbedeutende Ereignis, den entscheidenden Anstoß in eine neue, alles entscheidende Richtung gab. Wie war das doch gleich?

Kapitel 3
Die Sardinenbüchse wird aufgerollt...

„Hallo, Noe, was machst du denn hier?"
Eine bekannte aber unerwartete Stimme ließ mich aus meinem Dämmerzustand hoch schrecken.
„Oh, hallo Pia! Ich hab dich gar nicht bemerkt! Wie schön dich zu sehen", brachte ich unsicher und überrascht zugleich hervor, als wie aus dem Nichts meine jüngere Schwester vor mir stand.
„Na, bei der Hitze kann man ja auch fast nichts anderes machen!", lachte sie.
Sie sah gut aus, mit ihren langen blonden Haaren und einem schicken, knackig-kurzen Kleidchen.
Langsam wurde sie immer mehr zu einer jungen Frau, bei der sich die Länge der Röcke mit steigenden Lebensjahren drastisch verringerte...
Mir fiel das besonders auf, da ich sie ja nur in größeren Zeitabständen zu Gesicht bekam.
„Ist Mama auch hier?", fragte ich vorsichtig.
„Nee, die arbeitet doch wieder!"
Ich horchte auf.
„Tatsächlich? Hat sie wirklich wieder ihre alte Leidenschaft aufgenommen? Nun sag schon, Pia!", rief ich und Neugierde entfachte sich in mir.
„Wieso redest du nicht selbst mal wieder mit ihr...?", antwortete Pia ausweichend und mit einem undefinierbaren Blick durch mich hindurch.
Sie hatte es wahrscheinlich noch immer nicht wirklich verwunden, dass ich einfach so von einem Tag auf den anderen ausgezogen war und mich seit dem nie wieder zuhause blicken ließ.
Meine Schwester verehrte ich so sehr ich nur konnte. Vielleicht war sie auch der einzige Mensch, den ich je so von ganzem Herzen liebte. Sie besaß eine so herzerfrischende Art, die alles in einem freundlicheren Licht erstrahlen ließ und mich an etwas erinnerte, was ich selbst schon lange nicht mehr gelebt hatte... Doch ich konnte wegen ihr nicht meine Prinzipien und mein Versprechen an mich selbst, das ich mir damals sogar mit drei blutigen Schnitten in den linken Unterarm geschworen hatte, brechen.
Mama und Papa war es wahrscheinlich ohnehin lieber, mich überhaupt nie mehr wieder sehen zu müssen. Das hatten sie seither auch nicht mehr. Seit über drei Jahren. Was war schon

Zeit? Wunden konnte sie jedenfalls nicht heilen, auch wenn immer das Gegenteil behauptet wird. Zumindest dann nicht, wenn man sie immer wieder aufs Neue aufriss, um frisches Blut daraus zu saugen...
Ich wollte schon weiter ansetzen etwas über Mama zu fragen, da riss mich Pia jäh aus meinen weit schweifenden Überlegungen heraus.

„Mensch, wie hältst du das nur so lange in der Sonne aus!", rief sie fröhlich, während sie ihre Strandmatte neben mir ausbreitete und ihre Klamotten vom Leib riss.
Anscheinend hatte sie meine Frage wegen Mama schon wieder vergessen und ich hatte keine Lust mehr, weiter nachzubohren. Es ging mich ja schließlich auch nichts mehr an...
„Tja, ich brauche eben viel Wärme, weißt du", gurrte ich und genoss das wohlig warme Licht auf meiner mittlerweile schon beachtlich braun gebrannten Rückseite. Herrlich! Allerdings war ich schon wieder voll dabei abzudriften. „Kommst du mit ins Wasser, Noe? Ich könnte jetzt dringend eine kleine Erfrischung brauchen!"
Tja, typisch meine Schwester, immer war sie in Action. Manchmal hätte ich gerne etwas von ihrem Tatendrang und ihrer Lebensfreude abgehabt...
„Ja, wenn es denn sein muss", stimmte ich zögerlich zu und bequemte mich aus meiner gemütlichen Bauchlage hoch, um neben ihr auf etwas wackligen Beinen Richtung Badezone zu stolzieren. Auf dem Weg dorthin bemerkte ich, wie mich sämtliche Leute mit ihren Blicken schier durchlöcherten.
„Warum glotzen mich alle immer so an, als käme ich vom Mond?", maulte ich ärgerlich. Daraufhin blieb Pia wie angewurzelt stehen, fasste mich an beiden Handgelenken, um mich absichtlich von oben bis unten zu mustern und holte tief Luft.
„Also... Nun ja, ich denke deswegen, weil du hier herumläufst, als wärst du ein halb verhungertes Supermodel, das vom Laufsteg gekippt ist. So was fällt eben auf!"
Ihre offene Art war für mich jedes Mal wie ein Schlag ins Gesicht und sprachlos starrte ich sie an, bevor ich lautstark versuchte, mich von ihr loszureißen.
Dass Pia so einen festen Griff hatte, machte mich nur noch wütender.
„Lass mich los, ich will zurück auf meinen Platz!"
„Ich habe es doch gar nicht böse gemeint!", versuchte mich Pia

zu beschwichtigen und ließ mich endlich wieder los. Sie kannte meine oft aufbrausende Art, wenn es um Kritik an mir selbst ging, nur zu gut. Doch diesmal war der Schock einfach größer.
„So etwas von meiner eigenen Schwester!", rief ich und sämtliche Badegäste stierten uns mit offenem Mund an.
„Aber Noe, ich wollte doch nur...",
„Lass gut sein, Pia, das war nur Spaß... Alles ok!", lachte ich plötzlich los und im Nu hatte ich die Situation gerettet.
„Du wieder mit deinen Spielchen!", stöhnte Pia und schüttelte tadelnd den Kopf. „Ich kann´s halt einfach nicht lassen!", kicherte ich. Allerdings ärgerte ich mich insgeheim über Pias phantasievolle und direkte Ausdrucksweise - wie kam sie nur immer auf sowas! Ausrangiertes Supermodel, vom Laufsteg gekippt, was musste ich mir noch alles gefallen lassen?
Doch Pia war sowieso schon weiter gelaufen und mit ihren Freundinnen, die sie gerade am Schwimmbecken getroffen hatte, in heiße Diskussionen über das Aussehen ihres neu erworbenen knappen Bikinis verstrickt. Zumindest soweit ich das aus einigen Gesprächsfetzen aufschnappte...
„Wenigstens hat mein Schwesterherz Unterhaltung, die braucht mich doch gar nicht!"
Möglichst unauffällig versuchte ich zurück zu meinem Badetuch zu gelangen.
„Pia hat ein schönes unbeschwertes Leben, mit allem was sich ein junger Mensch nur wünschen kann. Freunde, gutes Aussehen, schicke Klamotten und jede Menge Zeit und Geld um Spaß zu haben", kam es mir in den Sinn und mir wurde irgendwie ganz wehmütig ums Herz...
„Wahrscheinlich kann sie sich auch gar nichts anderes vorstellen..."
Darüber nachzudenken rief in mir ein Gefühl wach, das sich so anfühlte, als hätte ich etwas verschenkt, was ich eigentlich selbst gerne behalten hätte...
„Ich glaube, ich beneide sie richtig dafür, dass es ihr so gut geht!"
Eigentlich wollte ich mich einfach wieder hinlegen und der Sonne hingeben. Doch es war mir unmöglich geworden, so ignorant zu bleiben. Zum ersten Mal seit Langem zwang mich etwas zum Nachdenken. Wie sehr ich mich, verstrickt in Selbstzweifeln und Unzufriedenheit, bisher von der Meinung anderer abhängig gemacht hatte. Warum ausgerechnet ich so viel durchmachen musste und warum alles so kommen musste, wie es kam. Vor allem auch, warum ich noch vor wenigen Jahren beinahe an mir

selbst zu Grunde gegangen war, ohne es wirklich zu bemerken. Ja schlimmer noch: nicht mehr zu ‚sein', hatte ich als meine einzige Chance angesehen, glücklich zu `sein´, ...

Kapitel 4
Liebe, Hunger, Hungerliebe

Winter war mal wieder angesagt.
Wie gewöhnlich, für meinen Geschmack, unmenschliche Kälte. Mitunter auch mal Schnee und vor allem unangenehm kratzende Rollkragen-Pullis aus dicker Wolle, die mir meine Omi, wie jedes Jahr, auf überaus charmante Weise mit der Post zukommen ließ.
Das einzig Gute daran war, dass an diesem Tag der Kalender den neunundzwanzigsten anzeigte. Genauer gesagt, den neunundzwanzigsten Dezember. Feierte ich damals meinen fünfzehnten, oder bereits meinen sechzehnten Steinbock-Geburtstag? Ich wusste es nicht mehr so genau. Das spielte auch keine großartige Rolle. Ich hatte mir noch nie viel aus Geburtstagen gemacht, schon gar nicht, wenn sie kurz vor dem Jahreswechsel stattfanden.
Fest stand für mich nur, dass es ab und zu mal ganz schön war, etwas geschenkt zu bekommen, um das ich mich nicht vorher bemühen musste. So wie um Freundschaft zum Beispiel. Ich zählte damals lediglich zwei Mädchen zu meinen Freundinnen: Nastie und Monika.
Mit den zweien traf ich mich regelmäßig und sie waren auch die einzigen Gäste, die ich zu meiner kleinen Feier eingeladen hatte. Ich ging mit ihnen in dieselbe Klasse, doch wenn wir alle drei zusammen waren, kam ich mir immer wie das fünfte Rad am Wagen vor. Nein, nicht wie das vierte. Das wäre zwar nach normaler Rechnung frei gewesen, war aber leider schon von einer anderen imaginären Freundin besetzt. Einer von der Sorte, die einen immer übertrumpfen, stets die besseren Karten haben und unmöglich hübsch sind, egal zu welcher Tages- oder Nachtzeit, egal wie sehr man sich auch anstrengt sie nur annähernd zu kopieren!
Vor allem dann, wenn sie wieder ihren Klatsch und Tratsch über Jungs, die neueste Mode oder

die letzte coole Party auf den neuesten Stand brachten.
Bei so etwas konnte ich irgendwie nie mitreden. Doch nicht nur deshalb war ich unzufrieden und fragte mich oft, was ich denn tun könnte, um als Mädchen gefragter zu werden. Im Allgemeinen galt ich nämlich seit jeher als sonderbar bei allen, die mich kannten, besser gesagt, bei allen, die mich ‚oberflächlich' kannten. Denn wirklich gekannt hatte mich zu diesem Zeitpunkt niemand. Nicht einmal ich selbst...

*

Die Beiden hatten zu meiner Überraschung einen selbst gebackenen Schokoladenkuchen mitgebracht, über den wir uns auch gleich hungrig hermachten. Oder sollte ich sagen, über den ich mich hungrig hermachte? Denn mitten im Geschehen fiel mir etwas bisher Unbemerktes auf.
Nastie und Monika aßen langsamer und weniger als ich und schienen vielmehr mit der Planung der nächsten Party beschäftigt zu sein, als mit Kuchen in sich rein zu stopfen. Was war nur los mit mir?
Ich konnte mich doch nicht so gehen lassen und womöglich auf Dauer immer fetter werden, während andere Mädchen in meinem Alter darauf achteten, gut auszusehen, in die hippsten Klamotten zu passen und die besten Flirt-Strategien zu testen.
„Ich glaube, ich sollte mich in Zukunft wirklich etwas mehr zusammenreißen und ein ausgefeiltes Schönheits-Programm aufstellen", beschloss ich an diesem Abend vor dem Spiegel. Und das war ernst gemeint.
Und wenn ich etwas ernst meinte, dann zog ich das auch durch. In dieser Beziehung war ich schon immer sehr diszipliniert und ehrgeizig. Wie ein richtiges Steinböcklein eben. Vielleicht aber hätte ich es hierbei nicht ganz so sehr übertreiben müssen.

Wie dem auch sei, wie sich später noch zeigen sollte, hatte ich die hieraus resultierenden Erkenntnisse eben gebraucht. So wie manche Leute erst mit dem Rauchen anfangen müssen, um hinterher festzustellen, dass es besser gewesen wäre, sie hätten gar nicht erst damit angefangen und wie wunderbar befreiend es doch war, eine Sucht los zu sein.
Wenn sie es allerdings nie ausprobiert, aber dennoch irgendwie gerne mal versucht hätten? Würde ihnen diese Erkenntnis dann nicht im Leben fehlen, und sie hätten sich um etwas Wichtiges betrogen? Um ihre Erfahrungen damit!?
Eigene Erfahrungen sind das, wozu wir leben, sind das Salz in der Lebens-Suppe. Ohne eigene Erfahrungen sammeln wir nur totes Wissen an, das nie so wertvoll sein kann, wie etwas, das wir selbst erlebt haben...

*

Soweit so gut. Ich hatte also, dank eines simplen Geburtstags-Kuchens mit extra viel Schokoguss - das sei wohl bemerkt - beschlossen etwas für mein Aussehen und gleichzeitig auch etwas für mein Ansehen zu tun, eventuell ein paar Pfündchen abzunehmen und so weiter. Davon versprach ich mir mehr Lebensfreude, neue, interessantere Freunde und ein gesteigertes Selbstbewusstsein. Nastie und Monika befanden sich lange genug im Genuss ungeteilter Aufmerksamkeit. Jetzt war ich mal an der Reihe, die Blicke auf mich zu ziehen...
Begeistert malte ich mir aus, wie toll die „neue Noe“ bei den anderen ankommen würde. Ich war Feuer und Flamme, mein Vorhaben umzusetzen.

*

„Noe, hast du abgenommen?!“
Verstört legte ich die Gabel beiseite, mit der ich seit gut zwanzig Minuten versuchte, die Soße

vom Gemüse zu kratzen. Ich war gerade vom Nachmittags-Unterricht heimgekommen und Mama hatte mir wie meistens etwas vom Mittagessen aufgewärmt.
„Wie... was meinst du, Mama?“, stotterte ich ertappt.
„Na, ich bin doch wohl nicht blind, ich merke doch, dass du plötzlich viel weniger isst und deine Hosen anfangen zu schlabbern. Seit Wochen beobachte ich das Ganze nun schon.“ „Ach, kann schon sein...“, wich ich aus. Auf solch unangenehme Fragen hatte ich mich ehrlich gesagt nicht eingestellt, zumal ich meinen Erfolg selbst noch gar nicht so richtig an mir bemerkt hatte. Außer, dass ich plötzlich wieder in die alten Jeans passte, die mir schon seit zwei Jahren zu klein waren. Doch in meinen Augen war das noch kein nennenswerter Erfolg...
„Solange du es nicht übertreibst, ist mir das auch egal“, lenkte sie ein.
„Ok, brauchst dir echt keine Sorgen zu machen, Mama“.
„Aber dass du mir bloß deinen Teller aufisst, bei dem Bisschen, das du dir heute genommen hast!“, ermahnte sie mich gleich darauf. Genervt verzog ich die Mundwinkel.
„Ach, nun hör schon auf damit, ich esse doch genug, aber den Teller schaffe ich jetzt wirklich nicht mehr!“
„Na, wie du meinst. Ich werde dich jedenfalls ganz genau im Auge behalten. Das kann nämlich auch gefährlich werden, wenn man es übertreibt. Du weißt doch, dass ganz viele junge Mädchen heutzutage unter Essstörungen leiden...“
Jetzt war ich echt sauer. Was bildete sie sich überhaupt ein? Und wie, in drei Gottes Namen kam sie gleich darauf, dass ich in eine Essstörung hineinschlitterte?
Zugegeben, Mama hatte ein Gespür für solche Angelegenheiten, vor allem innerhalb der Familie merkte sie immer als Erste, wenn etwas nicht stimmte. Also bemühte ich mich, so gelassen wie

möglich zu bleiben und einfach meinen Mund zu halten.
„Gib mir mal deinen Teller zum Spülen, Noe... Willst du das wirklich nicht mehr essen...? Ok, dann werfen wir es halt in die Bio-Tonne. Eigentlich schade drum, findest du nicht?"
Betroffenes Schweigen. Aber eigentlich war ich nur froh, dass ich nichts mehr essen musste.
„Ich geh jetzt nach oben, ich habe heute noch eine Menge Hausaufgaben zu erledigen..."

*

Hausaufgaben? In meinem Zimmer verbrachte ich meine Zeit nun mit ganz anderen Dingen als mit unwichtigen Hausaufgaben. Die hatte ich schließlich bereits alle in der Freistunde in der Schule erledigt.
„Nur noch ein bisschen mehr Bewegung und weniger Fett, dann bin ich perfekt", spornte ich mich an, während ich meinen Bauch sehr kritisch im Spiegel betrachtete.
„Na, es gibt wohl auf jeden Fall noch schlankere Mädchen als dich, Noe-Oboe", dachte ich mir und zog meinen Bauch so weit an, bis sich die Konturen der Rippen leicht durch die Haut abzeichneten. Aber eben nur leicht.
„So, jetzt reicht´s mir, jetzt wird erst mal eine Stunde Gymnastik gemacht!", beschloss ich und schon war die neue Madonna-CD in der Anlage. Dazu hüpfte ich dann ununterbrochen auf und ab, hin und her, um mich richtig auszupowern und Kalorien zu verbrennen. Manchmal wiederholte ich diese Prozedur, bis die CD zum zweiten Mal abgespielt war und ich total entkräftet auf mein Bett sank. Ich konnte nicht genug kriegen von dem Bewusstsein, dass ich umso schneller abnehmen würde, wenn ich mich nur bis ans Ende meiner Kräfte verausgabte. Ich konnte schon förmlich spüren, wie der Umfang meiner Oberschenkel schrumpfte und mein Bauch flacher wurde. Innerhalb kürzester Zeit hatten sich meine Prio-

ritäten extrem verschoben. Ich beschäftigte mich so sehr nur noch mit mir selbst und meinem Äußeren, dass ich mich fast auf nichts anderes mehr konzentrieren konnte...

*

In meiner Phantasie unternahm ich Ausflüge in meine bereits heiß ersehnte Zukunft, in der ich superschön und selbstverständlich superschlank von meinen neuen Freundinnen und Freunden umschwärmt wurde. Ich war einfach die Begehrteste von allen. So wollte ich mich fühlen - verehrt und bewundert. Doch bis dahin musste ich wohl oder übel die Einsamkeit vorziehen und meine Sehnsucht nach Nähe und Freundschaft unterdrücken. Abnehmen und Spaß haben? Ein Widerspruch in sich.
„Freunde treffen und dabei Gewicht verlieren? Unmöglich, die gehen doch die ganze Zeit irgendwo anders hin - in die Eisdiele, in die Pizzeria und selbst zu Besuch wird einem ständig was zum Essen angedreht", musste ich angewidert feststellen.
Auch das Zusammentreffen mit meiner Familie am Esstisch versuchte ich mittlerweile so gut es ging zu umgehen. Ich wollte eben nicht bei meinen inzwischen sehr spärlich ausfallenden Mahlzeiten beobachtet werden. Mir reichte schon das Mittagessen, um das ich unter gar keinen Umständen herum kam, denn Mama bestand schon immer darauf, dass die Familie zumindest noch zu einer Mahlzeit am Tag zusammen am Tisch saß. In letzter Zeit gab es dabei auch immer öfter unwilliges Gezeter über meine winzigen Portionen, die ich im Schneckentempo zu mir nahm und so lange kaute, dass die übrigen Familienmitglieder in dieser Zeit schon längst fertig waren.
„Wenn ihr wüsstet, dass ich nur euch zuliebe so viel esse! Wenn ich allein wäre, würde ich mir nicht mal mehr die Hälfte von dem nehmen, was ich vor euren Augen immer in mich hineinzwingen

muss!", giftete ich meine Eltern jedes Mal im Stillen an.
„Ich frage mich sowieso, wie ein Mensch mit gesundem Verstand den ganzen Tag nichts Besseres zu tun haben kann, als ständig zu essen! Das kann doch auch nicht normal sein, diese Völlerei von früh bis spät. Kein Wunder, dass die meisten Menschen mit zunehmendem Alter immer dicker werden!"
Inzwischen befiel mich eine regelrechte Panik vor der Nahrungsaufnahme, weil es für mich zu einem ekelhaften belastenden Zwang geworden war, der meine Schönheit und meinen Ehrgeiz zu bedrohen schien...
Schlaff wie eine abgestriffene Schlangenhaut lag ich noch immer auf dem Bett, als plötzlich Mama hereinkam. Ich rührte mich nicht und stellte mich schlafend. Sie beugte sich über mich. Ich spürte ihre prüfenden Blicke auf meinem Gesicht.
„Ha, jetzt geht sie gleich wieder", freute ich mich schon. Doch weit gefehlt.
„Noe, aufwachen, es gibt Abendessen!"
Mama rüttelte leicht an meiner Schulter. Sie erlaubte es sich also tatsächlich, mich extra nur wegen diesem blöden Abendessen zu nerven! Das durfte ja wohl nicht wahr sein!
„Ich habe gerade so gut geschlafen!", zischte ich wütend, als ich widerwillig die Augen aufschlug.
„Was fällt dir ein, ich bin doch kein kleines Kind mehr, dass ständig gefüttert werden muss!"
Ruckartig setzte ich mich im Bett auf.
„Wenn du so weiter machst, dauert es bestimmt nicht mehr lange, bis du wirklich gefüttert wirst!", beschwerte sich Mama lautstark.
„Was soll denn das wieder heißen? Ich weiß schon selbst, wann ich Hunger habe und wann nicht, das braucht mir niemand zu sagen!"
„Kommst du jetzt runter oder nicht?"
„Nein, ich kann gut darauf verzichten, mich beim Essen blöd angaffen zu lassen! Außerdem hab ich gar keinen Hunger!"

„Langsam reicht es mir aber mit deinem übertriebenen Getue! Ich weiß wirklich nicht, was in dich gefahren ist, Noe!“, rief Mama.
„Wieso tut ihr immer so, als wäre ich eine Bedrohung für euch? Wird man seit Neuem diskriminiert, nur weil man ein kleines Bisschen weniger isst?“
„Es geht ja nicht nur um das ‚wie viel‘, sondern überhaupt um diese komischen, neuen Essgewohnheiten, die du auf einmal an den Tag legst. Du bist doch gar nicht dick, iss doch einfach wieder ganz normal!“
„Ich will einfach nur ein wenig gesünder leben! Du weißt auch, dass wir heutzutage viel zu viel Fettiges und Ungesundes in uns reinstopfen?!“
„Ja, das stimmt schon, aber übertreib es bitte nicht so sehr mit deinem Gesundheitswahn! Du hast ja bereits sehr stark an Gewicht verloren.“
„Nee, nur ein paar Kilo, nicht der Rede wert“, antwortete ich ausweichend. Mama sah mich schief von der Seite an und fragte dann gerade heraus: „Nun, darf ich fragen, wie viel du jetzt wiegst?“
„Aaach, das weiß ich jetzt gar nicht so genau, ich habe beschlossen, nicht darüber zu sprechen“, antwortete ich.
„Nicht dass du schon Untergewicht hast!“
Mama blickte jetzt richtig besorgt drein.
„So ein Blödsinn schon wieder! Selbst wenn ich das nach Ansicht von irgend so einer komischen Gewichtstabelle hätte, hat das doch immer noch etwas damit zu tun, wie ich aussehe und ob ich mich damit wohl fühle, denn jeder hat doch sein ganz individuelles Gewicht, das...“
„Papperlapapp, Untergewicht bleibt Untergewicht und damit keine Diskussion mehr!“, fuhr sie mir über den Mund.
„Das wäre ja noch schöner, wenn sich jeder sein Gewicht so hinreden könnte, wie es ihm gerade am besten passt! Wenn du zu leicht bist, dann ist das nicht in Ordnung, ganz egal ob du das toll findest oder nicht. Die heutige Medizin weiß schon, wovon sie spricht. Solche Gewichtstabel-

len sind ja nicht zum puren Spaß da!"
Mit diesen Worten verschwand sie und ich hörte ihre Schritte auf der Treppe.
„Wenigstens lässt sie mich jetzt mit dem blöden Abendessen in Ruhe", freute ich mich und holte mein neues Diät-Buch hervor. Da musste doch auch so eine doofe Gewichtstabelle drin sein. Erstaunt und erfreut zugleich stellte ich fest, dass ich mich mit meinem Body-Maß-Index tatsächlich im unteren Bereich befand. Aber eben noch nicht im untersten.
„Das muss ich Mama ja nicht unbedingt auf die Nase binden! Außerdem ist das doch blanker Unfug mit dieser Tabelle, ich kann doch unmöglich untergewichtig sein - bei diesen dicken Oberschenkeln und diesem Bauch!", empörte ich mich. Mit einem wütenden Knall schlug ich das stumpfsinnige Buch wieder zu. Reif für die grüne Tonne war wohl noch ein Kosewort dafür!
Ich wollte doch bloß beliebter und hübscher werden und dann musste ich mir solches Geschwätz anhören!
„Soll sich jeder um seinen eigenen Kram kümmern, ich bin doch ein eigenständiger Mensch!", ärgerte ich mich. Ich war wild entschlossen, mich durchzusetzen und nichts mehr zu tun, was andere von mir verlangten, wenn ich es nicht auch selbst wollte...

Ich war bereit für die nächste Phase.
Inzwischen hatte ich wunderbar den Bogen raus, wie ich ganze Mahlzeiten ausfallen lassen konnte, ohne dass es großartig Aufsehen erregte. Und das ging in etwa so: Ich musste nur bis Mittags im Bett bleiben um somit das Frühstück zu verpassen. Dann...
Nein, halt. Das funktionierte natürlich nur, wenn ich Ferien hatte. Oder am Wochenende. Wenn Schule angesagt war, gestaltete sich das Ganze schon wieder etwas schwieriger. Und zwar wie folgt: Aufstehen um halb fünf.
Gymnastik-Übungen bis mindestens halb sechs.

Danach ab ins Bad und auf die Waage.
Erfolg kontrollieren.
Spiegel-Begutachtung.
Und das alles, bevor Mama wach wurde.
Dann schnell anziehen und mich für die Schule schminken - das konnte dauern. Nebenbei noch ein paar Kniebeugen und Sit-ups, bevor ich meine Schultasche nahm, um abzuhauen. Mama bestand selbstverständlich darauf, dass ich morgens etwas im Magen hatte. Da ich aber immer zu spät dran war, musste ich dann das Brötchen mit raus aufs Fahrrad nehmen und meiner Mutter versichern, dass ich es auf dem Weg essen würde. Natürlich warf ich es jedes Mal, wenn ich um die nächste Ecke bog, einfach weg.
Die unangetasteten belegten Brote, die mir Mama immer sorgfältig einpackte, ließ ich entweder im Abfall der Schule oder auch erst in der Mülltonne zu Hause verschwinden. Oder ich spülte alles, in groben Brocken zerstückelt, in der Schul-Toilette hinunter. Bloß weg mit all dem widerlichen Fraß! Oft konnte ich beim Zerrupfen der Brote sehen, wie viel Butter Mama mir drauf geschmiert hatte, nur damit ich wieder etwas mehr auf die Rippen bekam...
Beim Mittagessen kratzte ich alles, was nach Fett oder vielen Kalorien aussah, vom Essen, stocherte jedes Teil auseinander und nahm nur ganz winzige Portionen, die ich so geschickt auf dem Teller zu platzieren wusste, dass es nach wesentlich mehr aussah, als es tatsächlich war. Beim Abendessen nahm ich schon lange keine Butter mehr für mein Brot und auch nur eine hauchdünne Scheibe Käse, wenn es unbedingt sein musste. Dazu reichlich Tomaten und saure Gurken, die konnten mir nichts anhaben. Mama behielt mich zwar immer im Auge, aber ich war geschickt darin in unbeobachteten Momenten vieles an Kalorien wieder unter dem Tisch oder in einer Serviette verschwinden zu lassen...
Allerdings war es mir wesentlich lieber, wenn sich die Möglichkeit bot, bereits vorher für

alle den Tisch zu decken. Dann nämlich konnte ich so tun, als hätte ich schon im Voraus gegessen, indem ich Brotkrümel auf meinem Teller verteilte und mein Messer mit etwas Butter beschmierte. Ein, zwei Scheiben Käse musste ich natürlich auch in den Müll schmuggeln, denn sonst hätte Mama schnell bemerkt, dass nie etwas fehlte.
Diese Methode wandte ich sehr oft und gerne an und ich kam auch jedes Mal damit durch.

Wie sollten meine noch immer relativ gutgläubigen Eltern auch darauf kommen, dass ich ihnen nur ein perfekt inszeniertes Theaterstück vorspielte?
Leider trug dieses Vorgehen auf Dauer keine goldenen Früchte und in den folgenden Wochen hatte ich dann auch vermehrt Streitereien und nervige Auseinandersetzungen mit ihnen, weil ich mich

immer mehr weigerte, zu den Mahlzeiten mit am Tisch zu sitzen.
Dadurch verloren sie vollends die Kontrolle darüber, wie viel ich aß. Doch die hatten sie ohnehin schon lange nicht mehr. Ich verstand nicht, wie sie wegen ein bisschen Essen hin oder her solch einen Aufstand veranstalten konnten.
War es denn zu viel verlangt, dass ich mein Leben einfach selbst bestimmen wollte?

*

Ich räkelte mich noch einmal genüsslich auf meinem Badetuch, um gleich darauf abermals meine Erinnerungen an einige Ereignisse aufzunehmen, die mir damals ziemlich, nein ich möchte beinahe sagen, ungemein unangenehm gewesen waren...

*

Sommer, Sonnenschein, schönes Wetter. Wie jedes Jahr, wenn die Temperaturen stiegen, beschlossen meine Eltern im heimischen Garten eine Art Fressorgie, auch genannt „Grillen", zu veranstalten. Natürlich dachten sie bei ihren üppigen Metzgerei-Touren nicht an mich, sonst hätten sie wohl wissen müssen, dass ich keine Würstchen oder Steaks mehr essen würde. Schließlich hatte ich mich nun zu einer entschlossenen Vegetarierin gemausert. Wie ich Papa jedoch kannte, bestand er höchstwahrscheinlich darauf, dass ich mich wenigstens dazu setzen und vielleicht doch noch ein kleines Würstchen oder ein Steak essen würde.
Um das zu vermeiden, hielt ich lieber von Anfang an meinen Mund und ließ nichts von meiner strikten Abneigung gegen Fleisch verlauten.
„Ich esse nur Salat und mache ihnen erst am Tisch klar, dass ich Vegetarierin bin", beschloss ich. Doch da hatte ich die Rechnung ohne Papa gemacht. Gleich als die ersten Steaks fertig waren, knallte er mir so ein fett-triefendes Teil auf den Teller.

„Ich esse keine Kadaver mehr, danke!", stieß ich schnippisch hervor. Mama schaute schon wieder so komisch. Da wurde es meinem Vater endgültig zu bunt.
„Geh mir aus den Augen, ich will dich nicht mehr sehen! Du verdirbst uns allen den Appetit!", brüllte er verärgert.
„Auch schön", dachte ich beleidigt, packte meinen Teller mit dem Salat, auf dem noch immer das Steak lag und begab mich nach drinnen in die Küche. Aufgewühlt von der heftigen Reaktion meines Vaters setzte ich mich an den Esstisch.
„Warum muss er gleich immer so ausfallend werden? Wieso will er Macht über mich ausüben, mich beherrschen, mir alles vorschreiben? Warum kann Mama nicht mal eingreifen, muss sie immer zu ihm halten? Wann lassen die mich endlich in Ruhe?"
Geistesabwesend begann ich nun Stücke von dem Steak abzuschnippeln und mir in den Mund zu stopfen.
„Dann esse ich es eben, wenn euch das glücklicher macht..."
Tränen liefen mir über die Wangen, als ich Stück für Stück meinen Frust in Form dieses Stück Fleisches in mich hineinwürgte.
Ich fühlte mich so unglaublich elend und machtlos und genötigt, dies zu tun, um wieder Frieden herzustellen. Doch mit jedem Stück wuchs meine Abscheu und das tote Fleisch schloss sich in meinem Magen zu einem faserigen unverdaulichen Klumpen zusammen.
„Ist es das, was ihr wollt? Soll ich euer Eigentum sein?!", schluchzte ich.
Da kam auch schon Mama herein.
Am liebsten hätte ich ihr den ganzen Teller samt allem, was darauf lag, auf den Boden vor die Füße geknallt. Ich war so enttäuscht von ihr, dass sie zu Papa hielt und seine Boshaftigkeiten auch noch damit rechtfertigte, dass ich mich angeblich nicht mehr ganz normal verhalten würde. Ich brachte kein Wort aus mir heraus, so sehr verletzte mich diese Ignoranz. Von Mama hatte

ich irgendwie mehr Verständnis erwartet...
Ich ignorierte sie ebenso, zog meine Beine, wie zum Schutze, ganz nah an meinen Körper heran, schlang meine beiden Arme herum und versteckte mein Gesicht unter meinem langen Haar.
„Jetzt sei doch mal vernünftig, wir wollen doch nur, dass du nicht auch noch krank wirst...", begann sie vorsichtig.
„Ja, ja, ihr wollt eben immer nur das Beste für mich, ich verstehe schon! Aber auf mich nimmt dabei keiner Rücksicht!", schrie ich und sprang auf.
Ich war so wütend und unsagbar traurig, dass ich die Anwesenheit von niemandem länger ertragen konnte.
„Weg, weg von hier, ich muss hier raus!", kratzte ein Gedanke durch meinen verwirrten Kopf.
„Noe, so bleib doch hier - wo willst du denn hin?!", hörte ich Mama rufen, doch so schnell ich nur konnte, stürmte ich durch die Hintertür aus dem Haus, weg von Papas Grill, seinen Bratwürsten und Steaks und Bauchfleisch-Scheiben, und rannte über die Straße auf den Feldweg, der raus aus dem Dorf, in Richtung Wald, führte.
Ich musste jetzt einfach rennen, rennen, rennen...
Als ob es mir dadurch möglich wäre, etwas abzuschütteln, das mich verfolgte. Etwas, das ich einfach nicht mehr ertragen wollte. Einfach den Kopf abschalten, die Gedanken ruhen lassen, die Wut kleinlaufen, die Traurigkeit vergessen...
Noch immer spürte ich den widerlichen Fleischklumpen in meinem Magen, wie ein Eulengewölle, und geistesabwesend steckte ich mir meine Finger tief in den Hals...
Nach einigen Minuten fühlte ich mich bereits um Einiges ‚erleichtert' und konnte meinen Weg fortsetzen. Der brennende Schmerz im Rachen verflüchtigte sich rasch und ich erreichte den kleinen Weiher, der ganz flach in der Landschaft lag und dessen Ufer mit Schilf bewachsen waren. Hier ließ ich mich einfach ins Gras fallen.

Wutsch! Wie leicht ich mich plötzlich fühlte! Mit jedem Gramm, das ich bisher verloren hatte, schien ich freier und anmutiger geworden zu sein und das Leben fühlte sich einen Hauch beschwingter an als sonst.
Meinen Eltern gegenüber würde ich mich nach Außen hin gefügig zeigen müssen, um dauerhaften Frieden zwischen uns herzustellen. Das wusste ich.
Allerdings war ich zu dieser Zeit alles andere als gefügig. Ich war eine kleine hungernde Rebellin.
Eine Rebellin gegen die Welt meiner Eltern. Gegen die Welt der Verbote und Gebote. Gegen die Welt, in der man sich nicht selbst verwirklichen konnte.
Ich wollte anders sein als die anderen. Anders aussehen, anders handeln, mich einfach individueller ausdrücken. Und am besten konnte ich mich eben durch meine Figur, mein äußeres Auftreten abgrenzen.
Jeder konnte sofort sehen, dass ich anders war.
„Die einen malen Bilder, die anderen nehmen Drogen und andere wiederum versuchen etwas Besonderes zu sein, in dem sie durch ihre bloße Existenz wirken..."
Nur noch ein kleines bisschen dünner wollte ich werden. So dünn, dass keiner mehr leugnen konnte, dass ich ein hübsches, liebenswertes Mädchen war, das jeder gerne zur Freundin haben würde.
Ja, ich wollte eigentlich nur geliebt werden, Freunde haben und mein Leben genießen, wie jeder andere Mensch auch.
Nur - es funktionierte nicht. Noch nicht. Nicht so, wie ich jetzt noch war.
So verbesserungswürdig. So „in-perfekt".
Das war unzumutbar. Ich hatte Angst, ich verkrampfte mich innerlich total gegen jeglichen menschlichen Kontakt. Ich hatte keine Wahl mehr, ich musste da jetzt durch.
„Freunde sind deshalb Freunde, weil sie dich mögen, wie du bist - du musst niemandem etwas

beweisen“, kam mir ein Gedanke wie ein Vogel zugeflogen.
Ein Kälteschauer durchzuckte mich. Ich fröstelte. Die Äste der Bäume ringsumher bewegten sich leicht im Wind. Gebannt starrte ich in den Himmel, der sich mehr und mehr zuzog und verdunkelte. Donner grollte. Binnen weniger Minuten zog ein furchterregendes Gewitter herauf. Ich sprang auf, breitete die Arme aus und stellte mich dem Wind entgegen, der an meiner Kleidung und meinen Haaren zerrte.
Herrlich, diese Naturgewalt!
Noch nie hatte ich ein Gewitter so unmittelbar miterlebt. Beeindruckende Kräfte waren hier am Werk. Gewalten, die der Mensch auch in modernster Zeit nicht im Geringsten unter Kontrolle bekommen konnte, wenn sie losbrachen. Ich empfand großen Respekt und Bewunderung für dieses großartige Naturschauspiel. Die Bäume und Gräser bogen sich, Blätter und kleinere Äste flogen davon und krachend zuckte ein riesiger verästelter Blitz aus dem dunklen Wolkenmeer. Was für ein Anblick! Ich stellte mir vor, ich besäße die Gewalt über dieses Gewitter, könnte es beherrschen und noch mehr heraufbeschwören.
Die Arme hoch erhoben stemmte ich mich gegen die Böen, ließ mich vom Wind peitschen und atmete die mit frischer Energie aufgeladene Luft in vollen Zügen ein...
Nicht mal ein Hauch von Angst überkam mich während dieses Erlebnisses, was mir mit Staunen erst hinterher bewusst wurde!

Am Ende dieses Tages begab ich mich früh zu Bett. Meine Eltern fragten mich weder aus noch schalten sie mich, als ich zerzaust und durchnässt zurück nach Hause kam, was mir jedoch völlig egal war, weil ich zu dem Zeitpunkt längst wieder in meiner eigenen Welt war.
Zudem musste ich am nächsten Tag in der Schule wieder fit sein. Ich hatte es mir zu einem Ritual gemacht, vor dem Schlafen gehen noch eine Tasse

Tee zu trinken und einen Apfel zu essen.
Den Apfel ließ ich mir richtig gut schmecken. Ich aß ihn extra langsam, um möglichst lange etwas davon zu haben. Ich gönnte mir ja sonst den ganzen Tag über nicht mehr viel. Falls alles gut ging, war der Apfel oft sogar meine einzige Mahlzeit am Tag...
Mama kam herein. Sie setzte sich zu mir auf den Bettrand, blickte mich besorgt an.
„Noe, du musst wieder mehr essen, sonst weiß ich nicht mehr ein noch aus mit dir", begann sie.
Doch davon wollte ich jetzt ganz und gar nichts hören, ich hatte für heute bereits genug.
„Mama, ich will einfach nur mal meine Ruhe haben und nicht dauernd von dir oder Papa belästigt werden! Lass mich doch bitte allein!", flehte ich genervt.
„Mit dir kann man, wie es scheint, nicht mal mehr vernünftig reden!", beschwerte sie sich und wirbelte energisch davon.
„Na endlich, das hält doch kein Mensch auf Dauer aus!", dachte ich mir, und begann mich über meinen Apfel herzumachen.
Stück für Stück biss ich ab, kaute lange und intensiv darauf herum, saugte den Saft aus dem Fruchtfleisch und konnte gar nicht genug bekommen, von dem Gefühl dieses warmen süß-sauren Breis, der schließlich meiner Mundhöhle entglitt, um meine Kehle hinunterzurutschen...
„Wunderbar, dieser Geschmack, der sich auf der Zunge ausbreitet, dieses Gefühl, wie sich die Zähne in den harten Apfel graben...", entzückte ich mich und schwelgte in dieser einzigen Wonne, die ich mir noch gönnte.
Ein Apfel am Tag...
Ich spürte und schmeckte alles sehr viel intensiver als gewöhnlich. Das Kauen, Beißen und Schmecken wurde zu einem sinnlichen Erlebnis und nichts am Essen war mehr alltäglich oder gar routinemäßig. Es hatte sich zu einem regelrechten Ritual entwickelt, das jeden Tag aufs Neue zelebriert wurde. Ja, es war ein Ritual und kei-

ner konnte mich davon überzeugen, dass ich doch mal wieder ein bisschen mehr essen sollte. Denn gerade wegen und durch die spärliche Nahrungsaufnahme, so war ich jedenfalls überzeugt, war es mir möglich, solch intensive Geschmackserlebnisse zu erzielen und so bewusst wie noch nie zuvor zu speisen.
Ich hielt mich ganz genau an die Regeln, die ich mir selbst auferlegt hatte und wenn ich doch einmal dagegen verstieß, bestrafte ich mich selbst sehr hart. Zwei Stunden zusätzlich Laufen oder Rad fahren mussten dann schon sein. Zur Not ging auch noch Gymnastik.
„Morgen könnte ich mal wieder Laufen gehen", beschloss ich, während ich meinen letzten Bissen genoss. Ich löschte mein Licht am Nachttisch und kuschelte mich in mein Bett.
„Wie wunderbar warm und geborgen ich mich doch hier drinnen fühle, so als wäre der Sinn des Lebens mit dem Schlafengehen bereits erfüllt", schnurrte ich.
„Ja Schlaf, süßer Schlaf, komm und hol mich! Trag mich fort von dieser Welt und lass mich am besten nie wieder los...!" In dieser Nacht hatte ich einen seltsamen, erschreckenden Traum.
Inmitten meines dumpfen schwarzen Lochs, in das ich für gewöhnlich immer hinein fiel, um ihm erst morgens wieder zu entsteigen war das eigentlich so gut wie unmöglich. Aber der Traum fand mich dennoch irgendwie....

*

Nebelschwaden. Wo war ich, zwischen all den Bäumen im dichten Wald? Den ausgeschilderten Weg hatte ich längst hinter mir gelassen. Wenn ich abkürzen würde, so dachte ich mir, wäre ich schneller wieder daheim. Mama und Papa würden bestimmt nicht erfreut sein, wenn ich schon wieder zu spät zum Abendessen nach Hause käme.
Aber wie es aussah, musste ich wohl oder übel hier draußen übernachten. Es war einfach schon zu dunkel. So legte ich mich unter eine riesige alte Eiche mit mächtiger ausladender Krone, deren Äste sich schützend über mich wölbten.

Ich fühlte mich beinahe so wohl wie daheim in meinem Bett und merkwürdigerweise war es mir sogar eine angenehme Vorstellung, hier draußen in der Natur die Nacht zu verbringen. Ich spürte weder Angst noch die schleichende Kälte, die aus dem Boden aufstieg und ganz allmählich begann, die Luft mit ihrem frostigen Hauch zu erfüllen.
Verträumt kuschelte ich mich in das weiche Moos, das unter der Eiche wucherte und drückte mich an die Rinde des knorrigen Stammes. Doch was war das? Da, noch einmal! Ein Rauschen und Flattern über mir. Und nun sah ich, was es war. Ein Vogelschwarm, bestehend aus unzähligen schwarzen Krähen, die sich allesamt auf den Ästen meines Schlafbaumes niederließen.
Etwas Bedrohliches ging von ihnen aus. Sie starrten mit ihren großen gelb leuchtenden Augen auf mich herab. Ihre Schnäbel und Krallen glänzten gefährlich im fahlen Mondlicht. Der Nebel verschwand - wie von Geisterhand. Ich hoffte, die Krähen würden es dem Nebel gleichtun und mich in Ruhe lassen. Doch wie durch ein geheimes Signal angestachelt, stießen sie plötzlich auf mich herab. Sie waren übermächtig. Sie kamen in Scharen und hackten wie besessen auf mich ein.

Blut begann zu fließen. Von Sekunde zu Sekunde gewannen die großen schwarzen Vögel mehr an Kraft. Ich versuchte, nach ihnen zu schlagen, sie zu treten und wehrte mich aus Leibeskräften. Vergebens.
Je mehr ich mich anstrengte sie abzuschütteln, desto mehr Kraft erlangten sie. Wie aus Sturzbächen quoll nun das Blut aus meinen Wunden und ich spürte, dass dieser Kampf aussichtslos war. Als sie begannen, mir die Augen aus dem Schädel zu hacken, um sie wie rohe Eier zu schlürfen, gab ich auf. Kraftlos und schlaff sank ich in mich zusammen und bemerkte kaum noch, wie mir die Krähen immer größere Fleischbrocken aus dem Körper rissen um sie gierig zu verschlingen.
Ein Glück, dass ich keinen Schmerz mehr spürte, als sie mich bis auf die Knochen abnagten.
Niemand war da, um mir zu helfen oder Notiz zu nehmen was geschah. Kein Schmerz, keine Gefühle. Tot oder lebendig, wer interessierte sich denn schon für mich...?

*

Piep, piep, piep...! Fetzen meines nächtlichen Alptraums geisterten mir noch durch den Kopf.
Piep, piep, piep...
Ein schales Gefühl der Angst hatte er in mir hinterlassen und eine bleierne Schwere.
Piep, piep, piep, piep...
Ach ja, der olle Wecker!
Endlich stellte ich ihn ab, um das lästige Geräusch nicht länger ertragen zu müssen. Heute fiel mir das Aufwachen noch schwerer. Ich hatte so überhaupt gar keine Lust, mein wohlig warmes Nest zu verlassen und bibberte schon beim bloßen Gedanken daran.
Doch ich wusste, dass ich es wieder tun musste und auch wieder schaffen würde. So wie jeden Tag.
Ich bewunderte mich auch fast ein wenig dafür, dass ich es jeden Morgen abermals fertig brachte, mich zu überwinden und aus dieser Geborgenheit herauszuschlüpfen. Falls ich heute dank meines tollen Traumes nicht schon zu spät dran war, hatte ich vor leise die Treppe hinunterzuschleichen, um mich drunten im Bad auf die Waage zu stellen.

Aber erst, nachdem ich auf der Toilette war, sonst verfälschte sich nämlich das Ergebnis um einige hundert Gramm! Oho, das war eine ganze Menge!
Die Gelegenheit war günstig. Mama werkelte in der Küche herum und mein Vater, der gerade Urlaub hatte, war wie gewöhnlich noch nicht aufgestanden.
„Schnell runter, bevor Mama aus der Küche kommt, um nach mir zu sehen."
Schon war ich im Bad verschwunden. Absperren konnte ich mir nicht leisten, denn falls Mama oder Papa ins Bad gewollt hätten, wäre eine verriegelte Tür eindeutig ein Zeichen für meine Heimlichtuerei mit dem Gewicht gewesen.
Somit musste ich also die Gefahr auf mich nehmen, erwischt zu werden...
Eilig riss ich mir die Kleider vom Leib und stieg zitternd vor Aufregung auf die Waage. Als ich die elektronischen Zahlen aufblinken sah, klopfte mein Herz deutlich schneller und ich quietschte vor Freude:
„Schon wieder ganze zwei Kilo leichter! Das ging aber schnell!"
Diesem Glücksrausch, den ich jedes Mal empfand, wenn ich wieder abgenommen hatte, war ich bereits regelrecht verfallen...
„Nur noch ein bisschen mehr die Beckenknochen hervorheben, dann bin ich perfekt!", flüsterte ich meinem Spiegelbild zu und klopfte auf meine hervorstechenden Knochen. Natürlich hatte ich mich gleich nach dem Wiegen wieder angekleidet. Sicher war sicher...
Und da - ohne Vorwarnung platze Mama herein. Erschrocken zuckte ich zusammen
„Was machst du denn schon so früh hier?", fragte sie gleich und blickte misstrauisch zwischen mir und der Waage hin und her.
„Ich mache mich fertig für die Schule, sonst nichts", gab ich lässig zurück und begann angestrengt meine Haare zu bürsten.
„Ach, wie ich dich gerade so stehen sehe, fällt

mir ein, dass du dich mal wieder wiegen könntest!", schlug Mama mit gespielter Naivität vor.
„Keine Zeit!", stieß ich hervor und wollte schleunigst aus der Tür huschen. Doch Mama hielt mich am Arm fest und zog mich zurück.
„Hier geblieben, mein Fräulein, du wirst dich jetzt hübsch auf die Waage stellen, so wie ich es dir gesagt habe!"
„Lass mich gefälligst los, du kannst mir gar nichts befehlen!" Unsanft riss ich mich los.
„Ich weiß auch so, dass du bestimmt wieder abgenommen hast, Noemi! So harmlos ist das alles nicht, wie du meinst! Du gefährdest doch deine ganze Zukunft mit dem Mist, den du hier veranstaltest! Wir sind schließlich für dich verantwortlich und können nicht einfach so tatenlos zusehen, wie du dich zu Tode hungerst!"
Hysterisches Kreischen. Ich versuchte nicht hinzuhören, packte schnell meinen Schulrucksack, zog meine Sommerjacke über und machte mich - natürlich ohne Frühstück - schnellstens davon.
„Nichts wie weg aus diesem Irrenhaus!"
Nastie und Monika warteten schon an unserem Treffpunkt unter der alten Kastanie auf mich. Ich war meistens die Letzte, die eintraf.
„Guten Morgen", murmelte ich. Die beiden erwiderten dies und setzten sich auf ihren Drahteseln ebenfalls in Bewegung.
Morgens war ich noch nie recht gesprächig gewesen und heute schon gar nicht. Anscheinend rechneten Nastie und Monika auch nicht mehr damit, dass ich es irgendwann mal wieder sein könnte.
„Was bilden sich diese beiden angeblichen Freundinnen eigentlich ein, mich derart zu ignorieren? Wieso tun sie immer so, als wäre ich diejenige, die alles falsch macht?" Je länger ich darüber nachdachte, umso unzufriedener wurde ich und so kam es, dass ich nicht gerade in bester Laune war, als ich dann kurz darauf im Klassenzimmer saß.
Ständig musste ich daran denken, dass bestimmt schon alle in meiner Klasse heimlich tuschelten,

weil ich mich angeblich so verändert hatte und nun „magersüchtig" war.
Aber war ich das nicht auch? Ich konnte mir irgendwie keine ehrliche Antwort darauf geben. Nach dem, was es im Internet und in einschlägiger Literatur darüber zu lesen gab, war ich es sehr wohl.
Allerdings wollte ich das nicht so recht glauben, da ich immer noch, zumindest zwangsweise, regelmäßig zu Mittag aß und mich selbst immer noch nicht außergewöhnlich dünn fand. Ja, noch immer nicht außergewöhnlich genug um etwas Besonderes zu sein...
„Was hast du gerade gesagt, Noemi?", fragte meine Lehrerin und blickte mich wachsam und mit erhobener Augenbraue an, wie sie es immer tat, wenn sie in ihrem Redefluss von einem Schüler unterbrochen wurde. Das konnte sie meist gar nicht leiden. Außerdem waren jetzt alle Blicke auf mich gerichtet... Ich hatte wohl tatsächlich laut zu mir selbst gesprochen, ohne es zu bemerken! Jetzt musste ich aufpassen, dass es nicht peinlich wurde.
„Ach, nichts weiter, ich habe nur laut über etwas nachgedacht..."
„Ja - wahrscheinlich darüber, ob sie in der Pause ihren halben Apfel essen soll, oder ihn sich doch noch als Abendbrot aufsparen soll!", brüllte Stefan, dieser vorlaute Blödmann, durch die ganze Klasse. Wie nicht anders zu erwarten, brach ohrenbetäubendes Gelächter aus.
Auch Nastie und Monika kicherten, allerdings hinter vorgehaltener Hand, was mir einen Stich ins Herz versetzte. In diesem kurzen Moment brach endgültig etwas in mir zusammen. Nie wieder würde es mit meinen ehemals besten Freudinnen so sein, wie es einmal war...
Die ganze Klasse lachte über mich und alles was ich erreichen wollte, verkehrte sich ins Gegenteil!
„Ich glaub', ich halt das hier nicht mehr länger aus", schoss es mir durch den Kopf. Frau Find-

mann, meine Lehrerin, stand nur hilflos da und versuchte die Aufmerksamkeit der Klasse wieder auf den Unterrichtsstoff zu lenken, in dem sie zweimal laut nach Ruhe rief und aufs Pult klopfte. Doch das hatte noch nie etwas gebracht. Ich musste hier raus.
Frau Findmann und die anderen starrten mir kurz hinterher, dann hörte ich, wie meine Lehrerin die Tür schloss, um mit dem Unterricht fort zu fahren. Wenigstens brachte sie die Würde auf, mich gehen zu lassen.
Abwechselnd heiße und kalte Schauer liefen mir über den Rücken und tausend Gedanken wirbelten gleichzeitig durch meinen Kopf, um sich gegenseitig wieder auszuschalten...
Ich fühlte mich plötzlich so elend und schwach. Ich beschloss, ein wenig herumzulaufen und mich dann nach Draußen auf eine Bank in die Sonne zu setzen. In letzter Zeit wurde mir einfach alles zu viel.
„Was habe ich mir da bloß wieder eingebrockt, ich wollte doch nur Freunde gewinnen, nicht zum Gespött der ganzen Klasse werden! Aber so, wie ich mich anstelle, finde ich bestimmt keine", stellte ich niedergeschlagen fest. Gerade jetzt, in dieser schweren Zeit, fehlte mir eine gute Freundin an meiner Seite, die mich hätte aufmuntern können. Glaubte ich wirklich, das würde sich einfach so ändern, wenn ich nur ein wenig dünner wäre? Was änderte das denn schon an meiner Persönlichkeit?
Ich hätte doch auch genauso bleiben können wie ich war und trotzdem neue Freunde finden können! Wie aus heiterem Himmel fiel mir etwas Neues ein: „Ich gefalle mir so wie ich bin. Und wenn die anderen mich nicht so akzeptieren wollen, dann sind das sowieso keine richtigen Freunde", sagte ich mir und stand energisch auf um mutig ins Klassenzimmer zurückzukehren.
„Sollen die anderen doch denken und reden, was sie wollen, ich lasse mich nicht mehr unterkriegen", dachte ich patzig. Als ich hereinkam,

blickten alle nur kurz auf, es ließ aber keiner eine dumme Bemerkung los oder sah mich schräg an. Sie taten einfach so, als wäre gar nichts gewesen.
Das war ja leichter als gedacht! Ich hatte schon gedacht, ich müsste noch mal so was über mich ergehen lassen.
„Wenigstens nehmen sie so viel Rücksicht auf mich, dass sie mich in Ruhe lassen", freute ich mich - wahrscheinlich als Einzige - über das bedrückende Schweigen in der Klasse...
Am Ende der Stunde fragte ich Nastie, ob sie mir denn ihr Heft borgen könnte, um die Aufgaben, die ich während meiner Abwesenheit verpasst hatte, abzuschreiben.
Wortlos überreichte sie es mir und sah mich dabei nicht mal an. Eilig schrieb ich alles ab und legte es demonstrativ vor Nastie auf den Tisch zurück. Doch die machte sich nicht mal die Mühe, von ihrem Hausaufgaben-Heft aufzusehen, das sie vor sich ausgebreitet hatte und in dem sie angestrengt herumkritzelte.
War Ignoranz eigentlich schlimmer als Hass...?

*

„Noemi, komm doch mal bitte her!"
Mama schon wieder. Sie und Papa hatten sich nun seit geraumer Zeit nicht mehr aus dem Wohnzimmer heraus bequemt und schienen wohl über etwas sehr Wichtiges zu diskutieren.
„Na toll, was wollen die denn jetzt schon wieder von mir, vielleicht wieder eine neue Belehrung über die Gesundheitsrisiken einer Magersüchtigen oder die neuesten Tipps zum Zunehmen, die ich sowieso nicht einhalte?", fragte ich mich genervt, trottete aber trotzdem brav zu ihnen herein. Sie saßen um den großen Tisch herum, auf dem sich Reiseprospekte, Landkarten und allerhand Reiseführer stapelten...
„Wir können uns einfach nicht entscheiden, wo wir dieses Jahr unseren Urlaub verbringen sol-

len", begann Mama. „Vielleicht kannst du uns ja bei der Auswahl helfen", schlug Papa freundlich vor.
„Oh nein, was habe ich mir da wieder eingehandelt! Ich hätte nicht gleich zu viele Erwartungen erwecken sollen!", tadelte ich mich selbst. Heute beim Frühstück hatte ich nämlich ausnahmsweise mal etwas mehr gegessen als sonst und anscheinend dadurch wieder irgendwelche Hoffnungen in meinen Eltern geschürt. Doch weit gefehlt.
„Ich werfe doch nicht meine ganzen Pläne wieder über den Haufen, jetzt wo ich fast am Ziel bin!", empörte ich mich innerlich.
„Wenn ich nun bald mein absolutes Traumgewicht erreicht habe, kann ich auch mal wieder ein Stück Kuchen oder Schokolade genießen", überlegte ich weiter.
„Hmmm... Schokolade... Erdbeereis und Schlags..."
„Also, was denkst du?", riss Mama mich aus meinem süßen Tagtraum heraus.
„Sollen wir das Angebot von den Estermanns annehmen und mit ihnen und deren Kindern nach Italien in ihr Ferienhaus an der Adria fahren?"
„Die Estermanns?!", rief ich halb erstaunt, halb erfreut. „Sind das nicht die Eltern von Jan, wie kommt ihr denn zu denen?"
„Die kennen Papa und ich doch vom Golfclub. Letzte Woche haben wir zusammen gespielt und da haben sie uns das nette Angebot gemacht", informierte sie mich. Immer noch total ungläubig starrte ich sie an, denn so ein Glück konnte ich ja kaum fassen. Warum? Weil Jan schon immer mein heimlicher Schwarm war. Drei Jahre älter als ich, spielte er im hiesigen Fußballverein, an dessen Trainingstagen ich extra wegen ihm schon des Öfteren zugesehen hatte. Die meisten Mädchen fanden ihn total süß und er wurde immer von so vielen umschwärmt, dass ich nie im Traum daran dachte, jemals irgendwie an ihn herankommen zu können...
Und jetzt ergab sich solch eine traumhafte Gelegenheit! Wie vom Himmel geschickt!

Ich war ganz aus dem Häuschen bei dem Gedanken daran, dass ich womöglich mit Jan Estermann in einem Ferienhäuschen leben und mit ihm schwimmen gehen würde. Geschweige denn von anderen hübschen Dingen, die man zu zweit noch so anstellen konnte...
In meinem Kopf spann ich mir innerhalb von Sekunden komplette Staffeln einer Liebes-Romanze zusammen, so sehr freute ich mich über diese Neuigkeit...
„Was überlegst du denn solange?", fragte Papa. Kannst du dich etwa auch nicht entschließen, ob wir das Angebot annehmen sollen?"
„Doch, aber ganz bestimmt weiß ich, wohin wir reisen!", lachte ich glücklich.
„Ich bin ja so froh, dass du jetzt wieder vernünftig geworden bist und auch wieder anfängst mehr zu essen", begann Mama nun schon wieder mit ihrem nervtötenden Gefasel.
„Ich hoffe, du hältst dich auch daran, wenn wir im Urlaub sind und hast bis dahin schon wieder etwas mehr auf den Rippen! Sonst müssen wir uns womöglich wegen dir auch noch schämen, beim Baden, so klapperdürr wie du aussiehst!"
„Lasst mich bloß im Urlaub damit in Ruhe!", verlangte ich beleidigt.
„Also, ein Kilo pro Woche müsste doch drin sein", wollte mich Mama ermutigen, doch ihre Worten klangen vielmehr wie eine Drohung in meinen Ohren.
„Ein Kilo pro Woche! Wollen die etwa, dass ich mich selber mäste, oder was?"
Angewidert verzog ich meinen Mund zu einem schrägen Grinsen.
„So einfach kriegt ihr mich nicht rum..."

*

Es plagte mich noch den ganzen Abend hindurch so sehr das schlechte Gewissen wegen des üppigen Frühstücks, dass ich kurzerhand beschloss, zu später Stunde noch Laufen zu gehen. Außer mir

war keiner mehr wach. So schlich ich mich raus und rannte los.
Wenn man dem Feldweg immer weiter folgte, führte er bis in den Wald hinein. Dort wollte ich allerdings jetzt nicht mehr durchlaufen. Viel zu unheimlich, wenn es so dunkel war. Bestimmt wimmelte es dort drinnen nur so von Geistern und bizarren Wesen...
Also bog ich an der Weggabelung in Richtung des kleinen Sees ab und achtete bei jedem Schritt darauf, wohin ich meine Füße setzte, denn der Mond hatte sich in seine dicke Wolkendecke eingehüllt, sodass ich auf sein silbriges Licht nicht zählen konnte. Beinahe schon am See angelangt, vernahm ich Stimmengewirr, Gelächter und Musik und meinte, einige Gestalten und Autos in der Dunkelheit am Ufer erkennen zu können.
Ich wollte nicht, dass ich beim Joggen gesehen wurde, schon gar nicht von Jungs, die sich womöglich über mich lustig machen würden und ihre üblichen dummen Bemerkungen loswerden mussten. Anscheinend hatten sie mich bis jetzt noch nicht bemerkt. Sie waren wohl zu sehr mit sich selbst beschäftigt.
Eilig huschte ich weiter.
Doch wen hatten mein Eulenaugen da im fahlen Mondschein ausgemacht, als ich noch einmal flüchtig zurückblickte? War der eine, der dort auf der Motorhaube saß und sich gerade lässig eine Zigarette ansteckte, nicht Jan? Der Jan, mit dem ich in den Urlaub fahren würde? Das musste ich einfach genauer wissen! Die Neugier hatte mich gepackt. Also verließ ich den Weg und versuchte mich durchs Gebüsch hindurch so weit wie möglich an die Gruppe heranzupirschen. Es gelang mir, so weit es das schützende Dickicht und die Böschung zuließen, mich Schritt um Schritt leise vorwärts zu tasten. Im Schutze der Dunkelheit war das auch kein großes Problem. Ich musste nur aufpassen, dass ich nicht zu nahe ans steil abfallende Ufer geriet.
Ja, tatsächlich, es war Jan! Ich hatte wohl in

diesem Augenblick Raum und Zeit völlig vergessen.
Dann ging alles ganz schnell. So schnell, dass ich nichts mehr dagegen tun konnte. Mit unterdrücktem Kreischen schlitterte ich die steile Uferböschung hinunter, um mit einem großen Platscher im Wasser zu landen. Prustend und zappelnd schnappte ich nach Luft. Binnen weniger Sekunden war die ganze Meute um mich versammelt. Da stand ich also, bis zum Bauch im Wasser, mit zentnerschweren Klamotten am Leib und einem beschämten Gesicht, das ich unter meinen triefenden Haaren so gut es ging zu verbergen versuchte.
„Hallo, ist da jemand...?"
Alle wuselten aufgeregt durcheinander und jemand fuchtelte mit einer Taschenlampe herum. Doch einer von Jans Freunden hatte mich bereits erkannt und unter erstauntem Gelächter rief er:
„Das ist doch die Kleine, die schon öfter beim Fußballtraining zugesehen hat, oder?"
Und ein anderer, der wohl schon etwas zu viel Bier getrunken hatte, grölte:
„Wad macht die Tussi denn hier, wolllte die uns ewwa beowachten odder gar belllauschen?"
„Helft ihr doch lieber raus, statt nur dumme Bemerkungen zu machen!", mischte sich nun eine andere Stimme darunter.
„Na komm schon..."
Jemand streckte mir seine Hand entgegen. Dankbar nahm ich dieses freundliche Angebot an, und dieser Jemand half mir, mich unter schwerfälligen Bewegungen aus dem Wasser und die Böschung hinaufzuwuchten.
Als ich bemerkte, wer mir da gerade geholfen hatte, wäre ich vor Scham am liebsten in Grund und Boden versunken.
„Ich... ich war noch ein bisschen laufen. Na, ihr wisst schon, heutzutage muss man fit bleiben. Ha, ha. Hm. Naja und ich wollte eine Abkürzung durchs Gebüsch nehmen, und dann hab ich nichts mehr gesehen in der Dunkelheit und dann...

tja...", stammelte ich verlegen und hätte mir am liebsten schon allein deswegen selbst eine geknallt.
„Schon gut, alles ok! Ist ja nichts passiert!", lenkte Jan ein.
„Die... die wolllte uns belllauschen, jawooohlll!", rief der Besoffene wieder.
„Seht mal, wie die aussieht, einfach zum Totlachen!", rief ein anderer und jetzt musste selbst Jan grinsen.
„Mach doch nicht so ein Gesicht", wandte er sich an mich. „Ist doch kein Weltuntergang. Ist doch eher witzig, findest du nicht?"
„Witzig? Soll ich jetzt lachen oder was? Mir ist das echt total peinlich und ich glaube, ich gehe jetzt besser schnell nach Hause. Außerdem ist mir wahnsinnig kalt", fügte ich leise hinzu und versuchte die dummen Bemerkungen der anderen einfach auszublenden...
„Oh, entschuldige bitte, ich wollte nicht, dass du dich schlecht fühlst! Du zitterst ja total... Komm mit, dann fahr ich dich heim, ok?"
Mich heimfahren lassen? Von Jan? Unter andern Umständen wäre das natürlich super gewesen. Aber jetzt, da ich so erbärmlich aussah und mich sichtlich unwohl fühlte?
„Nee, ich weiß nicht... Ich will dir keine Umstände machen. Ich kann doch auch laufen!"
Unentschlossen trat ich von einem Fuß auf den anderen und es gab jedes Mal ein schmatzendes Geräusch wegen der, mit Wasser voll gesogenen, Schuhsohlen.
Eigentlich war das sehr lieb von ihm und - ehrlich gesagt - für mich auch schon einmal eine gute Gelegenheit ihm etwas näher zu kommen, obwohl das mit nassen Klamotten und wirren Haaren auf den ersten Blick nicht unbedingt die beste Idee war...
Was sind schon Äußerlichkeiten...?
„Na komm schon, ich kann dich doch so tropfnass nicht einfach nach Hause laufen lassen, du erkältest dich doch!", rief er und nahm mich an

der Hand. Erschrocken zuckte ich zurück. Zumindest für einen winzigen Augenblick. Dann war es in Ordnung. Sanft zog er mich in Richtung Auto.
„Macht es dir auch wirklich nichts aus, dass ich so nass bin, bestimmt versau ich dir deine schönen Sitze", gab ich zu bedenken, als er mir gentleman-like die Autotür aufhielt und ich mich unbeholfen wie ein Mehlsack hineinfallen ließ.
„Da mach dir mal keine Sorgen, das geht schon", antwortete er und drückte die Tür zu. Als ich ihm den Weg beschrieb, scherzte er:
„Ach so, das ist ja tatsächlich nur um die Ecke, da hättest du ja wirklich laufen können!"
Oh weh! Das hatte gesessen. Nun hatte er mich total eingeschüchtert und ich wusste nicht, was ich darauf hätte sagen sollen. Außer, dass er mir ja gerne beim Ausziehen helfen könne oder ob er was gegen Kopfschmerzen wüsste. Aber so mutig war ich immer nur in meiner Phantasie.
„Was mag er nur von mir denken, wenn er mitkriegt, dass er mit mir in Urlaub fährt?", fragte ich mich.
„So, da sind wir ja schon!", riss mich Jan aus meinen Gedanken und die kurzweilige Fahrt war auch schon zu Ende. „Oh, ähm, ja also dann... Danke für alles!", druckste ich herum und fummelte an der Tür. Jan schmunzelte nur und bemerkte frech:
„Jetzt aber nichts wie rein in die gute Stube, oder soll ich dich hier im Auto trocken blasen?"
„Nein danke, das kannst du dir sparen!", stieß ich energisch hervor und schüttelte den Kopf. Mit einem Mal erfüllte Jans Blick etwas, das ich vielleicht als Mitgefühl interpretiert hätte, wenn ich gewusst hätte wofür...
„Hey, hör mal. Ich möchte echt nicht, dass du auch noch krank wirst! Du sieht nicht so aus, als ob du das so ohne Weiteres wegstecken würdest!"
„Wie? Was meinst du?", wollte ich wissen.
„Na ja, ich meine... Ich glaube, bei deiner derzeitigen körperlichen Verfassung...", er brach

mitten im Satz ab und räusperte sich.
„Tut mir leid, wenn ich damit vielleicht deine Gefühle verletze, aber darf ich dir zuerst noch eine sehr ernste Frage stellen?"
„Ja, klar, wenn es denn sein muss", antwortete ich herablassend und versuchte dabei, seinem Blick so cool und lässig wie möglich Stand zu halten. Doch er musste mir meine Unsicherheit wohl angemerkt haben, denn er legte seine Hand leicht auf meine zitternde Schulter.
„Du musst nicht darauf antworten, wenn du nicht willst, okay?"
Unruhig rutschte ich auf dem Sitz hin und her. Mir wurde die Situation immer unangenehmer.
„Also gut. Hattest du in letzter Zeit irgendwelche Probleme, die dir sehr zu schaffen gemacht haben...?"
Mit großen Augen blickte ich ihn stumm an.
„Also, du isst in letzter Zeit nicht mehr besonders viel, hm?"
Ich öffnete meinen Mund, doch ich konnte nicht darauf antworten.
„Als ich dich das letzte Mal am Sportplatz gesehen habe, hast du, sofern ich das richtig beurteilen kann, noch wesentlich besser ausgesehen. Ich erkannte dich vorhin beinahe nicht mehr, als ich dir aus dem Wasser geholfen habe, so dünn bist du geworden!", sprudelte es nun aus Jan heraus.
Jetzt war es mit meiner schockähnlichen Ruhe endgültig aus und vorbei. Böse funkelte ich ihn aus meinen dunklen Augen an.
„Ich esse ausreichend, gesund und alles, was mein Körper braucht, nicht mehr und nicht weniger! Außerdem geht dich das ja wohl einen feuchten Dreck an! Und wenn ich wirklich so schlecht aussehe, dann brauchst du auch nicht versuchen, mich auf so plumpe Art anzumachen!", schnappte ich bissig und schoss ruckartig hoch. Ohne mich noch ein weiteres Mal umzudrehen, riss ich die Beifahrertür auf und machte mich so schnell ich nur konnte aus dem Staub.

Jan starrte mir wahrscheinlich hinterher, denn ich konnte seine Blicke regelrecht wie Pfeilspitzen im Nacken spüren. Vermutlich war ich nur deshalb so aufgebracht, weil Jan so ein toller Typ war und er nun mit solchen Behauptungen bei mir ankam.
Als wäre es für mich nicht schon peinlich genug gewesen vor seinen Freunden im Wasser zu landen!
„Was bildet sich dieser unverschämte Typ eigentlich ein, sich auch noch über mich lustig zu machen! Erst den Helden spielen wollen und am Ende ist er auch nicht besser als seine besoffenen Freunde!", regte ich mich auf, während ich meine nassen, auf der Haut klebenden Kleidungsstücke im Badezimmer von mir abzog. Von wegen beim Ausziehen helfen! Jetzt habe ich mir selbst wieder alles versaut!", brummelte ich weiter vor mich hin.

Kapitel 5
Zerbrochen

„Wenn Jan erfährt, dass er mit mir in Urlaub fahren wird, ist er jetzt bestimmt alles andere als hoch erfreut! Verdammter Mist, verdammter!", zischte ich und klatschte meine nassen Sachen allesamt in die Badewanne.
„Warum muss ich mich auch immer gleich so aufregen und so derart überreagieren?", fragte ich mich. Mit einem Mal plagten mich massive Schuldgefühle. So dankte ich also den Leuten, die freundlich zu mir waren und sich Sorgen um mich machten! Jan wollte mich gewiss nicht verletzen! Am liebsten wäre ich auf der Stelle noch einmal zu ihm gerannt und hätte mich entschuldigt. Hastig schlich ich splitternackt die Treppe hoch, um die Gelegenheit wahrzunehmen, meinen bereits vor Kälte schlotternden Körper in meinem Ganzkörperspiegel zu betrachten. Ich stellte mich direkt davor und begutachtete mich ausgiebig von jeder Seite. Vor Schreck erstarrt hielt ich plötzlich inne.
Ich sah genauer hin und da waren sie: viele kleine graue Härchen, die beinahe meinen ganzen Körper bedeckten und sich wie Flaum anfühlten, wenn ich darüber strich. Erschrocken verharrte ich vor meinem Spiegelbild und konnte nicht glauben, dass mir gerade jetzt tatsächlich diese schrecklichen grauen Haare wuchsen.
Ich hatte von diesem Phänomen bereits gelesen...
...der Körper von extrem ausgezehrten Menschen bildet zum Schutz vor Kälte wieder den gleichen Körperflaum, wie ihn ein Fötus vor der Geburt im Mutterleib aufweist.
Geschockt sank ich vor dem Spiegel zu Boden und schlang meine Arme um meinen zitternden Körper. Dass ich mich wieder zurück statt vorwärts entwickelte und ich mich körperlich gesehen sozusagen wieder ins Kindesalter zurückversetzte, war zugegeben recht abstrakt für mich. Doch schon hatte ich neuen Mut gefasst.

„Warum muss das gerade mir passieren, es gibt doch viel schlankere Mädchen als mich und die haben auch nicht so einen bescheuerten Babyflaum am Körper!", zeterte ich vor mich hin und kramte in meiner Kosmetiktasche nach etwa vorhandenen Einwegrasierern. Eines stand jedenfalls fest: die Haare mussten so schnell wie möglich wieder verschwinden!
Das Schlimmste war ja, dass sie sogar auf meinem Busen wuchsen, oder besser gesagt, das, was von meinen einst ‚gut# entwickelten Brüsten noch übrig geblieben war. Die hatten sich nämlich auch irgendwie zurück entwickelt.
Ich nahm das Alles aber hin, solange ich nur weiterhin meine Hungerkur durchziehen konnte. Opfer musste man eben bringen!
Mit schnellen Bewegungen ließ ich die Klingen zuerst über meine Beine, dann über den ganzen Körper gleiten, immer wieder rutschte ich ab und feine Bluttröpfchen perlten aus den winzigen Schnitten. Wie in Trance machte ich immer weiter.
Wie schön das Rot auf der weißen Haut doch aussah. Wie ein Kunstwerk...
Als ich nach schier endloser Zeit fertig war, zeigte der Wecker halb drei an und ich zog mein Schlaf-Shirt über. Die Rasur, die ich so gut wie an allen Körperstellen vorgenommen hatte und die Ereignisse des Abends hatten mich wortwörtlich ganz schön angekratzt.
Erst jetzt bemerkte ich, wie die geschorenen Stellen wie Feuer zu brennen und zu jucken begannen. Diese Prozedur hatte meiner Haut wohl nicht gerade gut getan. Alles in allem fühlte ich mich elender als zuvor. Mit von roten Striemen und Flecken übersäter Haut legte ich mich vorsichtig hin und rollte mich in meine warme Decke ein. Ich musste irgendwie versuchen, mich von diesem widerlichen Schmerz abzulenken, mich auf etwas zu konzentrieren, das außerhalb meines Körpers lag. Sonst würde ich noch bis zum Morgengrauen wach liegen...

Ich lauschte in die Nacht hinein und gab mich dem beruhigenden Zirpen der Grillen draußen in den Bäumen & Sträuchern hin. Alle Geräusche verschmolzen zu einer Einheit und das pochende Ziehen, das meinen Körper wie eine zweite Haut überzog, büßte nun langsam an Intensität ein... Schon packte mich der süße Schlaf und trug mich davon ins Land der Träume.
Alle Pein und quälenden Gedanken wichen dort wie durch einen Zauber von mir...

*

Wasser. So weit ich auch blickte, ich konnte kein Land erkennen. Ganz allein schwamm ich in einem riesigen Ozean. Ich spürte, dass meine Kräfte langsam nachließen und ich nicht mehr lange durchhalten würde, denn das ununterbrochene Schwimmen zehrte an meinen Energiereserven. Ich hatte es doch bestimmt bald geschafft, ich musste nur einfach weiter schwimmen. Immer weiter, nur nicht darüber nachdenken, was passieren würde, wenn ich nicht mehr konnte...
Das salzige Meerwasser trieb mir Tränen in die Augen und ich wünschte, ich könnte mich ausruhen. Plötzlich erschien ein riesiger schwarzer Schatten lautlos unter mir. Er kam der Oberfläche näher als mir lieb war. Entsetzt versuchte ich außer Reichweite zu paddeln, doch vergebens. Der gleitende Schatten war jetzt so dicht unter mir, dass ich im nächsten Moment mit ihm in Berührung kommen musste, und...
...in der nächsten Sekunde lag ich auf dem glitschigen, aber trotzdem sehr angenehm weichen Rücken eines Wals, der an unzähligen Stellen mit Muscheln überwuchert war.
Meine Furcht wich grenzenloser Dankbarkeit. Der intelligente Meeressäuger trug mich sicher und schnell voran.
„Wie hast du mich nur gefunden?“, fragte ich. Doch das spielte jetzt keine Rolle mehr. Die Sonne wärmte mich auf dem großen Rücken und ich fühlte mich wie neu geboren. Plötzlich tauchte der Wal wieder ab. Damit hatte ich nicht gerechnet und ehe ich mich versah, war er in den stillen Tiefen des Ozeans verschwunden.
„Wie kannst du mir das nur antun! Komm zurück - bitte!“, rief ich enttäuscht, doch alles Flehen war sinnlos...
„Warum bist du überhaupt aufgetaucht, wenn du mich jetzt wieder verlässt?!“, brüllte ich und strampelte verzweifelt mit Armen und Beinen.

*

Mama begann die Kartoffeln zu schälen, um sie dann in einer dampfenden Schüssel vor meiner Nase auf dem Tisch zu platzieren. Auch Papa hatte Platz genommen und blickte mich argwöhnisch und mit strenger Miene an.
„Was, du nimmst dir nur einen mickrigen Löffel Quark und eine winzige Kartoffel!? Das ist doch viel zu wenig, davon wird kein Mensch satt!", schnaubte er auch schon mit drohender Stimme, nachdem er einen prüfenden Blick auf meinen Teller geworfen hatte.
„Lass mich bloß in Frieden, ich will in Ruhe essen, okay?!", zischte ich und im selben Moment spürte ich, wie sich mein Magen zusammen krampfte.
„So einen Umgang am Essenstisch überlebt keiner auf kurz oder lang!", dachte ich mir.
„Ich werde dich eben nicht in Ruhe lassen, mein Fräulein, denn du hast versprochen, bis zum Urlaub wieder zuzunehmen. Doch davon haben wir bis jetzt noch nichts bemerkt. So wenig wie du isst, nimmst du eher noch mehr ab! Veralbern lassen wir uns nicht, dass du mich da richtig verstehst, sonst kannst du zuhause bleiben, während der Rest der Familie in Urlaub geht!"
Wütend durchbohrte ich ihn mit meinen Blicken und schrie: „Ich habe gar nichts versprochen, damit du's nur weißt! Ich hab keine Lust mehr, mich von dir kontrollieren und bevormunden zu lassen, du kotzt mich sowas von an, mit deiner übertriebenen und zudem auch noch gespielten Sorge um mich!"
Und schon war ich aufgestanden.
„Wenn du heute wieder nichts isst, kannst du dich auf was gefasst machen, das schwöre ich dir!", brüllte mir Papa hinterher.
Auf die beschwichtigende Stimme von Mama, die sich nun unter seine mischte, hörte ich schon gar nicht mehr. Ich rannte hoch in mein Zimmer und warf mich aufs Bett.
„Warum ist Papa so gemein zu mir? Wieso lassen meine Eltern mich nicht einfach selbst entschei-

den, was für mich gut ist? Wieso wird mein Leben immer komplizierter und freudloser? Und aus welchem Grund, um Gottes Willen, habe ich überhaupt angefangen zu hungern und mir damit so viel Ärger eingehandelt?!"
All diese Fragen schwirrten mir wie ein Schwarm wild gewordener Hornissen durch den Kopf und bei letzterer wusste ich erst recht keine Antwort.
„Ja, warum habe ich eigentlich mit diesem Wahnsinn angefangen?", fragte ich mich erneut.
„Was wollte ich denn damit erreichen?"
Eigentlich hatte ich mein Ziel, neue Freunde zu gewinnen, schon lange aus den Augen verloren und es war doch viel mehr so, dass ich genau das Gegenteil bewirkt hatte: in den letzten Monaten hatte ich all meine Freunde verloren, weil ich in meinem Wahn so sehr nur noch mit mir selbst und meinem Körper beschäftigt war, dass ich einfach ‚zu' machte, niemanden mehr an mich heran ließ und der Realität immer mehr entschwand. Es war so viel Wut und Trauer in mir, dass ich es gar nicht alleine mit Weinen oder Schreien hätte ausdrücken können. Ich war nicht nur sauer auf meine Eltern, nein, vielmehr auf mich selbst. Darauf, dass ich glaubte, durchs Dünnsein beliebter zu werden, und dass ich so verlogen und egoistisch war.
„Wie sollst du denn aber sonst glücklich sein, wenn du nicht gut aussehen darfst und von allen bewundert wirst?", kam es mir aber sofort wieder in den Sinn. Als ob es mir eine kleine, hinterlistige Stimme gerade zugeflüstert hätte, die sich immer genau dann einschaltete, wenn ich einsah, was ich schon alles angerichtet hatte...
Ich befand mich mal wieder in einem inneren Zwiespalt, der für mich mehr und mehr ins Unerträgliche ausartete.
Ich verspürte plötzlich einen unwiderstehlichen Drang, meinen Gefühlen irgendwie Ausdruck zu verleihen.
Im Wohnzimmer suchte ich nach irgendeinem Gegenstand. Mamas teure, von Hand gefertigte Vase

kam mir gerade recht. Schon als Kind wurde es mir verboten, mich ihr auch nur zu nähern, geschweige denn, sie auch nur anzuhauchen. Ich riss sie vom Regal, holte aus und... ließ sie gedankenverloren zurück in meine Hände sinken. Zärtlich strichen meine Fingern über das kalte glatte Porzellan und bewundernd bemerkte ich die phantasievollen Verzierungen und bunten Schnörkel, die sich darauf ringelten.
„Wie hübsch du doch bist, welch wohl geformte Rundungen du aufweist... Formvollendet, wunderschön...!"
Meine Finger glitten wieder und wieder über ihre Oberfläche, liebkosten sie geradezu.
„...wie gerne wäre ich so filigran wie du...", stellte ich mit zynischem Lächeln fest.
„Was wäre es doch jammerschade, wenn du in die falschen Hände gerietest, bist ja ein richtiges Meisterstück, einfach einzigartig, nie wieder exakt genauso zu reproduzieren..."
Ich rieb meine Wangen an ihr, als wäre sie eine geliebte Person und - feuerte sie mit voller Wucht gegen die gegenüberliegende Wand...
Zerborstene Schönheit.
Elende Vergänglichkeit.
Ehe ich mich versah, war die ganze Familie im Wohnzimmer versammelt. Ich wollte nichts mehr mit alldem zu tun haben, wollte am liebsten einfach in mich zusammensinken, alles vergessen und nur noch diesen einen Scherbenhaufen hier zurücklassen. Den Scherbenhaufen meiner sinnlosen Existenz...
Eine ungeheure Traurigkeit befiel mich und es tat mir plötzlich so unendlich leid. Ich warf mich nieder und begann die Scherben mit bloßen Händen einzusammeln. Vielleicht konnte ich sie ja wieder zusammenfügen? Vielleicht konnte ich ja meine Fehler wieder gut machen? Vielleicht würde ich es eines Tages schaffen...? Mama war die Erste, die sich aus ihrer Schreckensstarre löste. „Herrje, Kind, du blutest ja! Lass sofort die Scherben fallen!"

Ich sammelte weiter.
„Lass doch von den Scherben, ab, Noe! Du zerschneidest dir die Hände damit, bemerkst du das denn nicht?!"
Oh doch. Ich bemerkte es. Zumindest am Rande. Und es tat irgendwie gut. Es tat verdammt gut zu spüren, dass es da doch noch so etwas wie Leben in mir gab. Ich existierte noch, ich konnte doch noch etwas fühlen!
Meine Leidenschaft floss aus mir heraus, meine Liebe, alles was mir wichtig war. Was war schon wichtig? Was war noch etwas wert? Ich drückte meine Finger noch stärker zusammen. Wie Mama mich schließlich dazu brachte, die Scherben endgültig fallen zu lassen und was mit mir weiterhin geschah, weiß ich nicht mehr...

*

Die schwarze Fee küsste mich wieder. Endlich. Zumindest für kurze Zeit schlang sie ihre zärtlichen Arme um mich und schenkte mir Frieden. Hier drüben in meiner Seelenwelt herrschte gleichmäßiges Dämmerlicht und unendliche Stille.
Wann würde es endlich aufhören, ständig wieder Tag zu werden?

*

„...dann trinke ich eben morgen früh noch mal zwei Liter Wasser...", dachte ich finster. Der Tag hatte zwar erst angefangen, war für mich jedoch schon wieder so gut wie gelaufen. Seit dem Zwischenfall mit der Vase gingen meine Eltern keinen Deut vorsichtiger mit mir um. Im Gegenteil. Sie traktierten mich nun ununterbrochen mit wöchentlichen Gewichtskontrollen.
„Die Welt ist voller Undank und Unverständnis...", philosophierte ich auf dem Bett liegend vor mich hin.
„Die Zahl der Dummen steigt beständig an, während die Intelligenten für verrückt erklärt werden...!"
Ich holte mein mit indianischen Mustern verziertes Buch hervor, das mir Mama vor vielen Jahren geschenkt hatte. Dort schrieb ich stets all meine Gedanken und Gefühle hinein. Ich spürte, dass wieder etwas da war. Etwas in mir, das an die Oberfläche meines Bewusstseins drängte und zu Papier gebracht werden wollte. Die Buchstaben strömten nur so aus mir heraus...

*

Schwarz und Weiß

Wenn die Welt nur noch schwarz ist,
so trage ich alle Farben des Regenbogens in meinem Herzen.
Wenn die Welt nur noch grau in grau aussieht,
so trage ich doch das ewige Licht in meinen Augen.
Wenn alle Menschen mich hassen,
so ertrage ich die Tage der Einsamkeit,
wasche mich mit meinen eigenen Tränen und
verschwende mich im Sehnen.
Nach dem ewig Guten und Schönen.
Die Nacht kommt hernieder.
Der Tag schläft ein.
Alle Farben verblassen.
Meine Zeit läuft langsam ab.

Wie lange bin ich noch hier?
Alles verschwindet wieder.
Irgendwann.
Die Vögel fliegen nicht mehr.
Die Blumen duften nicht mehr.
Die Welt wächst nicht mehr.
Nur in meinem Kopf.
All das ist nur in meinem Kopf.
Wenn mein Herz nur noch schwarz ist,
so suche ich die weisere Hälfte von mir.
Wo bist du?

*

„Tja, das Trinken, das hilft schon eine Menge!", freute ich mich, als die Waage aufblinkte und meine Wasser-Lüge mit Zahlen beschrieb. Meine Eltern konnten weder etwas dagegen sagen noch waren sie mit meinem Gewicht sonderlich zufrieden.
„Na, wenigstens hast du nicht noch mehr abgenommen", meinte Mama nur und ihre Augen schienen mich von Woche zu Woche immer trauriger und flehender anzublicken. In letzter Zeit war sie sowieso so seltsam still geworden und sie maulte auch gar nicht mehr, wenn ich mal wieder nichts essen wollte. Ganz im Gegensatz zu Papa. Der konnte sich mit seinen dummen Bemerkungen überhaupt nicht mehr zurückhalten. Alles, was Mama sich ersparte zu sagen, holte er doppelt wieder raus, so kam es mir beinahe vor. Doch was steckte dahinter? Sonst interessierte er sich ja auch nicht groß für mich und es war ihm gleich, ob ich mich über etwas freute oder Kummer hatte. Nach meinem wirklichen Befinden, nach meinen Ängsten, meinen Gedanken und Gefühlen hatte er mich noch nie gefragt. Nur auf meinen „Fehlern", da konnte er herumhacken ohne Ende...
Irgendwie war die ganze Situation, in der ich steckte, mehr als nur beängstigend. Es schien, als wäre mir die Kontrolle über mich und mein Leben entglitten, als schlitterte ich da in et-

was hinein, dass ich nie in dieser Art vorhatte. Und meine Eltern stellten nur noch eine unangenehme Randerscheinung, ein Rudel geifernder Hyänen, die es zu meiden galt, dar. Ich war schon einem regelrechten Trott verfallen. Aber war das nicht irgendwo jeder? Für Freundschaften fand ich natürlich nie Zeit und in der Schule sprach ich nur das Nötigste.
Ich hatte keine Lust mehr, irgendetwas zu sagen, geschweige denn, mich um etwas zu bemühen, das es ohnehin nicht wert war. Das machte mich tieftraurig, doch ich verdrängte dieses, an meinem Herzen nagende Gefühl, stets aufs Neue. „Nach den Sommerferien wird es schon wieder anders werden", beruhigte ich mich und lenkte meine Gedanken auf den bevorstehenden Urlaub...

Kapitel 6
Schöne Gefühle & dunkle Geheimnisse

Zurück ins Jetzt-Bewusstsein. Ich lag auf der Decke im Freibad. Immer noch. Aber auch ganz wo anders. Zwischenwelt. Sonne. Schwarze Löcher. Gravitation. Anziehung und Abstoßung...
„Was will ich eigentlich wirklich?“
Tief in meinem Innern war ich zerrissen. Gespalten und in mehreren Galaxien verstreut. Ich wusste nicht mal mehr, wo ich hingehörte, wem ich noch trauen konnte, geschweige denn, ob es jemals einen Menschen geben würde, der mich verstand. Ich fühlte mich einsam und im Stich gelassen. Damals wie heute. Von meiner Familie und von meinen beiden Freundinnen, die eigentlich gar keine mehr waren. Ich wähnte mich von allen Menschen nur noch als dürre Ziege betrachtet, die zu dumm zum Fressen war.

*

So gesehen fühlte ich mich damals extrem miserabel, ja um es so auszudrücken, war mein Inneres stärker angegriffen als mein abgemagerter Leib. Doch das war ja nicht mit den Augen zu erkennen. Nur mit dem Herzen konnte man erahnen, welche innere Qualen ich litt. Aber das interessierte niemanden. Ich war einfach nur eine Spinnerin, die nichts mehr essen wollte und komische verbohrte und unverständliche Ansichten vertrat. Einfach total daneben eben. Doch ich wollte allen beweisen, dass ich auch etwas wert war, dass ich viel mehr leisten konnte, als normale Menschen, dass ich alles erreichen konnte, was ich nur wollte...
Um derartige Entbehrungen durchzuhalten und sich in Disziplin zu üben, brauchte es eine enorme innere Stärke. Somit kam das Ganze einer gespaltenen Persönlichkeit nahe. Auf der einen Seite war ich so verletzlich und liebesbedürftig und auf der anderen Seite so selbstbewusst und knallhart. Vor allem zu mir selbst. Denn wenigstens mich selbst konnte ich so kontrollieren und steuern, wie es mir beliebte. Nichts und niemandem sollte es möglich sein, mich nach fremdem Willen zu formen. Ich wollte unabhängig sein und mein Leben selbst in die Hand nehmen, ohne die Gebote und Verbote meiner Eltern, die immer meinten, sie täten mir etwas Gutes, wenn sie mir Vorschriften machten. Ich konnte und wollte mich nicht mehr daran halten, es wurde mir alles zu viel. Manchmal wünschte ich mir insgeheim, beide würden bei einem Autounfall ums Leben kommen...

Ja, ich ging sogar soweit, dass ich mir ein Leben ohne sie ausmalte, wie es sein würde, wenn sie nicht mehr da wären. Und ich empfand keine Spur von Trauer dabei. Eher Erleichterung. War der Tod denn nichts anderes als ein Tor in eine neue Welt?
Ich sinnierte viel über den Sinn des Lebens und warum ich hier auf der Welt war. Ich wusste, irgendwo war etwas Neues, Unbekanntes in mir, das brach lag und genutzt werden wollte. Doch wie sollte ich daran kommen?
„Was hat denn das Leben für einen Sinn, wenn man Zeit seines Lebens auf der Suche ist, aber niemals findet?"
Oft stellte ich mir auch vor, wie es wäre, einfach eine scharfe Klinge zu nehmen und...
Dort, wo die dicke blaue Ader unter meiner durchsichtigen Haut pulsierte. Wie ein weiches Stück Butter würde sie meine Venen durchtrennen. Schöner und tragischer könnte ich doch gar nicht dahin scheiden, langsam ausblutend, meinen Lebenssaft vergießend...
Aber wären meine Probleme dadurch wirklich gelöst und meine Sehnsüchte befriedigt? Was kam überhaupt danach, wartete dort eine neue, bessere Welt? Oder eine Welt, in der alles danach beurteilt wurde, wie man sich im letzten Leben benommen hatte? Wenn das so war, dann mussten sich einige Menschen wohl sehr vor dem Tod fürchten. Inklusive mir selbst.
Doch ich glaubte nicht daran, dass man für seine „Sünden" und die dadurch gewonnenen Erkenntnisse bestraft werden würde. Eher glaubte ich an ewiges Sein und daran, dass das Leben sich in einem stets erneuernden Kreislauf befand, ähnlich wie der Lauf der Jahreszeiten, und dass die „schlechten Menschen" auch nur ihren Teil zur Schöpfung beitrugen.
„Das Leben ist ein steter Handlungs-, Wandlungs-, Lern- und Erfahrungsprozess... was du jemandem anderen antust, kommt zu dir selbst wieder zurück...!"
Das hatte ich mal so oder so ähnlich in einem Buch gelesen und ich glaubte einfach, dass jeder Mensch in seinem tiefsten Inneren danach strebte, glücklich zu sein und Leid zu vermeiden...
Meine Sehnsucht nach geistigem Austausch mit einer Person, die mich wirklich ernst nahm und verstand, wuchs fortwährend an.
Schon immer fühlte ich mich sehr innig mit der Natur verbunden. Vor allem in Zeiten von Zweifel und innerer Zerrissenheit. Hier konnte ich mich so geben, wie ich war und die Anwesenheit der Bäume, Sträucher und Tiere, einfach das ganze Leben um mich herum, wie eine liebevolle Umarmung spüren.
Die Natur hatte schon immer eine sehr ausgleichende und entspannen-

de Wirkung auf mich, wie sonst nichts, was ich kannte.
Ihr allein galt meine Liebe. Ihr konnte ich alles anvertrauen, ohne dumme Antworten zu erhalten, ohne Angst, etwas Falsches zu sagen, ohne mich verstellen zu müssen. Sie hörte jederzeit geduldig zu und konnte den festen Griff von Fesseln der Traurigkeit und Sinnlosigkeit, die mich oft gefangen hielten, wieder etwas lockern...

*

„Oh verdammt!", kam es mir über die Lippen, als ich mir an den Rücken fasste. Jetzt hatte ich mir wahrscheinlich einen handfesten Sonnenbrand eingefangen, lag ich doch bestimmt schon etliche Stunden hier.

*

Völlig verrückt, was ich alles getrieben hatte! Welch absurden Überzeugungen ich angehörte, die ich mir eigens für dieses Abmagerungs-Projekt mit unkontrollierbarem Ausgang zusammen gesponnen hatte. Und das alles nur, weil ich nur ein klein wenig Liebe wollte, die ich nie bekommen hatte, nur ein bisschen Zuwendung von wenigstens einer Person...
Doch nicht einmal das war ich im Stande zu erreichen. Wie auch? Ich handelte ja genau so, als würde mich das alles nicht im Geringsten interessieren. Selbst mit Jan hatte ich es mir gründlich verdorben... Und dann war da ja auch noch dieses Drama mit meinen Eltern...

*

Ich bequemte mich zur Abwechslung mal in den Schatten - mein Rücken würde es mir danken - und beschloss, noch eine Weile hier liegen zu bleiben, um noch mehr nachdenken zu können. Es tat irgendwie gut, die ganzen bisher verdrängten Gedanken und Gefühle noch einmal zu durchleben, um danach endgültig damit abschließen zu können. Und schon war ich wieder komplett abgetaucht in meine Erinnerungen an den Tag vor unserer Abreise nach Italien...

*

Auch an diesem besagten Tag verließ ich das Haus nochmals gegen Abend.

So unauffällig und leise wie möglich. Keiner sollte mitbekommen, dass ich schon wieder alleine draußen unterwegs war. Als ich im Waldgebiet ankam bemerkte ich sofort die angenehme Stille und schmeckte die wohltuende Luft, die ich tief in meine Lungen sog.
Mit jedem Atemzug fühlte ich mich leichter und friedlicher. Ich begann zu laufen. Ich lief & lief. Meine Füße flogen nur so über den mit Moos bewachsenen weichen Waldboden. Im Dämmerlicht sah alles so geheimnisvoll und leuchtend aus. Ich hatte das Gefühl so leicht wie eine Feder zu sein und mich in meine körperlosen Bestandteile aufzulösen.

Es war seltsam und schön zugleich. Ich war dabei mit meiner Umgebung zu verschmelzen, völlig durchlässig zu werden, blickte auf meine Füße und glaubte, sie würden den Boden gar nicht mehr berühren. Das Laufen kostete mir überhaupt keine Kraft. Im Gegenteil. Je schneller ich mich bewegte, desto mehr Energie setzte sich frei. Mein Kopf war vollkommen leer. Gedankenleer.
Alles bewegte sich wie in einem großen Traum, ohne Anfang, ohne Ende. Ich fühlte mich ur-

plötzlich so befreit, alles war nun so klar und einfach, als läge die Lösung meiner Probleme bereits die ganze Zeit vor mir und ich bräuchte sie nur noch zu ergreifen...
Jetzt war ich glücklich. Ich - glücklich! Ich war ein perfektes Wesen in diesem winzigen Moment. Die ultimative Substanz, aus der das Universum und alle Wünsche gemacht waren. Ich konnte regelrecht fühlen wie jede Pore meiner Haut atmete, genauso wie die Pflanzen und Tiere um mich herum.
Entrückt und verzückt flog ich nur so dahin. Selbst mein Körper war für diesen Moment nicht mehr mein Feind, denn er war nicht mehr da. Meine Wahrnehmung verschwamm zu einem abstrakten fließenden Bewegungs-Muster, das mich nun vorwärts bewegte. Die Wurzel - mein Knöchel - mein Kopf - die schwarze Fee...
„Hilfe...!"

*

„Wir dachten uns gleich, dass du dich wieder heimlich davongeschlichen hast!"
Mama tätschelte mir fürsorglich die Wange.
„Ein Glück, dass wir dich gleich gefunden haben!"
Mit eingebundenem Fuß und einem Eisbeutel auf dem Kopf lag ich auf der Couch. Mein Knöchel tat immer noch verdammt weh, doch die Überraschung über Jans Anwesenheit ließ die Schmerzen regelrecht unwichtig werden. Er war tatsächlich einfach da, wie selbstverständlich. Ich fragte nicht wieso, sondern freute mich einfach nur.
Wir hatten uns gemütlich im Wohnzimmer zusammengefunden. Komisch, ich hatte immer angenommen, meine Eltern bemerkten es nicht, wenn ich mich auf leisen Sohlen davonstahl. Auf solche Art entpuppt zu werden, war mir äußerst unangenehm und ich wunderte mich deshalb doppelt über Mamas freundliche Akzeptanz dieser Tatsache...
„Wirklich total lieb von ihm, mit meinen Eltern

nach mir zu suchen!", freute ich mich insgeheim. Aber noch etwas anderes stimmte mich fröhlich. So, als hätte jemand all den Ärger und Stress der letzten Zeit einfach hinweg geblasen, unterhielten wir uns angeregt über den kommenden Urlaub und andere Dinge. Jan erzählte etwas von sich und es hatte den Anschein, als wären wir alle schon ewig befreundet...
Waren meine Eltern sauer, weil ich das gemeinsame Abendessen verpasst hatte? Nicht die Spur! Jedoch konnte ich mich diesmal gar nicht darüber freuen. Im Gegenteil sogar. Ich wünschte nun, ich wäre lieber dabei gewesen, als zur selben Zeit im Wald herumzuspuken und mir den Fußknöchel zu verstauchen. Wobei dies eine wirklich interessante Erfahrung für mich darstellte...
„Ist noch was vom Abendessen übrig?", fragte ich plötzlich, zum maßlosen Erstaunen meiner Eltern und auch von mir selbst. Kam das gerade tatsächlich aus meinem Mund? Niemals hatte ich gedacht, dass ich jemals wieder freiwillig Essen von meinen Eltern verlangen würde, wenn ich doch so bequem um eine Mahlzeit herumgekommen war.
Doch irgendwie hatte ich auf einmal solchen Hunger, wie schon lange nicht mehr. Bisher hatte ich es ja perfekt verstanden, ihn zu ignorieren und ihn dann mit der Zeit ganz abgeschaltet.
Naja, das dachte ich zumindest. Bist jetzt. Doch gerade meldete sich mein knurrender Magen so heftig zu Wort, dass ich schon Angst bekam, dass es wohl alle im Raum hören konnten.
„Klar haben wir noch was vom Abendessen übrig, soll ich dir was holen?", fragte Mama sogleich mit ihrem wohl bekannten freudigen Übereifer. Heute war mir anscheinend alles egal und ich stimmte zu. Ich war einfach nur hungrig, erschöpft und vollkommen zufrieden. So ein schönes Beisammensein mit meiner Familie hatte ich schon lange nicht mehr und es war, als wäre dieser Abschnitt eine vollkommen unterschiedliche Episode zu dem, was ich die letzte Zeit erlebt hatte. Wider Erwarten war das Essen weder versalzen

noch verfettet, noch gab es daran auch nur im Geringsten etwas auszusetzen. „Ganke Mama, dad Effen ift einfach babelhaft!“, lobte ich ihre Kochkünste mit vollem Mund und Jan musste sich das Lachen verkneifen.
„Ja, Noe, so erkenne ich dich ja gar nicht wieder! Du kommst mir so verändert vor, so voller neuer Lebensfreude, womit das wohl zusammenhängt?“, wunderte sich Mama und schielte zu Jan rüber. In Null Komma nichts hatte ich den Teller leer geputzt und lehnte mich zufrieden und satt zurück.
„Mensch, du kannst ja vielleicht essen! Das hätte ich gar nicht von dir gedacht!“, rief Jan beeindruckt.
„Tja, auch Magersüchtige haben mal Hunger!“, witzelte ich über mich selbst. Diese Bemerkung ließ ihn allerdings verlegen zur Seite blicken und er stammelte:
„Ich, ähm, also es... Es tut mir echt leid, Noe, wenn ich damals im Auto deine Gefühle verletzt habe... Ich hab mir total Sorgen um dich gemacht, weil du damals schon so dünn warst und...“
„Schon gut, Jan. Wenn es jemandem leidtun muss, dann doch wohl mir, oder nicht?“
Damit war auch die Sache mit dem Entschuldigen für mich erledigt, doch Mama und Papa horchten auf, denn sie wussten ja nichts von meinem nächtlichen Ausflug mit dem abschließenden „Bad“ und dass Jan mich danach extra noch heimgebracht hatte...
Unter großem Gelächter berichteten Jan und ich abwechselnd, wie sich alles zugetragen hatte. Mittlerweile störte es mich auch nicht mehr, davon zu erzählen. Es war ja längst vorbei und wenn ich im Nachhinein darüber nachdachte, war es einfach nur noch lustig. Alles war heute Abend wundervoll. Es war eine richtig vertraute Atmosphäre entstanden, deren Charme sich einfach niemand entziehen konnte. Alle waren heute wie ausgewechselt.
„Vielleicht liegt es ja tatsächlich daran, dass

Jan bei uns ist?", überlegte ich und blickte wieder in seine Richtung. Er saß mir schräg gegenüber, auf dem Sessel neben Mama. Er sah wirklich gut aus mit seinen dunkelbraunen Locken und seiner leicht gebräunten Haut. Außerdem hatte er ein hübsch geschnittenes markantes Gesicht, das man nicht so schnell wieder vergaß. Ja, er war für mich ein richtiger Traumtyp, das konnte ich nicht leugnen.
Irgendwie schämte ich mich jetzt wegen meiner Figur vor Jan. Ich hatte jetzt zwar gerade eine längst überfällige Mahlzeit gierig hinunter geschlungen, jedoch änderte das noch lange nichts an meiner Erscheinung, die ich plötzlich gar nicht mehr als so unwiderstehlich empfand, sondern eher als eigenartig.
Doch noch während ich beschloss, wieder mehr zu essen, erfasste mich gleichzeitig panische Angst, wieder zuzunehmen...
Unter zirkusreifen Verrenkungen gelang es mir und Jan zu später Abendstunde, gemeinsam die Stufen zu meinem Zimmer hoch zu erklimmen. Unter atemlosem Gelächter ließen wir uns gemeinsam auf mein Bett fallen.
„Wir können uns ja noch ein bisschen unterhalten, wenn du noch nicht allzu müde bist", schlug Jan vor.
„Gerne, denkst du etwa, ich gehe schon so früh schlafen?", lachte ich. Und so entspannen wir ein unverfängliches Gespräch über Schule, Freunde, Freizeit und Hobbys. Nach einiger Zeit wurden wir beide lockerer, er machte es sich neben mir bequem und streckte sich genüsslich aus...
Für einen kurzen Moment, der sich wie eine halbe Ewigkeit anfühlte, lagen wir einfach nur so da und blickten uns wortlos an.
„Schöne Augen hast du... so schwarz wie die Nacht, genauso wie deine Haare!", stellte er bewundernd fest und strich mir mit den Fingern eine Strähne zurück. Ich merkte, wie mir das Blut ins Gesicht schoss. Beim Komplimente annehmen sowie austeilen war ich noch nie beson-

ders gut gewesen. Es war mir meist mehr als nur peinlich und deshalb vermied ich es lieber, in derartige Situationen zu kommen...
Obwohl es natürlich schön war, so etwas zu hören, das konnte ich nicht abstreiten.
„Hast du schon bemerkt, dass du weder deiner Mutter noch deinem Vater oder deinen Geschwistern in irgendeiner Weise ähnlich siehst?!", stellte Jan unvermittelt fest.
„Wieso, wie kommst du denn jetzt auf sowas?"
Dieser Themenwechsel ärgerte mich irgendwie. Anscheinend hatte Jan ein Talent dafür, immer im unpassendsten Augenblick die unmöglichsten Bemerkungen loszuwerden... „Weiß nicht, nach deinem Äußeren zu urteilen, könnte man meinen, du kämst nicht von hier".
Nachdenklich geworden sah ich ihn an. Die Sache mit meiner bisher nur gefühlten Fremdartigkeit zu den übrigen Familienmitgliedern beschäftigte mich selbst schon seit einiger Zeit.
„Viele Kinder sehen ihren Eltern nicht ähnlich. Das ist doch ganz normal!"
Jan schien mit dieser Antwort zufrieden zu sein und damit war das Thema auch beendet.
Wir lagen schon wieder viel zu lange sprachlos herum und blickten uns nur stumm an. Es entstand eine knisternde Stille und ich war gespannt, womit sie wohl gefüllt werden würde.
Ich spürte seine innere Aufgeregtheit, die sich mit meiner eigenen vermischte und ein Kribbeln im Bauch erzeugte, als wäre das die Ruhe vor dem Sturm...
So erregt hatte ich mich schon lange nicht mehr gefühlt! Ich wusste, dass weder er noch ich wirklich daran interessiert waren, jetzt noch länger zu quatschen. Man konnte sich auch ganz gut ohne Worte verständigen...
Die elektrisierende Spannung zwischen uns verstärkte sich von Sekunde zu Sekunde mehr. Ganz langsam rückten wir immer näher zusammen und Jan berührte mich sanft an der Schulter. Ich konnte seinen warmen Atem auf meiner Haut spüren und

als ich die Augen schloss, spürte ich endlich seine Lippen auf meinen.
Als er, während wir in einen leidenschaftlichen Kuss versunken waren, seine Arme um mich schlang und mich ganz nah an sich heranzog, glaubte ich innerlich vor Verlangen verbrennen zu müssen...

*

Es war einfach traumhaft. Das Ferienhaus lag innerhalb einer riesigen bepflanzten Anlage zwischen unzähligen Bäumen und blühenden Rhododendren versteckt. Ein kleiner Weg aus Steinplatten führte direkt hinunter zum Steg, von dem aus man leicht ins Wasser gelangen oder es sich dort auf einem Badetuch bequem machen konnte. Die ganze Anlage war so riesig, dass man gar nicht alles auf einmal überblicken konnte.
Auch das Wetter spielte mit strahlendem Sonnenschein und badetauglichen Temperaturen bestens mit, sodass wir beschlossen an diesem Tag ein paar Kilometer weiter an den Strand zu fahren.
„Oh je! Ich habe bestimmt in den letzten Tagen zugenommen, weil ich immer so viel gegessen habe!", ängstigte ich mich auch schon wieder und überlegte, wie ich wohl in meinem neuen Bikini aussehen würde. Seltsamerweise hatte ich die letzten Tage nur wenige Augenblicke mit den Gedanken an mein Gewicht und mein Aussehen verschwendet. Die Erlebnisse mit Jan und dieser wunderschöne Ort verlangten mir fast all meine Aufmerksamkeit ab. Jan schenkte mir als erster Mensch in meinem Leben ein Gefühl von Geborgenheit, Unbeschwertheit und wahrer Intimität.
Er vertraute mir all seine innersten Gedanken an und ich war fasziniert von dieser bisher nie gekannten Offenheit...

Kapitel 7
Gaukelnde Schmetterlingsbraut

„Wie lange hast du denn noch vor, faul in der Sonne herumzuliegen?“
Verwundert schlug ich die Augen auf. Ich konnte schon gar nicht mehr richtig Vergangenheit und Gegenwart unterscheiden, es war fast so, als würde ich gerade mehr in meiner Vergangenheit leben als im gegenwärtigen Augenblick. Erst jetzt bemerkte ich, dass ich wohl gänzlich in meine Welt aus Erinnerungen abgedriftet war.
„Ach du bist es, Pia! Warte kurz, ich komm mit!“
Wenigstens waren das zur Abwechslung mal gute Erinnerungen gewesen. Sie hatten ja auch mit Jan zu tun und ich bemerkte, wie mir die Tränen in die Augen stiegen, so sehr wünschte ich mir diese von Glück durchtränkten Momente mit ihm zurück.
„Wie konnte ich damals nur so blind sein? Wie konnte ich mich nur in eine Illusion sperren, die nichts anderes tat, als mich beinahe zu zerstören und die mich selbst heute noch quält und in mir für Verwirrung sorgt?“
Es war so schön gewesen mit Jan und nur ich allein hatte alles vermasselt. Wie sollte ich mir das jemals verzeihen können? Diese Selbstvorwürfe plagten mich so heftig wie eh und je und ich wusste wie immer keine Lösung. Oder wollte ich sie gar nicht wissen...?

*

Die letzten Jahre waren so unheimlich schwer für mich und alle Beteiligten gewesen, dass es mir nun wie ein unerreichbarer Traum erschien, würde auf einmal alles wieder in Ordnung kommen...

Geschwind packte ich meine sieben Sachen zusammen und bewegte mich mit Pia in Richtung Ausgang. Wir wechselten nur wenige Worte und verabschiedeten uns eilig voneinander. Aber nicht, ohne uns noch einmal kurz zu drücken. Das stimmte mich melancholisch.

Pia hing wohl immer noch sehr an mir, so als ob nie etwas gewesen wäre. Als würde sie mich auch ohne Worte verstehen. Natürlich war ich sehr dankbar für ihre selbstverständliche freundschaftliche Zuwendung und dass sie mich trotz allem noch immer so lieb behandelte. Sie selbst war damals noch zu jung und unbeteiligt gewesen, um alles was sich wegen mir abspielte richtig mitzubekommen.

„Vielleicht sehe ich sie ja jetzt im Sommer wieder öfter im Freibad", überlegte ich und musste mir eingestehen, dass ich mich tatsächlich sehr alleine fühlte ohne meine Familie. Diese war mir trotz allem noch auf eine beängstigende Weise überaus wichtig...

Auf dem Nachhauseweg genoss ich den Anblick der vorüber ziehenden Bäume, dicht an dicht, grün, grün, grün. Ich liebte diese Farbe, konnte mich völlig mit ihr identifizieren, mich in ihr versenken, ein Teil davon werden. Ein Teil dieses Geflechts aus Leben. Der ganze Wald war wie ein lebendiges Wesen, das pulsierte, sich ausdehnte, wuchs und atmete.

„Wie schön, dass ich direkt am Wald wohne, ich hätte mir keinen besseren Wohnort wünschen können!", freute ich mich, als sich der Bus langsam der entlegenen Haltestelle mit dem windschiefen Unterstellhäuschen aus Holz näherte. Ich konnte es kaum erwarten meinen heimeligen Garten zu betreten, der eigentlich übergangslos mit dem Wald verschmolz, wenn das Grundstück nicht durch einen alten verwitterten Zaun umgeben gewesen wäre. Eigentlich hätte ich ihn ja am liebsten abgerissen, doch dieses Vorhaben war mir bisher zu zeitraubend und anstrengend erschienen und so ließ ich es lieber sein.

Knarzend öffnete sich die schwere Holztüre. Das Haus, das eigentlich einmal ein Jägerhaus gewesen war, hatte zwar schon einige Jahre auf dem Buckel, doch ich fand es auf seine eigene

Art total gemütlich. Den alten Bretterboden, der bei jedem Schritt geheimnisvoll knarrte, den steinernen Holz-Herd in der Küche und die unterschiedlichen Gerüche, die sich mit der würzigen Waldluft vermischten...
Außerdem befand sich im Wohnzimmer ein kleiner offener Kamin, der mir im Winter schon gute Dienste geleistet hatte und in dem man sich leckere Bratäpfel und Ofenkartoffeln zubereiten konnte, wenn man nur ein wenig Geduld aufbrachte.
Doch Zeit war bei mir ja keine Mangelware. Damit ich nicht immer erst den Herd zu heizen brauchte, wenn ich hungrig war oder einen Tee bereiten wollte, hatte ich mir einen Gaskocher besorgt.
Das war zwar fast wie beim Camping, doch das störte mich wenig. Gartenarbeiten erledigte ich mit Freude, denn sie stellten für mich eine willkommene Abwechslung dar. Auch das sorgfältige Zubereiten meiner Mahlzeiten erfüllte mich mit Freude und einer gewissen Ruhe.
Ich streifte meine Sandalen von den Füßen und ließ meine Badetasche in die Ecke fliegen, um nach meinem kleinen Freund im Garten Ausschau zu halten.
Am Tag war er im Wald unterwegs und mit Seinesgleichen zusammen. Doch wenn ich Zuhause war und mich im Garten aufhielt, dauerte es nicht lange, und er spitzte zwischen den Blättern hervor, um mich mit lustigen Sprüngen zu begrüßen.
„Hey, hier bist du also, na komm schon her!“
Es sprang zu mir auf die Schulter und stupste mich mit seinem kleinen Schnäuzchen.
Plötzlich traten mir Tränen in die Augen und aus heiterem Himmel spürte ich eine unerklärliche kochende Wut, gepaart mit verzweifelter Hilflosigkeit in mir aufsteigen.
„Wieso bin ich immer noch allein?!“, brüllte ich und mit einer ruckartigen Bewegung schleuderte ich das kleine Wesen von mir, sodass es in hohem Bogen durch die Luft flog und hart auf dem staubigen Boden aufschlug.
Das pelzige Tierchen drehte und wand sich kurz, fing sich auf seinen vier Pfoten ab, und blickte mich erschrocken aus seinen dunklen Knopfaugen an. Als wüsste es, weshalb ich das getan hatte, rührte es sich nicht von der Stelle, sondern sah mich nur fortwährend stumm und traurig an.
„Warum springst du denn nicht einfach weg! Ich hab dich doch gerade so schlecht behandelt?“, schluchzte ich und war zutiefst schockiert über meine eigene Reaktion.

„Was habe ich mir bloß dabei gedacht, wie konnte ich nur so etwas tun?“
Ich wusste es nicht. Das Eichhörnchen konnte doch wohl am wenigsten etwas dafür, dass ich so allein war.
Ja, ich war einsam und ich war zu feige, etwas dagegen zu tun. Ich saß nur hier herum und versank in Selbstmitleid. Ich hasste mich dafür. Meine Hände nach ihm ausstreckend, redete ich sanft auf das Tierchen ein. Schon kam es näher und sprang erneut auf meinen Arm. Dankbar streichelte ich es und drückte es liebevoll an mich.

„Verzeih mir, du kleines süßes Ding! Ich hab dich doch lieb!“
Und als ob es mich wirklich verstanden hätte, kuschelte es sich um meinen Hals.
Erst jetzt wurde mir bewusst, dass ich das Eichhörnchen mindestens genauso unfair behandelt hatte, wie einst Jan. Ich hatte ihn buchstäblich genauso von mir geschleudert.
„Der Unterschied zwischen dem Eichhörnchen und Jan ist nur, dass Jan nicht mehr zu mir zurückgekommen ist“, dachte ich traurig. Ich hatte ihn seitdem nicht mehr zu Gesicht bekommen und erschrocken stellte ich fest, dass ich mich bis zum heutigen Tage bei keinem Menschen nach ihm & seinem Befinden erkundigt hatte. Ich wusste nicht mal, ob er noch lebte...
„Mensch, so schlecht habe ich mich ja schon lange nicht mehr gefühlt!“, musste ich niedergeschlagen feststellen. Ich bereute

es schon lange bitter, meinen einzigen wahren Freund so sehr verletzt zu haben und mich selbst noch dazu. „Ich muss weg hier! Ich will zu meiner Familie und meinen Freunden zurück! Ich muss endlich über alles sprechen! Ich muss dem Ganzen ein Ende setzen und meine Last loswerden!"
Wild entschlossen sprang ich auf und stürzte ins Haus. Dort zog ich meine leichte Sommerjacke und meine Sportschuhe an, stopfte noch zwei Äpfel und einen warmen Pulli in meinen Rucksack, stieg auf mein Fahrrad und strampelte los...
Nie hatte ich gedacht, dass dieser Moment jemals eintreten würde! Der Moment, an dem ich mich erneut auf den Weg zu meiner strikt gemiedenen Familie machte. Doch ich musste es einfach tun.
Alles war jetzt besser, als allein im Garten oder im Haus zu sitzen und die plagenden Gedanken ertragen zu müssen, die ich mit keinem Menschen teilen konnte. Mein Leben und wie es die letzten Jahre verlief, bereitete mir nämlich ganz und gar keine Freude mehr...

*

Zärtlich küsste er mir auf den Mund und strich mit seinen Händen über meinen Hals, meinen Nacken, meine winzigen Brüste.
„Du bist wunderschön!", hauchte er mir ins Ohr und ich spürte seine Hände zwischen meinen Beinen. In diesem Moment wünschte ich mir, ich wäre ebenso erfahren und sicher wie Jan es war. Immer schneller begann er mit seinen Fingern über meine empfindlichste Stelle zu reiben und zu streicheln. Es war wundervoll und eine in dieser Intensität noch nie zuvor gekannte Erregung schüttelte mich.
„Gefällt es dir? Komm sag mir wie du es am liebsten hast!", flüsterte er und schob mein feuchtes Höschen beiseite. Ich drehte und wand mich vor Lust und er schien es ebenso zu genießen wie ich.
„Oh Jan, es ist so..."
Aufgeregtes Rufen zerschnitt die traute Zweisamkeit, in der wir uns völlig fallen gelassen hatten.

„Die suchen bestimmt schon nach uns!“, erschrak ich. Schnell zupften wir unsere Klamotten zurecht und stürzten aus unserem Geheimversteck. Nach wenigen Schritten fing auch schon mein Kopf, der erstaunlicherweise die letzte Viertelstunde Ruhe gegeben hatte, wieder an sich zu Wort zu melden.
„Ist es richtig, mich ihm gleich so hinzugeben? Bin ich zu leicht zu haben?“
Zwar fühlte ich mich sehr zu Jan hingezogen, trotzdem hatte ich nicht damit gerechnet, dass wir gleich so weit gehen würden. Nicht dass ich keinen Gefallen daran gefunden hätte - ich genoss seine Berührungen sehr. Aber irgendwie machte mir das Ganze auch Angst. Es war alles mit einem Mal so unkontrolliert, so unvorhersehbar, so körperbezogen...

*

Das Meer war viel zu kalt. Die Wärme der Sonne empfand ich als wesentlich angenehmer.
„Komm doch mit rein!“, rief mir Jan zu, doch ich drehte mich nur befremdet auf die Seite. Ich wollte doch nur meine Ruhe haben und mich in der wohligen Wärme der Sonne ausruhen. War denn das zu viel verlangt?
Seit wir hier in Italien waren hatte ich keine Möglichkeit mehr, mein Gewicht zu kontrollieren. Ich besaß hier ja keine Waage und oft hatte mich Jan auch von meinen zwanghaften Gedanken an mein Aussehen und mein Gewicht abgelenkt, sodass ich es manchmal völlig vergaß oder es für unwichtig hielt, darüber nachzudenken.
Eigentlich war es das ja auch. Andererseits ärgerte ich mich über meine eigene Nachlässigkeit und befürchtete, meinen Diätplan nicht einhalten zu können...
„Noe, worüber denkst du gerade nach?“ Jan legte seinen kühlen Arm sanft um mich.
„Ich denke gerade daran, wie es wohl mit uns weitergehen wird, wenn dieser unvergessliche Ur-

laub vorüber ist!“, antwortete ich schlagfertig. „Ich hoffe, genauso schön, nur noch besser!“ lachte er. „Ach, ich weiß nicht. Bin ich nicht nur eine ‚Ferienliebe‘ für dich?“, fragte ich und blickte ihm in die Augen.

„Weißt du was?! Manchmal bist du ganz schön verletzend! Glaubst du wirklich, ich würde mich so intensiv auf ein Mädchen einlassen, ihm so viel anvertrauen und mich so öffnen, wenn es doch bloß ein Flirt für mich wäre, der nach dem Urlaub wieder Geschichte ist?“

„Hm. Ich hoffe schon, dass du es ernst mit mir meinst, es wäre so schade, wenn du nicht die gleichen Gefühle für mich empfinden würdest, wie ich für dich.“

„Ach Noe, du weißt gar nicht, wie sehr ich dich liebe und schätze!“, flüsterte er mir ins Ohr. Unsere Eltern hatten es natürlich mittlerweile auch mitbekommen, dass wir mehr füreinander übrig hatten als nur rein platonische Interessen. Doch bisher hatten sie außer einiger eher stichelnden Randbemerkungen keine weiteren Worte darüber verloren und von unserem Geheimversteck im Garten ahnten sie natürlich auch nichts.

„Aber irgendwas ist los mit dir, Noe, dich bedrückt doch schon die ganze Zeit irgendwas, oder?“

Ertappt blinzelte ich ihn an und begann meine Aufmerksamkeit nun gezielt auf das Rauschen der Wellen zu verlagern, um so tun zu können, als hätte ich seine Frage schlichtweg überhört... Jan ließ nicht locker:

„Also was ist, Süße? Sag schon, jetzt weiß ich genau, dass etwas nicht stimmt, sonst hättest du mir schon längst widersprochen!“

„Ach nichts, alles in Ordnung - ehrlich!“, wiegelte ich ab und versuchte, ein Lächeln zustande zu bringen. Allerdings mit wenig Erfolg. Es wirkte eher gequält als echt. Ich fühlte es - wie langsam erkaltendes Magma - auf meinem Gesicht erstarren.

„Noe, du kannst mir doch alles sagen! Ich bin

doch dein Freund und möchte dir helfen!"
„Was ist denn so komisch an mir, dass du annimmst, ich hätte Hilfe nötig?", fragte ich nun herausfordernd. Doch darauf ging er nicht ein.
„Du wirkst manchmal richtig weggetreten und siehst dann ganz verändert aus, so unendlich traurig und verzweifelt, als ob du ein schreckliches Geheimnis mit dir herumtragen würdest, das du mit niemand anderem teilen kannst. Außerdem habe ich das Gefühl, du wirst dünner und dünner.
Mehr und mehr verlierst du an Substanz, von deiner Lebenskraft und deiner Lebensfreude. Das macht mir Angst und ich fühle mich so hilflos, weil ich nicht weiß, was ich für dich tun kann. Ich möchte doch, dass du vollkommen glücklich und wohlauf bist!", flüsterte er und strich mit den Fingerspitzen über meinen knochigen Rücken, auf dem jeder Wirbel einzeln hervorstach.
Da war sie wieder.
Die Magersucht.
Oder wie auch immer man dieses Fleisch verzehrende Gespenst nennen mochte. Ich wollte es nicht wahr haben, hatte es bisher so gut verdrängen, ja beinahe vergessen können. Wie ein großes körperloses Ding stülpte sie sich jedes Mal wieder über mein Denken, wenn mich jemand darauf ansprach. Und genau das tat Jan jetzt und er schien sich nicht mit ein paar „mageren Ausflüchten" abspeisen zu lassen. Das war auch nicht seine Art. Er musste jeder Sache auf den Grund gehen, soweit hatte ich ihn nun schon kennen gelernt...
„Glaubst du, ich leide unter Anorexia Nervosa?", fragte ich vorsichtig, den medizinischen Fachausdruck dafür verwendend, da er sich in meinen Ohren wesentlich schicker anhörte als Magersucht...
„Ja, das glaube ich mittlerweile tatsächlich! Und ich glaube auch, dass du dich damit, wenn du ehrlich bist, auch nicht besonders gut fühlst und dich damit auf kurz oder lang selber kaputt

machst. Irgendwann kann dir da keiner mehr raus helfen, wenn du so weiter machst!“, redete er mir eindringlich ins Gewissen.
„Du denkst doch bestimmt die ganze Zeit nur an Kalorien und wie viel du noch abnehmen willst und solchen Mist! Außerdem ist das...“
„Du hast doch keine Ahnung, an was ich denke, Jan! Du kennst dich mit so was doch gar nicht aus!“, schnitt ich ihm energisch das Wort ab.
„Aber ich habe doch Augen im Kopf und sehe, wie du bei unseren gemeinsamen Mahlzeiten heimlich das Brot zerkrümelst und unter den Tisch wirfst oder dir nur ganz winzige Portionen auf den Teller trapierst, die du dann aber nicht mal aufisst. Außerdem bist du doch schon so dürr, dass man deine Knochen einzeln abzählen kann!“, stieß er mir vor den Kopf.
„Wie jetzt?! Du findest mich also gar nicht so hübsch, wie du immer sagst...?“
Da wurde sein Blick zart und er senkte seine Stimme.
„Noe“, sagte er.
„Noe, du bist so wunderschön! Aber das begreifst du einfach nicht! Du musst nicht abnehmen um geliebt zu werden! Hör auf mit diesem Wahnsinn! Die Formel dünner = schöner = glücklicher wird nicht aufgehen!“
Und etwas energischer fügte er hinzu:
„Und glaub bloß nicht, dass unsere Eltern sich keine Sorgen machen! Die sagen nur nichts, weil sie wissen, dass das jetzt sowieso nicht viel Sinn hat und es nur die Stimmung kaputt machen würde! Aber denk doch mal nach - du bist nicht allein auf dieser Welt! Du hast hier Menschen um dich herum, die dich lieben und sich um dich sorgen! Wieso quälst und isolierst du dich so?! Erkennst du nicht, dass du so Vieles mehr aufs Spiel setzt, als du zum gegenwärtigen Zeitpunkt zu erkennen vermagst?“
Langsam bekam ich es doch mit der Angst zu tun, wie er da auf mich einredete und was er da alles von sich gab.

„Ich kann das einfach nicht glauben, Jan! Wirst du wirklich immer bei mir sein? Sag schon, Jan!", brach es schluchzend aus mir heraus.
„Noe, ich hab dir doch gesagt, dass ich immer zu dir halten werde, das verspreche ich dir! Bitte hör auf zu weinen, sonst kriegen das noch unsere Alten mit!", sprach er beruhigend auf mich ein und nahm mich in die Arme.
„Ehrlich?", fragte ich atemlos. Er blickte mir tief in die Augen.
„Deswegen möchte ich dir doch auch helfen das alles zu bewältigen. Du musst deine Magersucht besiegen. Und dazu musst du dir auch eingestehen, dass du wirklich ein Problem hast. Einsicht ist nämlich der erste Schritt zur Heilung. Und du musst ganz ehrlich zu mir und vor allem zu dir selbst sein!"
Das war zu viel.
„Ich bin aber nicht krank, Jan, und ich würde auch nicht in so einer Psycho-Klinik bleiben, falls ich dorthin gebracht würde. Die können mich ja wohl kaum darin festbinden!"
„Hast du eine Ahnung, was die alles können! Wenn die Ärzte zum Beispiel sagen, dass du in Lebensgefahr schwebst, kannst du nichts mehr dagegen unternehmen und selbst deine Eltern könnten es nicht verhindern, auch wenn sie es wollten."
Ich überlegte kurz. Woher wusste Jan das alles? Hatte er sich so intensiv mit diesem Thema beschäftigt? Wegen mir? „Das glaube ich dir nicht! Du willst mir nur wieder Angst machen!", hörte ich mich sagen.
Ich war verstört und wütend zugleich.
„Warum sollte ich so etwas behaupten, wenn es nicht so wäre? Ich will dir doch nur helfen! Also zum letzten Mal: ich kann doch auch nicht mehr tun, als es dir anzubieten. Bitte vertrau mir und lass es zu! Vertrau mir doch, Noe!"
Jan blickte mich so flehend und so lieb an, dass ich fast weich geworden wäre. Aber auch nur fast. Die Krankheit war einfach stärker. Sie zwang mich wieder in meine alten, längst ge-

wohnten Verhaltensweisen hinein und drängte mich zurück in meine Ecke, aus der ich vergebens versuchte heraus zu kriechen.
„Ich schaffe das schon allein, ich brauche deine Hilfe nicht! Vielen Dank auch!“, stieß ich hervor und drehte ihm den Rücken zu.
Ich verspürte den Drang, einfach laut los zu schluchzen. Aber nicht einmal jetzt konnte ich mein wahres Gesicht zeigen. Aus purer Angst vor mir selbst.
Am liebsten hätte ich alles unter einen großen orientalischen Teppich gekehrt, angefangen bei meinen Gefühlen, bis hin zu meinen „Ess-Problemen“, die mir jeden Tag, trotz Jans Liebe und Fürsorge, das Leben zur Hölle machten. Gleichzeitig hatte ich riesige Angst, dass Jan nun nichts mehr von mir wissen wollte, nur weil ich mir nicht helfen lassen wollte. Langsam war das kein Spaß mehr. Ich fühlte mich bedrängt, ja regelrecht bedroht! Jan wollte mir etwas nehmen, das noch das Einzige war, was wirklich immer bei mir war, auf das ich stolz war und das mir einen Sinn im Leben gab. Alle wollten es mir wieder wegnehmen, indem sie mir drohten, ich würde daran zu Grunde gehen...
„Doch würde ich nicht vielmehr daran zerbrechen, wenn ich gezwungen wäre, nach dem Willen der andern zu leben? Andererseits liebe ich Jan und es bricht mir das Herz, ihn so enttäuschen zu müssen“, überlegte ich traurig. Das wollte ich natürlich auch nicht. Doch was hatte ich denn für eine Wahl?
Ich war anders.
Ich war ICH.
Und niemand auf dieser Gott verdammten Welt sollte mich kontrollieren dürfen! Es nicht einmal wagen, daran zu denken. Ich ließ mich nicht degradieren zu etwas, das andere gerne in mir sehen wollten. Meine Seele fürchtete sich nicht vor der Einsamkeit, die der hohe Preis für all das war.
Ich ließ meinen Blick über das sich vom Wind

kräuselnde weite Meer schweifen und mein ganzes Wesen sehnte sich danach sich zu versenken, in diesen schier endlosen Fluten. Der Horizont verlor sich in der Ausdehnung der Wasserfläche und im sich darin spiegelnden azurblauen Himmel... Pure Glückseligkeit erfüllte mich für einen winzigen Moment und ich versuchte sie festzuhalten. Vergeblich. Jedoch gelang es mir, einen kleinen Anker im Fluss der Zeit zu werfen.
„Alles ist aus Einem entstanden und das Eine lebt in Allem..."
Dieser Gedanke erfüllte mich mit einem Gefühl tiefen Friedens und einer innigen Verbundenheit mit allem um mich herum, und es formten sich Gedanken in mir, denen ich in meinem Buch mithilfe von ‚simplen' Buchstaben zu erneutem Leben verhalf:

Dunkles Geheimnis, du bist stets bei mir.
Versteckst dich in mir und ich in dir.
Du erzählst mir vom Leben und vom Tod.
Nichts beruhigt mich mehr als die Gewissheit,
dass alles irgendwann zu Ende sein wird.
Doch du wirst immer da sein.
Dunkles Geheimnis, du geleitest mich durch alle Qualen.
Du läuterst mich durch die Evolution des Bewusstseins.
Und ich erkenne, dass da nichts ist.
Nichts, was uns vermag zu trennen...

*

„Ja, wer bin ich denn eigentlich?"
Diese Frage tauchte plötzlich in meinem Kopf auf, wie ein Segelboot am Horizont. Doch genauso weit weg war sie auch und so verschwand sie so schnell wieder, wie sie gekommen war. Ich schloss die Augen. Was war schon ein Leben wert?
„Wie viele Menschen leben unbedeutende Leben und niemand würde bemerken, wenn sie nicht mehr existierten? Wen interessiert es denn wirklich, ob ich da bin oder schon längst tot unter der Erde liege? Wer von all den Milliarden Menschen auf der Erde hat dann jemals gewusst, dass ich einmal hier war? Wen interessiert es, ob es mir schlecht geht oder nicht, wie ich denke und fühle? Wen...!?

Bald schon bin ich vergessen, wie der Schnee vom letzten Winter, wie ein Blatt, das vom Wind davongetragen wird, um am Ende heimlich still und leise wieder zur Erde zurückzukehren."
Verrotten. Verfaulen. Vergessen...

Kapitel 8
Vision

„Ich möchte nicht einfach so vergehen und dann vergessen werden. Ich möchte leben und für etwas da sein. Etwas, das größer ist, als meine bloße Person. Etwas, das die Zeit überdauert und von bleibendem Wert für die Generationen nach mir ist. Ja, das muss es sein, was sich jeder Mensch insgeheim wünscht... Oder auch nicht“, revidierte ich diesen Gedanken.
„Denn nicht jeder hat solch hohe Ziele, die meisten leben vor sich hin, wissen gar nicht, wozu sie hier sind und machen sich auch keinen Kopf, was ihr Lebensziel oder - wenigstens - was kleine Ziele in ihrem Leben sein sollen. Ich komme mir manchmal so sonderbar vor, so anders als all die anderen Menschen, mit denen ich zu tun habe, so fremd und verloren in einer kalten Welt, aus der aller Zauber gewichen zu sein scheint“, überlegte ich weiter, während ich dabei war, mich schwer atmend die steile Anhöhe hinaufzukämpfen, die sich nur mit einer Extraportion Willenskraft überwinden ließ.
Es herrschte noch eine schwüle Frühabendhitze vor und ich sah die glühend rote Sonne vor mir am Horizont langsam sinken - ein Anblick für Götter! Der Schweiß perlte mir auf der Stirn und ich trat noch kräftiger in die Pedale, um den Berg endgültig zu bezwingen, denn aufgeben war nicht meine Art und ich wusste, dass ich mich danach so unendlich glücklich und in mir selbst bestärkt fühlen würde...
„Endlich geschafft!“
Atemlos ließ ich mich neben mein Rad ins Gras fallen. Wie gut es hier duftete! Ich musste mich jetzt erstmal ausruhen und wieder zu Atem kommen, ehe ich meinen Weg fortsetzen konnte. Außerdem spürte ich bei dem Gedanken meinen Eltern wieder zu begegnen ein unangenehmes Beklemmungsgefühl, welches mich noch darin bestärkte, mich möglichst lange hier im Gras aufzuhalten und bei einer kleinen Apfel-Mahlzeit verweilend, den wundervollen Abendhimmel zu genießen.
„Ich hab doch noch Zeit...“
Unaufhaltsam versank die rote Kugel am Horizont, um am anderen Ende der Welt, als die Botin eines neuen Morgens erneut aufzuerstehen...
Es war schon seltsam, wie mir das Leben oftmals begegnete. Manchmal hart und unbarmherzig und im nächsten Augenblick wieder so schön und leuchtend, als wüsste es selbst nicht so

genau, was es mit mir anfangen sollte.
„Warum bin ich hier?“ Diese Frage blieb wie immer unbeantwortet in der Luft hängen. Ich war glücklich und traurig zugleich. Ich wollte am liebsten tot sein und gleichzeitig das Leben genießen. Ich wäre am liebsten hoch in die Luft gesprungen und doch regungslos liegen geblieben...
Ich betrachtete meine Hände und streckte die Arme in die Luft.
„Wie merkwürdig doch die Hände aussehen, wenn man sie mal länger betrachtet!“, kam es mir in den Sinn.
„Keine Hand auf der ganzen Welt sieht genau gleich aus, genauso, wie jeder Mensch einzigartig ist, und doch sind wir alle Menschen und als solche zu erkennen“, stellte ich fest. Die Form meiner Hände faszinierte mich zusehends. Dass man die Finger und sogar jedes Gelenk einzeln bewegen konnte, dass da auch noch so komische Nägel wuchsen, mal abgesehen davon, dass man ja mit den Händen auf der materiellen Ebene alles in seinen Leben tun konnte: schreiben, halten, streicheln, berühren, schlagen, aufbauen, zerstören... Einfach alles.
„Ohne Hände wären uns Menschen ganz schön die Hände gebunden...!“ Eigentlich konnte ich ja mehr als nur dankbar dafür sein, dass ich gesund war und alle Körperteile und Organe an der richtigen Stelle hatte und diese auch noch einwandfrei funktionierten. Probleme waren doch dann aus dieser Sicht betrachtet Kinderkram.
„Doch wem sollte ich denn eigentlich dafür danken?“
An so etwas wie an einen „lieben Gott“, der über allem stand und das Schicksal der Welt und der Menschen lenkte, konnte ich nicht glauben. Das kam mir so vor, als besäßen die Menschen keine Macht, über ihr eigenes Leben zu bestimmen.
Als ob alles vom Zufall abhängig wäre...
Das widersprach dem, was ich bisher erfahren hatte und auch der Realität, in der ich mich bewegte. Zwar war ich oft verzweifelt, weil mir mein Leben so aussichtslos und scheinbar verkorkst erschien, doch insgeheim war mir durchaus bewusst, dass ich mir das alles selbst zuzuschreiben hatte und ich mich ganz allein da reingeritten hatte. Somit sollte ich aber das Zeug haben, mich auch allein wieder herauszustemmen...
Es war nur oft sehr schwer, mir das auch einzugestehen und die Schuld nicht bei anderen zu suchen, so wie es wahrscheinlich jeder lieber tat.
„Ich bin so faul und passiv, und da wundere ich mich auch noch, warum mein Leben ständig schief läuft!“

Doch hatte ich auch genügend Vertrauen in mich selbst?
Ja, das Vertrauen war etwas ungemein Wichtiges, das mir noch sehr fehlte. Ich hatte die schreckliche Angewohnheit, in Menschen meistens nur Feinde zu sehen, und in großen Städten und vielen Leuten eine Bedrohung. Wie oft hatte ich mir doch gewünscht, ich wäre nur ein Geist, der ungesehen herum schweben konnte und keinen Verpflichtungen nachzugehen hatte. Leider war ich aber ein Mensch geworden, der sehr wohl Verpflichtungen hatte, sie aber nicht einhalten wollte, und keine Lust auf ein Leben hatte wie es all die anderen führten. Leider. Manchmal sehnte ich mich danach alles zu vergessen. Einfach noch mal neu anzufangen. Als gewöhnliche junge Frau, für die Beruf, Familie und Beziehung alles bedeuteten, und sie voll und ganz in Anspruch nahmen und ausfüllten. Das wäre zwar auch schön gewesen, doch irgendwie auch wieder traurig, denn ich fühlte, dass ich nicht umsonst diejenige war, die ich nun mal war und dass sich daraus etwas Wunderbares entwickeln konnte.
„Alles geschieht zum Besten für die Einheit, doch welches Leid damit für jeden einzelnen verbunden sein kann, daran denkt niemand..."
Gedankenverloren kaute ich auf einem Grashalm herum und blickte, auf dem Rücken liegend, in den regenbogenfarbenen Nachthimmel...
Der Mond tauchte als stummer Beobachter am Firmament auf, um in gemächlicher Ruhe an Kraft zu gewinnen.
„Vollmond...", bemerkte ich mit großen Augen und überlegte, wann ich ihn das letzte Mal so bewusst bestaunt hatte...
„Wenn ich heute noch ankommen will, muss ich mich aber jetzt sputen!", fiel es mir auf einmal wieder ein und eilig nahm ich die Fahrt wieder auf. Falls doch alles in die Hose gehen sollte und sie mich wegschicken würden, hätte ich immerhin noch die Gewissheit es wenigstens versucht, und nicht ohnmächtig zugesehen zu haben, wie mein ganzes Leben den Bach runter ging. Das konnte ich mir selbst nicht antun, das war ich mir selbst schuldig, nach alldem, was vorgefallen war. Im Grunde genommen war ich immer noch das kleine Mädchen von damals, das sich so sehr nach Liebe, Anerkennung und Geborgenheit sehnte, dass es fast weh tat...
Die Strecke, die ich jetzt noch zu bewältigen hatte, würde sich bestimmt einige Kilometer hinziehen und so hatte ich mehr als genügend Gelegenheiten, mich weiter auf das Zusammentreffen mit meinen Eltern vorzubereiten und noch einmal alle Gesche-

nisse Revue passieren zu lassen. Das würde mir auch helfen, besser mit der bevorstehenden Situation zurechtzukommen und nicht gleich wieder auszuflippen, wenn sie mir Vorwürfe machen sollten.
Jetzt störte es mich, dass ich so weit weggezogen war, denn mit dem Fahrrad war das eigentlich keine Fahrt, die man mal schnell so zum Zeitvertreib unternahm.
Den größten Teil der Strecke konnte ich zum Glück auf selten befahrenen Landstraßen und Feldwegen zurückzulegen. Als nächstes galt es, meines Wissens nach, ein zirka drei Kilometer langes Waldstück zu durchqueren. Besonders geheuer war mir das ja nicht, da mitten in der Nacht noch durchzufahren...
Plötzlich keimte in mir der Gedanke auf, dass mich Mama und Papa vielleicht doch noch irgendwo lieb haben mussten, dass sie es womöglich manchmal bereuten damals so - in meinen Augen - gemein gewesen zu sein. Obwohl sie im Grunde auch nicht schlechter zu mir waren als ich zu ihnen. Eher war alles meine Schuld. Oder?
„Vielleicht denken sie manchmal noch an mich und wünschen sich, mich einfach wieder in die Arme schließen zu können..."
Obwohl mir dieser Gedanke irgendwie absurd vorkam, denn ich konnte mir derartiges einfach nicht mehr vorstellen. Zu stark hatten sich die oftmals trügerischen Vorstellungen und Eindrücke in meinem Herzen eingebrannt, mir einen Schleier vor die Augen gelegt und mir meine Eltern als regelrechte Monster präsentiert. Ich hatte keine andere Wahl, ich handelte meiner Situation nach und meiner damaligen Einstellung entsprechend richtig.
„Doch wie würde ich diesmal handeln, was würde ich diesmal wieder sagen, was mir später dann wieder leid tun würde? Und bin ich überhaupt so weit, mich mit alldem zu konfrontieren? Was, wenn ich dazu verdammt bin, ewig so wie die letzten Jahre weiterzumachen?"
Ruckartig stoppte ich meine Fahrt. Jetzt war ich mir nicht mehr besonders sicher das Richtige zu tun. Hin- und hergerissen stand ich nun alleine auf der Straße und konnte nicht mehr vor und nicht mehr zurück...
Eigentlich gab es kein Zurück mehr. Ich hatte mich doch bereits auf den Weg gemacht. Aber erst jetzt dämmerte mir langsam, dass ich mich etwas traute, vor dem ich mir ein paar Wochen, ach was Tage zuvor, noch vor Angst in die Hose gemacht hätte.
„Du bist gut", sprach ich zu mir selbst.
„Willst du etwa hier auf der Waldstraße übernachten, du hast

bereits mehr als die Hälfte der Strecke hinter dir, warum verlierst du denn jetzt den Mut?"
Angst. Die Angst war es, die mir meine ganze Zuversicht raubte. Meine Beine verweigerten mir nun auch noch ihren Dienst und ich hätte mich am liebsten einfach an Ort und Stelle am Straßenrand ins Gras fallen lassen, wenn da nicht diese unangenehme Kälte gewesen wäre, die meine Hände schon ganz blau anlaufen ließ.
„Weiter jetzt!", zischte es da mit einem Mal leise, aber deutlich hörbar aus dem Dunkel des Waldes hervor. Zu Tode erschrocken und stocksteif starrte ich gebannt in die undurchdringliche Dunkelheit und brachte keinen Ton aus meiner Kehle.
„Ach, das hast du dir gewiss nur eingebildet, Noemi, fahr jetzt einfach weiter!", redete ich mir gut zu und versuchte die Panik, die in mir hoch kroch, wieder abzuschütteln. Auf weitere unheimliche Geräusche lauschend, verharrte ich weiter, doch ich vernahm nur das Rauschen des Waldes und die Geräusche fahrender Autos in der Ferne.
„Uaaahh!" mit fürchterlichem Gebrüll brachen drei schwarze Gestalten aus der Dunkelheit des Waldes hervor. Vor Schreck stieß ich einen spitzen Schrei aus und riss die Augen weit auf.
„Hu Huuuh! Haben wir dir etwa einen Schrecken eingejagt?!"
Gelähmt vor Entsetzen glotzte ich die drei dunklen Gesellen an, die nun langsam näher kamen und mich umringten.
„Also, ich glaube, wir sind ein bisschen zu weit gegangen! Tut uns leid!"
Das Mädchen war etwa in meinem Alter und, wie ich nun feststellte, in Begleitung zweier Jungs. Sie sah mich mitfühlend an und klopfte mir freundschaftlich auf die Schulter.
„Ihr habt mich zu Tode erschreckt!", stieß ich ungehalten hervor.
„Sorry, das sollte nur ein Spaß sein, wir kommen aus dem Feriencamp gleich hier in der Nähe und haben noch eine kleine Nachtwanderung unternommen", erklärte einer der Jungs und leuchtete mir mit seiner Taschenlampe im Gesicht herum.
„...und da haben wir dich auf einmal aus dem Schutze der Dunkelheit heraus so mutterseelenallein mit deinem Rad hier auf der Waldstraße herumstehen sehen, und wir dachten, wir könnten doch mal testen wie stark deine Nerven sind", fuhr er fort, ohne auf meine verärgerte Reaktion einzugehen. Die Taschenlampe schaltete er aber dennoch aus und im sanften Vollmondlicht konnte ich die drei Schreckgespenster jetzt wesentlich besser erkennen.

„Das mit dem Test ist euch ganz prima gelungen, vielen Dank!“, antwortete ich patzig.
„Ich heiße übrigens Mia und das sind Tom und Manuel“, sagte das Mädchen in versöhnlichem Tonfall, „...und wer bist du?“
„Noe“, antworte ich verlegen.
Mia trug raspelkurzes blondes Haar und war etwas stärker gebaut. Eigentlich eine ganz nette Erscheinung. Ein Typ zum Pferdestehlen, ein richtiger Kumpeltyp, mit der alle super zurechtkamen und die sofort neue Kontakte knüpfen konnte. Eben genau das Gegenteil von mir...
„Und, was machst du hier so allein, mitten in der Nacht?“, wollte Manuel wissen. „Schatzsuche“, grinste ich nun und fügte hastig hinzu: „Ach, ich war auf dem Weg zu meinen Eltern, die wohnen noch ein gutes Stückchen von hier entfernt. Ich habe eigentlich nur für eine kurze Verschnaufpause angehalten!“
„Gruselt es dich denn nicht, nachts ganz allein durch einen Wald zu fahren?“, wollte Mia wissen.
„Ach was!“, stieß ich großspurig hervor.
„Außerdem hab ich keine andere Wahl und ich glaube, ich muss jetzt auch weiter, ich bin sowieso schon viel zu spät dran“, murmelte ich nun etwas kleinlaut.
„Nun bleib doch hier. Ein Mädchen, das nachts allein herumfährt, das ist doch viel zu gefährlich! Außerdem ist es doch schon viel zu spät! Komm mit zu uns ins Camp, dort brennt ein großes, knisterndes Lagerfeuer! Du kannst bestimmt bei Mia im Zelt übernachten und morgen weiterfahren, stimmts Mia?!“
Tom konnte wirklich fabelhaft kombinieren.
„Klar kannst du das!“, stimmte Mia lachend zu.
„Wärm dich am Lagerfeuer auf, du musst doch frieren!“
Ich wollte schon widersprechen, doch eigentlich hatten sie Recht. Und überhaupt war ich ziemlich froh, dass ich durch meinen inneren Zwiespalt doch noch zu so einem guten Kompromiss gelangte.
„Also gut, überredet, ich komme mit!“
Die beiden Jungs halfen mir mit dem Rad.
„Gib doch zu, dass es dir Spaß gemacht hat, mal wieder so richtig erschreckt zu werden. Das schafft doch heutzutage kein noch so guter Horrorstreifen mehr!“, scherzte Mia und puffte mir freundschaftlich in die Seite.
„Nee, das nicht, aber ich halte nichts von Horrorfilmen. Ich bin mehr als froh, dass ihr mich so entgegenkommend und nett behandelt und mir gleich einen Schlafplatz anbietet. Das ist wirklich

nicht selbstverständlich!"
„Wahrscheinlich wärst du auf deinem Fahrrad erfroren, bei diesen kalten Fingern!", raunte Manuel, der mich unvermittelt bei der Hand nahm. Ich ließ es zu.
„Ach, das macht mir doch nichts, ich bin wesentlich härtere Sachen gewöhnt", flunkerte ich. In Wirklichkeit fieberte ich dem versprochenen Lagerfeuer schon seit dessen Erwähnung entgegen und musste mich beherrschen, nicht am ganzen Körper vor Kälte zu schlottern.
„Jetzt ist es nicht mehr weit, das Camp liegt da vorne", flüsterte Mia und deutete in die Richtung, aus der sich, immer noch durch Äste und Blätter verdeckt, warmer flackernder Feuerschein mit unzähligen Stimmen vermischte. Ich war ganz hin und weg...

*

Das Feuer umfing mich so wohlig-warm wie die Strahlen der untergehenden Sonne und wärmte mich bis auf den tiefsten Grund meiner frierenden Seele hinab.
Zwei Mädchen hatten ein Lied angestimmt, in welches nun mehr und mehr die ums Feuer lagernden jungen Menschen einstimmten, und das von einem hübschen dunkelhaarigen Jungen auf Gitarre begleitet wurde. Sie sangen ein altes indianisches Lied, das mir die Tränen in die Augen trieb, so sehr war die Melodie von Sehnsucht und Schönheit durchtränkt.
Gebannt ließ ich meine Augen ins Spiel der Flammen übergehen und genoss die knisternde Hitze im Gesicht und am Körper. Eingehüllt in die pulsierenden Bruchstücke meiner aus der Tiefe aufsteigenden Erinnerungen ließ ich mich treiben.
Je tiefer ich in meiner eigenen Gefühlswelt versank, desto gelöster, glücklicher und freier fühlte ich mich. Bilder froher Tage aus meiner Kindheit tauchten vor meinem inneren Auge auf und ich sah sie im Feuer tanzen. Sehnsucht breitete sich in mir aus, begann mich gänzlich zu vereinnahmen und mich wie eine Decke aus weicher Wolle zu umhüllen...
Eine Schale gefüllt mit tiefster innerer Ruhe ergoss sich über mich und ergeben schloss ich die Augen. Rot und grün, gelb und blau. Regenbogen...
Meine Gedanken stoben davon wie eine Herde wilder Pferde und ich fühlte nur noch die Grenzenlosigkeit meines Geistes.

*

„Schwebe ich?“
Ich spürte nichts mehr, keinen Boden unter mir, auch nicht meinen Körper.
Der alte indianische Gesang wehte von weit her zu mir herüber, als wäre ich in eine völlig andere Welt eingetaucht. Jetzt war alles grün, braun, grün... Wald, Holz, Erde, Blätter, Bäume...
„Wo bin ich?“
Blut spritzte mir entgegen.
Vor Schreck schrie ich auf, doch es bestand keine Gefahr. Ich trug ein rotes Mal auf meiner Stirn und zerriss warmes, rohes Fleisch in kleine Fetzen.
Meine Augen blickten wild umher. Die Szene wechselte.
Weite Graslandschaften, Seen und Wälder erstreckten sich unter mir. Ich flog!
Mit einem Mal wurde mir bewusst, was los war. Ich wusste es so kristallklar wie das reine Wasser war, das in den Bächen unter mir strömte, als wäre es noch nie zuvor anders gewesen. Luft und Wind waren meine Freunde, die ungezähmte Freiheit meine stete Begleiterin.
Zwei mächtige Schwingen trugen mich höher und höher hinauf in die Lüfte.
Himmel und Erde.
Hundertfach verstärkt erspähte ich jede noch so kleine Bewegung unter mir. Noch nie zuvor hatte ich solch eine unbeschreibliche majestätische Erhabenheit gespürt! Über den Gebirgen hörte ich das Pfeifen der Winde, die um den schroffen Fels peitschten.
Ich bewegte meine Flügel so synchron, als hätte ich sie schon immer besessen.
War dies hier die Wirklichkeit und nicht die hilflose Noemi, die klein und Wärme suchend am Lagerfeuer kauerte? Es war sehr merkwürdig, sich zweier Realitäten gleichzeitig bewusst zu sein.
„Wozu bin ich hier?“, fragte ich in Gedanken und sofort veränderte sich mein Zustand.
Ich erschrak, als ich mich in einem Indianerlager am Rande eines Waldgebietes wiederfand, das ich bereits zuvor aus luftiger Höhe erspäht hatte.
Dann packte ich das Bündel Häute, das vor mir lag zusammen und machte mich auf den Weg hinunter zum Fluss. Die anderen, die meinen Weg kreuzten, begrüßten mich freundlich, und ich grüßte sie mit Freude und Liebe in meinem Herzen und in meinen Blicken zurück.
Ich gehörte dazu! Ich war Eine von ihnen!
Ich blickte in das spiegelglatte Wasser an einer ruhigeren Stelle des

Flusses und war nicht einmal mehr verwundert, eine junge Frau mit langen schwarzen Haaren, mandelförmigen Augen und einem hübschen leicht gebräunten Gesicht darin zu erkennen.
Ich empfand Gefühle, die ich in normalem Zustand nie spürte. Gefühle die aber echt waren. Und stark.

Ich dachte, fühlte und handelte wie diese Frau - war ich etwa diese Frau?
Ich wohnte einer Zeremonie bei, die zur Erlangung von Jagdglück diente. So fremd und geheimnisvoll mir auch alles anmutete, rüttelten diese Bilder aber auch ein Gefühl von vollkommener Vertrautheit in mir wach. Meine Aufgabe, meine Daseinsberechtigung - ich hatte sie bereits vor langer Zeit gefunden! Aber wo war sie denn jetzt bloß...?

*

Auch als Tom seinen Arm um mich legte, konnte ich nichts dagegen sagen oder tun. Ich spürte seine Berührung als kaum merklichen Teil einer anderen Welt, irgendwo weit weg, auf meinen Schultern ruhend. In einer Welt, die ich vorübergehend gegen eine andere eingetauscht hatte.
Ich war wie in Trance.
Gefangen vom Feuer, vom Gesang, von meinen eigenen Emp-

findungen, die unaufhörlich in mir aufstiegen, wie der Rauch aus den Flammen...

*

„Hey du, was ist denn mit dir los, träumst du?“
Tom rüttelte sanft an meiner Schulter. Ich war nicht in der Lage zu reagieren oder zu antworten. Ich wusste zuerst auch gar nicht, wo ich war und hatte die Orientierung und das Gespür für Zeit und Raum vollkommen verloren.
Er berührte mich erneut, allerdings etwas energischer. „Wach doch auf! Hörst du mich!? Wach doch endlich auf!“
„Wo... wo bin ich denn überhaupt?“, flüsterte ich mit schwacher Stimme und blinzelte in den Feuerschein.
„Na hier! Bei uns im Camp! Hast du geschlafen, oder was?“
„Hmm. Ja. Wie bitte...“, murmelte ich vor mich hin und versuchte mich, immer noch benommen und berauscht, aufzurichten.
„Du hast mir jetzt echt nen Schrecken eingejagt! Warte, ich helfe dir hoch!“
Tom war auch wirklich zu hilfsbereit. Woran das wohl lag? Nun, für heute war mir das egal, ich wollte nur noch schlafen und mich endlich ausruhen.
„Kannst du mich bitte zu Mias Zelt bringen, ich bin echt... total geschafft!“
Er nickte und wich nicht von meiner Seite.
„Was ist denn nur los mit dir, du wirkst immer noch so weggetreten, als ob du irgendwas genommen hättest!“, stellte er fest.
„Ich? Nein... Nein... Ich hatte so einen komischen Traum vorhin am Feuer... Der hat mich wohl etwas aus der Fassung gebracht...“
„Einen... einen Traum?“
„Ja. Ach egal. Weiß ich schon gar nicht mehr so genau. Jedenfalls freu ich mich jetzt auf meinen wohlverdienten Schlaf! Bis morgen dann!“, fertigte ich ihn kurz angebunden ab.
„Ok. Bis morgen und gute Nacht!“, erwiderte Tom schwach und ich wusste genau, dass er jetzt wohl ein ziemlich langes Gesicht ziehen musste, auch wenn ich es nicht sehen konnte. Ich war bereits auf meinen Schlafplatz gesunken.
„Ich kann nicht ständig auf die Gefühle anderer aufpassen, wenn ich mit meinen eigenen noch nicht mal zurechtkomme!“, beruhigte ich mein Gewissen und hüllte mich in die Decken, die Mia für mich vorbereitet hatte. Doch plötzlich war ich wieder hellwach.

War das eben eine Vision? Mir wurden Einblicke in eine Ebene meines Bewusstseins gewährt, die ich niemals für möglich gehalten hätte. Und diese junge Indianerin, die ich gewesen war, beeindruckte mich immer mehr.
Ich schwelgte in einer Art schöpferischem Gleichklang, der mich wie eine unterirdische Strömung durchwanderte, wenn auch nur für einen kurzen Moment.
Doch das reichte schon aus, um einen ganzen Orkan an bisher verschütteten Gefühlen in mir wachzurütteln. Es war, als hätte ich ein lange verloren geglaubtes Stück von mir selbst wieder gefunden, einen verlorenen Teil meiner Seele zu mir zurückgeholt. Vielleicht handelte es sich jedoch lediglich um die Ausgeburten meiner wilden Phantasie? Fest stand jedenfalls, dass ich etwas in dieser Form noch nie in meinem Leben erlebt hatte. Konnte es sein, dass sich mein Bewusstsein beliebig innerhalb von Raum und Zeit bewegen konnte?
„Wer bin ich denn eigentlich? Ein sterblicher Körper? Eine unsterbliche Seele oder reine Energie, eine göttliche Essenz?"
Eigentlich wollte ich nicht mehr an diesen Quatsch glauben, den ich irgendwie schon im Kopf hatte, seit ich denken konnte. Oft genug war ich deswegen schon bei allen möglichen Leuten angeeckt, wenn ich über meine Ansichten über das Werden und Vergehen und das Göttliche in der Schöpfung, beziehungsweise im gesamten Kosmos philosophierte.
Viele reagierten sogar erschrocken. So auch meine Eltern, mit denen ich als Kind des Öfteren den Versuch gestartet hatte, über solche Dinge zu sprechen. Mama und Papa wussten nicht damit umzugehen und taten meine Neugierde und meine Selbstgespräche als vorübergehende schwierige kindliche Phase ab. Selbstgespräche...?
Ich wusste nicht mehr viel aus der Zeit, als ich noch klein war und wahrscheinlich noch einen besseren Draht zu den hinter dem Schleier verborgenen Dimensionen besaß. Jedoch musste doch noch irgendetwas hängen geblieben sein, das sich nun zurückmeldete...
Mit sieben Jahren hatte ich Mama einmal gefragt, ob denn die Tiere, wenn sie gestorben waren, nicht auch mal in einen Menschenkörper schlüpfen wollten, weil die Menschen doch so viele schöne Dinge tun konnten und umgekehrt. Sie schien unangenehm berührt und erwiderte nur, dass ich mir über solche Dinge keine Gedanken zu machen bräuchte und wie ich bloß auf solchen Unsinn käme.

Daraufhin wurde mir erst mal auf Verdacht und ohne weitere Angabe von Gründen ein mehrwöchiges Fernsehverbot erteilt...

*

Und dennoch. Und dennoch war da ein mächtiges Gefühl in mir. Ein Lodern. Ein leises Flüstern. Eine Sehnsucht nach etwas, das ich nicht in Worte fassen konnte. Wo war es nur? Wo war es nur, wo? Das was ich so sehr suchte, Tag und Nacht, was mich weder richtig schlafen noch anständig den Tag verbringen ließ, ohne es zu spüren. Wo war es nur, wo?!
„Ich muss mehr über mich und das große Geheimnis erfahren, ich muss wissen, was das alles zu bedeuten hat!“, entschied ich und schloss die Augen.

Kapitel 9
Die magische Grenze

Funkstille. Jan und ich redeten seit Tagen so gut wie kein Wort mehr miteinander. Ich schaltete jetzt erst recht auf stur und genoss, wie er darunter litt. Wenn ich nicht so zickig gewesen wäre, hätte er längst wieder meine Nähe gesucht, doch ich hielt ihn mit verletzenden Bemerkungen und giftigen Blicken auf Abstand. Er war bei mir unten durch. Er war auch nicht besser als all die anderen, die nur das taten, was ihnen gesagt wurde. Sollte er doch das tun, was seine Eltern von ihm wollten, wenn er das nötig hatte.
Dieser Heuchler! Widerwärtig war das.
Ja, es tat trotzdem verdammt weh, jemanden so abzuweisen, den man irgendwie liebte.
„Aber ich darf ihn nicht lieben, er will mir alles kaputt machen, was ich mir gerade erst mühsam erarbeitet habe!"
Es war sinnlos, mit ihm darüber zu sprechen, denn das würde er nicht verstehen. Und meine Eltern auch nicht. Und im Übrigen sowieso kein Mensch. Ich war allein. Alle schienen sich gegen mich verbündet zu haben, um mich dazu zu zwingen, wieder mehr zu essen und wieder so langweilig, hässlich, fett und gewöhnlich zu sein wie all die anderen.
Das war das Schlimmste, was ich mir vorstellen konnte. Gewöhnlich zu sein. Nichts Besonderes! Das war für mich wie eine Strafe. Oder besser gesagt, wie eine Bedrohung, vor der es zu entkommen galt.
„Warum versuchst du es nicht mal mit total ausgeflippten Klamotten oder Tätowierungen, wenn du dich schon um jeden Preis von der Masse abheben willst? Das wäre immerhin besser, als dich selbst zu verstümmeln und verhungern zu lassen!", hatte mir Nastie einmal an den Kopf geworfen, als sich bei mir bereits erste sichtbare Anzeichen von übertriebenem Rasiermessergebrauch und drastischem Gewichtsverlust abzeichneten.

„Klamotten und Tattoos sind teuer und nicht mein Ding. Ein bisschen hungern kostet nichts. Außerdem ist das wohl meine Sache!", antwortete ich damals überheblich.
Oh doch. Es hatte mich eine ganze Menge gekostet. Das wusste ich nun. Meine damals einzigen Freundinnen. Die Harmonie mit meinen Eltern, die sowieso noch nie so richtig vorhanden war. Und jetzt auch noch Jan.
Doch ich musste eben Opfer bringen. Jeder musste Opfer bringen. Jeder hatte im Leben gewisse Dinge durchzustehen und zu erdulden, um sein heiß ersehntes Ziel zu erreichen.
So war das eben. Ohne Fleiß kein Preis...

*

Ich hatte es mir auf einem der Liegestühle in der herrlichen Gartenanlage bequem gemacht und blickte hinunter zum Meer, das einladend glitzerte.
Dennoch sehnte ich mich nach Zuhause. Dort hatte ich wenigstens meine Ruhe und konnte mich in mein eigenes Zimmer zurückziehen. Jetzt war es mir eine Last, mit Jan auch noch den Schlafraum teilen zu müssen. Ich schottete mich so gut es ging von ihm ab und versuchte ihn zu ignorieren. Dennoch vermisste ich das Gefühl seiner warmen weichen Haut, die sich an meine schmiegte, seine unwiderstehlichen Lippen, die so wundervoll küssen konnten, seine...
Ich wusste genau, dass ich mir da selbst was vorspielte, wenn ich so tat, als wäre er mir egal. Tief in mir fehlte mir Jan wahnsinnig. Ich wollte ihn wieder spüren, mit ihm lachen und einfach wieder mit ihm zusammen sein. Doch es durfte einfach nicht sein.
„Darf ich?", ertönte eine nur zu gut bekannte Stimme direkt hinter mir und ehe ich mich versah, hatte Jan neben mir Platz genommen. Ich war etwas überrascht, dass er so offen auf mich zuging.

„Du wartest wohl die Antwort gar nicht erst ab?!", entgegnete ich spitz.
„Noemi, bitte...", begann er flehend.
„Bitte sei doch nicht so hart, ich möchte nur noch einmal mit dir reden..."
Er blickte in mein maskenhaft erstarrtes Gesicht und musste schlucken.
„Bitte!"
Ruckartig drehte ich mich zu ihm rüber.
„Also gut, du willst reden? Dann fang an! Was willst du noch von mir?"
„Ich wollte dir sagen, dass ich dich liebe und dass ich dein Freund sein möchte und immer zu dir halten werde, egal was auch kommt... Falls das für dich überhaupt noch etwas bedeutet!"
„Ich kann nicht mit dir zusammen sein! Es geht einfach nicht, verstehst du das nicht?!", rief ich aufgewühlt und fühlte mich plötzlich sehr schwach. Unmöglich! Wie konnte ich nur? Ich schalt mich selbst für den aufkeimenden Gedanken, mich doch wieder mit ihm zu versöhnen.
„Bitte lass das alles nicht so enden!", flehte er und Tränen schimmerten in seinen Augen. Am liebsten hätte ich mich über sein jämmerliches Benehmen lustig gemacht, doch so weit wollte ich dann doch nicht gehen.
„Du, ich will so angenommen werden wie ich bin und mich zu nichts zwingen lassen, schon gar nicht von dir!"
„Ich würde dich zu gar nichts zwingen, Noemi, aber ich würde mir wünschen, dass du endlich einsiehst, dass das nicht normal sein kann, so dünn wie du bist!"
„Normal?!", stieß ich angewidert hervor und merkte, wie meine perfekt beherrschten Gesichtszüge zu entgleisen drohten. Das war ja wohl das Allerletzte, was dieser Kerl da von sich gab.
„Wieso glaubst du ich wollte normal sein, du Dummkopf?!", schleuderte ich ihm voller Abscheu ins Gesicht. Jan sah mich nur verständnislos an. Dann sagte er traurig:
„Dir ist echt nicht mehr zu helfen! Ich wünsche

dir, dass du eines Tages wieder zur Besinnung kommst und deine Fehler einsiehst! Wirklich, Noe! Ich wünsche dir nur das Beste. Und ich liebe dich...!"
Nervös nestelte ich an einer Haarsträhne und versuchte seinen Worten keine Bedeutung mehr beizumessen.
„Vielleicht erfährst du eines Tages am eigenen Leib, wie es sich anfühlt, so verletzt zu werden!"
Seine Stimme zitterte. Seine Augen verrieten, wie unglaublich enttäuscht und traurig er war. Betroffen starrte ich ihn an und brachte keinen Ton mehr heraus. Langsam erhob er sich und ließ mich, ohne ein weiteres Wort zu verlieren, auf dem Liegestuhl zurück.

*

„Wieso soll alles und jeder stets normal sein? Warum darf niemand etwas Besonderes, Außergewöhnliches sein auf dieser Welt?", überlegte ich.
Natürlich wusste ich, dass ich irgendwann an den Rande des Todes kommen würde, wenn ich mit dem Hungern nicht mehr aufhörte. Jedoch fühlte ich mich absolut gesund und robust.
Krank?
Ich war doch nicht krank! So ein hässliches Wort! Ha ha ha! Das hörte sich so abstoßend an. Vielmehr sah ich mich auf dem Weg zu etwas Höherem, zu einer Verfeinerung der Sinne und nicht zuletzt der Seele! Ich wollte damit absolute Reinheit und Einzigartigkeit erreichen.
Ich wollte mir selbst beweisen, dass ich fähig dazu war meinen Körper zu beherrschen und somit auch mein ganzes Leben.
Es war wie eine Initiation, ein Vordringen in einen Bereich meines Erlebens, den ich bisher noch nie erforscht hatte. Ich wollte ein paar Schritte näher an die Ewigkeit herantreten als alle anderen und zu einem edleren und besseren

Menschen werden. Ich sah meine Geschwister auf der Terrasse spielen und miteinander lachen. Ja, einfach lachen und spielen und alles andere vergessen... Wie lange war das schon her?

*

Zufrieden räkelte ich mich auf meinem Badetuch und genoss die Sonnenstrahlen. Nichts war entspannender und erhellender als ein Sonnenbad. Die Auseinandersetzung mit Jan hatte mich zwar ein wenig aus der Bahn geworfen, jedoch zweifelte ich nicht im Geringsten daran, dass ich keine andere Möglichkeit hatte, als auf diese Art und Weise zu reagieren. Dass dies eben im Notfall unsere gerade aufkeimende junge Liebe regelrecht erstickte, störte mich auch gar nicht mehr so sehr, wie ich eigentlich angenommen hatte...

*

Gut, dass ich seit Tagen praktisch keinen Bissen mehr zu mir genommen hatte. Denn nun, im warmen Sonnenlicht badend, überkam mich wieder dieses bereits wohl bekannte Gefühl von Schwerelosigkeit. So als ob mein Körper gar nicht mehr existierte. Oft wünschte ich mir, es wäre endlich tatsächlich soweit...

*

Perfekt geschminkt posierte ich vor meinem Spiegel und tastete meine hervorstechenden Becken- und Rippenknochen ab. Wenn ich den Bauch richtig fest einzog, gelang es mir sogar beinahe, meine Taille mit beiden Händen zu umfassen. Alles an mir war so pur, so rein und hart. Kein wabbeliges Fett sollte jemals wieder meinen Körper verunstalten, niemals mehr Trägheit und faules Nichtstun meine Zeit in Anspruch nehmen...
Zufrieden lächelnd wollte ich mich wieder meinem Spiegelbild zuwenden. Doch das pure Entsetzen packte mich. Da war niemand mehr! Eilig versuchte ich mich zu bewegen, doch es ging nicht, es war nichts mehr da, das sich hätte in Bewegung setzen können. Wo war mein Leib geblieben, dem ich die ganze Zeit über so viel Aufmerksamkeit gewidmet hatte? Hatte ich mich zu guter Letzt für etwas abgemüht, das ich

ohnehin eines Tages aufgeben musste? Aber doch nicht jetzt, dazu war es doch noch viel zu früh! Das durfte einfach nicht wahr sein! Außer mir vor Zorn schrie ich den Spiegel an:
„Ich will meinen Körper wieder haben - sofort!“
Ich würde verrückt werden, wenn ich ihn nicht sofort wieder zurück bekäme. Was hatte denn das Leben sonst noch für einen Sinn? Eine eiskalte Woge ergoss sich über mich und zog mich hinein in spiegelnde Schwärze, in unendliche Finsternis. Eine Kälte, die ich noch nie zuvor in diesem Maße erfahren hatte, durchdrang mich und ließ keinen klaren Gedanken mehr zu. Als ob die Seele selbst zu gefrieren begann. Ich durfte sie nicht sterben lassen. Wenn ich schon nicht mehr im Besitz meines Körpers war, dann wollte ich wenigstens noch meine Seele retten. Ich sammelte meine Gedanken und versuchte an etwas besonders Schönes zu denken, das mir in meinem Leben widerfahren war... Stille. Nichts.
„Ich habe noch nie etwas wirklich Wundervolles erlebt!“, rief ich zitternd in den Raum. Meine Stimme verhallte ungehört und es blieb still. Totenstill. Immer intensiver fraß sich diese flirrende eiskalte Finsternis in mein Bewusstsein, Zentimeter um Zentimeter ergriff sie von mir Besitz und hielt mich in frostiger Umklammerung fest.
Wie konnte es sein, dass ich ohne einen Körper etwas empfinden konnte? Woher kamen meine Gedanken, wenn nicht aus meinem Kopf? Wer oder was war ich noch?
Hilfe! Ich wollte nicht verschwinden! Ich wollte da sein und mich selbst wieder spüren! Klar und deutlich erschien plötzlich ein winziger Lichtpunkt in der Finsternis, der mit rasender Geschwindigkeit auf mich zuflog. Irgendwie fesselte mich dieser Anblick und ich wusste, dass dies mein letzter Hoffnungsfunke war, der mich jetzt noch zu retten vermochte.
Würde meine Hoffnung stark genug sein? Die berstende Kälte lähmte mich noch immer, doch etwas hatte sich verändert. Irgendetwas war anders. Ich konnte es nicht in Worte fassen, doch bald schon spürte ich, wie etwas unvorstellbar Erhabenes, Liebevolles meine Seele durchflutete und die Dunkelheit und Kälte einfach verpuffen ließ. Von einem Moment auf den anderen war alles anders. Reines Bewusstsein. Nun wusste ich, dass ich in Wirklichkeit viel mehr sein musste, als das was ich sehen konnte.
Etwas Unvergängliches, Unbegreifliches, ein göttlicher Funke! Weit größer und wundervoller als nur ein Körper, der irgendwann einmal dazu verurteilt war, in der Erde zu verfaulen...

*

Träume.
„Was sind denn schon Träume? Lediglich meiner schillernden Phantasie entsprungene Ausgeburten, die wie die Märchenfiguren aus meinen Kinderbüchern des Nachts zum Leben erwachen? Wunschvorstellungen oder gar Hinweise, Hilfen oder gar Warnungen aus dem Jenseits? Gibt es die Dinge, die in der Phantasie existieren, nicht auch wirklich, irgendwo in einer anderen Welt? In einer Welt, in der alles möglich ist, sich die subtilsten Gefühlsregungen zu phantastischen Bildern verweben und die Seele sich entblößt?"

*

Meine Träume gestalteten sich oft als so real, dass sie mir entweder wahnsinnige Angst einjagen, oder aber große Freude schenken konnten. Manchmal auch beides gleichzeitig. So wie eben. Einen Sinn für außergewöhnliche, unerklärliche und geheimnisvolle Begebenheiten und alles was auch nur annähernd in diese Richtung ging, besaß ich ja schon immer. Oft hatte ich nachts alleine den Sternenhimmel betrachtet und mir ausgemalt, was wohl andere intelligente Wesen über die Menschen auf der Erde denken mochten.
„Möglicherweise leben sie schon viel fortschrittlicher als wir und sind schockiert, wenn sie sehen, wie rücksichtslos und kalt wir oft miteinander umgehen. Wir führen Kriege um uns gegenseitig zu zerstören und Kapital zu schlagen, anstatt miteinander etwas Lohnenswertes aufzubauen."
Ich schüttelte verständnislos den Kopf.
„Ignorieren wir nicht alle irgendwo unsere gegenwärtigen Probleme, im Großen wie auch im Kleinen?"
So wie es aussah, musste erst wieder eine riesige Katastrophe passieren, um die Menschen zur Besinnung kommen zu lassen.
„Ist es nicht seltsam, dass die Leute wirklich so dumm sein können und rein gar nichts begreifen?", überlegte ich. „Nun ja, ich selbst handle auch nicht immer so ganz korrekt und benehme mich

oft total daneben", musste ich nun beschämt und unangenehm berührt zugeben, als ich an all das dachte, was bisher bereits vorgefallen war...
„Wahrscheinlich muss selbst bei mir erst mal ein schwerwiegender Bruch entstehen, der alles für mich bisher Gültige über den Haufen wirft, um endlich frei zu sein, ich selbst zu sein."
Unweigerlich musste ich wieder an Jan denken und aus welchem Grund ich ihn nicht als Freund akzeptieren konnte, obwohl ich doch anfangs so sehr in ihn verliebt war und ihm sogar mein bedingungsloses Vertrauen entgegenbringen konnte. Zumindest glaubte ich bis dahin zu wissen, was Vertrauen hieß, doch ich selbst hatte mich in dieser Hinsicht wohl eines Besseren belehrt...
„Ist mein Motiv, das hinter dieser plötzlich so vehementen Ablehnung steht, wirklich so edel und unantastbar richtig? Oder begehe ich einen Riesenfehler, wenn ich mich weiterhin so kindisch benehme und ihn nicht mehr an mich heran lasse, aus Angst, er könne mein Gewicht und mein Aussehen und letztendlich auch mein Leben verändern? Könnte er es nicht auch positiv verändern? Fühlte ich mich denn nicht unendlich wohl und geborgen, wenn ich in seinen Armen lag?"
Andererseits hatte ich einmal beschlossen, zu meinen Entscheidungen zu stehen und wollte deswegen nicht mehr so schnell einen Zweifel daran aufsteigen lassen.
„Warum hast du nur solche Angst vor dir selbst, hast du mich denn so schnell wieder vergessen?"
Diese Frage kam ganz plötzlich und unerwartet durch das Gewirr meiner sich auf und ab bewegenden Gedankenflut hindurch gesickert und war eindeutig nicht meinem eigenen Kopf entsprungen. Oder doch? Auf keinen Fall konnte ich mit irgendeinem Menschen über meine angeborene Schizophrenie sprechen. Es gab möglicherweise auf dem ganzen Planeten kein einziges Wesen, mit dem ich all meine Geheimnisse, Sorgen und Nöte, wie auch meine geheimsten Wünsche, Träume, tiefsten Gedanken, Sehnsüchte und Gefühle tei-

len konnte. Und zum hundertsten Male flehte ich von ganzem Herzen nach einer verwandten Seele an meiner Seite.
„Warum muss ich denn so leiden, ist es denn noch immer nicht genug?“, fragte ich die Wölkchen, die am azurblauen Himmel vorüber zogen. Doch die blieben lieber stumm und glotzten mit ihren verschiedenartigen Gesichtern und frechen Grimassen von oben auf mich herab. Als wollten sie mich ärgern und damit zum Ausdruck bringen, dass ich die Antworten nicht immer bei anderen, sondern zur Abwechslung mal bei mir selbst suchen sollte. Vielleicht hatten sie ja Recht damit. Irgendwie fühlte ich mich kraftlos und schwach, überhaupt nicht mehr so leicht, beschwingt und schwerelos wie noch vor kurzem. Eher wie ein Häuflein Elend, das hier unten auf dem Steg herum vegetierte.
Alle Knochen taten mir weh, und ich beschloss mich endlich aufzuraffen und mich ins Haus zu verziehen. Im Ferienhaus hielt ich nach dem Rest der Familie Ausschau, doch seltsamerweise war niemand anzutreffen.
„...sind zum Essen in die Stadt gefahren...“

Ich zerknüllte den Zettel, der am Kühlschrank hing und warf ihn in den Papierkorb. War es reiner Sarkasmus, dass sie mir die Nachricht an den Kühlschrank pinnten? Ich vermutete es. Aber es war mir egal.
„Woher die nur gewusst haben, dass ich heute sowieso keinen Hunger habe?", scherzte ich mit mir selbst, denn ich wusste nur zu gut, dass sie von meinen fadenscheinigen Ausreden wie „ich habe schon gegessen", oder „ich hab jetzt keinen Appetit" längst pappsatt sein mussten...
Zu meinem eigenen Leidwesen schloss ich mich dadurch praktisch von vornherein von allem aus, was Genuss und Spaß bedeutete. Beim gemeinsamen Abendessen draußen auf der Terrasse wurden meist die wichtigsten Dinge für den nächsten Tag und die Erlebnisse des zu Ende gehenden Tages in fröhlicher Runde diskutiert. Es wurde gelacht, geredet und viel geschlemmt, während ich mich im Badezimmer einsperrte und mich mit Kraft zehrenden Gymnastikübungen abmühte. Oder mich stundenlang im Spiegel betrachtete. Oder mit der Rasierklinge ein kleines Zwiegespräch abhielt...
Mit jedem weiteren Tag, an dem ich mich selbst isolierte, glaubte ich zu spüren, wie mehr und mehr von meiner Lebensfreude versickerte wie Wasser in einem ausgetrockneten Flussbett. Doch ich hatte bereits gewählt. „Nur weg von den vielen Leckereien, sonst würden sie mich bloß noch dazu verführen, doch noch etwas davon gierig in mich hineinzuschlingen..."
Das war meist mein erster Gedanke, wenn ich es in Erwägung zog, mich vielleicht doch mit an den Tisch zu setzen. Mama warf mir oft flehende Blicke zu und Papa hatte es scheinbar schon lange aufgegeben irgendetwas zu sagen oder mich auch nur anzusehen. Allerdings empfand ich kein besonders behagliches Gefühl bei der ganzen Sache, denn ich konnte mir nur allzu gut vorstellen, was ich mir alles anhören musste, wenn wir erst wieder zu Hause waren...

*

Ich setzte mich hin und holte Papier und Bleistift hervor. Ich musste schreiben. Sofort. Doch das Papier vor mir war und blieb weiß und die Gedanken wollten einfach nicht fließen. Ständig kreisten sie darum, was bisher vorgefallen war und warum ich es mir immer wieder selbst verdarb, freundschaftliche Beziehungen zu meinen Mitmenschen aufzubauen. Sogar im Urlaub. Die Stille im Haus wurde mir unerträglich und ich machte mich daran, wieder nach Draußen zu gehen und das Schreiben auf einen günstigeren Zeitpunkt zu verschieben. Diesmal wollte ich nicht schon wieder runter auf den harten Steg. Das lange Liegen darauf hatte mir durch meine hervorstehenden Knochen Schmerzen verursacht.
So streifte ich im Garten umher und kam an jenem Geheimversteck vorbei, in dessen schützendem Schatten Jan und ich prickelnde Stunden verbracht hatten. Die Wunde brach wieder auf. Für einen kurzen Moment spürte ich abermals das scharfe Messer der Trennung in meinem Herzen.
„Wie schnell sich doch das Leben verändern kann... Warum gebe ich eigentlich für meinen Wahn nach und nach alles auf, was mir wirklich wichtig ist?"
Zum ersten Mal zweifelte ich ernsthaft an meinem Verstand und dem Sinn dieses ganzen Theaters, das ich mittlerweile seit gut einem halben Jahr veranstaltete. Aber gerade das gab doch meinem Leben, jetzt, da ich sowieso schon fast alles verloren hatte, noch einen Sinn.
„Wenn ich gelernt habe zu verzichten, wird alles andere wie von selbst zu mir kommen... Ich muss nur noch ein bisschen länger durchhalten, dann hab ich es bald geschafft..."
Wie konnte das denn zusammenpassen? Auf der einen Seite wollte ich Freundschaften knüpfen und auf der anderen tat ich alles, um erst gar keine entstehen zu lassen. Ich hatte bisher angenommen, wenn ich erst mal so viel abgenommen hätte,

bis ich mich selbst akzeptieren konnte, würden neue Freunde ganz von selbst auf mich zukommen, weil sie mich attraktiver und interessanter fänden als den Rest.
Doch genau das Gegenteil war bisher eingetreten. Alle wandten sich von mir ab und der einzige Zuspruch, den ich noch bekam, waren abfällige Bemerkungen oder mitleidige Blicke. Aus Angst davor und vor nervigen Fragen und Bemerkungen über meine Essgewohnheiten und meine Figur hielt ich dann alles, was mit Gesellschaft zu tun hatte, von mir fern, obwohl ich mir doch menschliche Nähe so sehr wünschte!
Es war ein Teufelskreis, denn sobald es mir voll bewusst war, was ich verursacht hatte, gesellte sich sofort der Gedanke hinzu, ich wäre noch immer nicht perfekt und akzeptabel genug, um mich als Freundin zu mögen. Erschwerend kam noch hinzu, dass ich es mir einfach nicht eingestehen konnte, dass ich auch nach so langer Zeit der Abstinenz immer noch Gelüste nach leckeren Naschereien hegte.
Manchmal, ganz heimlich, wenn niemand hinsah, biss ich ein winziges Stücken von der Schokolade ab oder kratzte eine Fingerspitze Sahne von der Torte...
Danach plagten mich dann stundenlange Schuld- und Angstgefühle, weil ich meinte, dies könnte meiner Figur schaden und vor allem, weil ich mich nicht an meine eigenen Regeln gehalten hatte. Dies war, wenn ich das alles nüchtern betrachtete, totaler Schwachsinn, doch immer wieder gewann dieses krankhafte Denken die Oberhand und es beherrschte mich Tag und Nacht.
Sogar in meinen Träumen. Ich konnte nichts dagegen tun...

*

Ich ließ mich am Fuße eines Baumes am äußeren Ende der duftenden Wiese nieder und heftete meinen Blick eine ganze Weile auf einen Zitronenfalter, der über die bunte Pracht gaukelte. Was für ein Geschenk, so etwas Schönes zu sehen! Das war es! Der Schmetterling war die Antwort!

*

Mein Geschenk

Glaubt ja nicht, dass ihr mich kennen würdet.
Ich bin nicht so wie ihr.
Glaubt ja nicht, ich würde auf eure Sachen abfahren,
weil sie mir nicht im Geringsten etwas bedeuten.
Ich weiß, ich bin auch nur ein Mensch - so wie ihr.
Doch die Farbe meiner Seele existiert nicht hier auf Erden und
den Duft meines Daseins schmeckt ihr nicht so,
so wie ich.
Wenn ich gehe, durch Wiesen und Wälder,
ich sage euch, mein Herz findet keine Worte,
für diese Symphonien aus Licht und Schatten, Farben,
Gerüchen, Klängen und verwobenen Erinnerungen.
Lange genug hab ich gezweifelt,
hab mich selbst zu etwas erniedrigt,
das meiner nicht würdig war.
Die Vergangenheit kehrt nie mehr wieder.
Ich bin jetzt frei - jeder Tag ist ein neuer Anfang.
Sagt mir nicht, ich wäre egoistisch,
wenn ich tue, was mir gefällt
und Worte spreche, die ihr nicht hören wollt.
Und auch wenn ich völlig allein dastehen würde
auf dieser Welt,
so habe ich noch immer mich selbst.
Was nützt mir euer aller Anerkennung,
wenn ich mich selbst hasse?
Ich möchte euch etwas schenken,
was euch niemand anderer geben kann.
Weil es das ist, wozu ich lebe.
Und nur ich allein vermag es euch zu geben.
Hier bin ich.
Ich offenbare euch all meine abgrundtiefen
düsternis-triefenden Eigenschaften,
damit ihr meine Metamorphose
von der wulstigen, dreckigen, vergifteten Raupe zum

schillernden gaukelnden glücklichen Schmetterling live
miterleben könnt.
Kommt her - wie schmeckt euch das?
Wie fühlt sich so was für euch an?
Mein Leben sei eures.
Das ist alles, was ich will.
Und nun - was ist euer Geschenk?

*

In solchen Momenten war mir durchaus bewusst, wie sehr ich meinen armen Körper und die Geduld meiner Eltern und Mitmenschen mit diesem Hungerstreik strapazierte. Doch andererseits empfand ich eine grässliche Wut auf alle, die mir vorschreiben wollten, was ich zu tun und wie viel ich zu essen hatte.
War ich am Ende wirklich nichts weiter als eine Suchende, ein sich verpuppender Schmetterling, der nur leben wollte, wenn andere ihn bewunderten? War tatsächlich nur das, was die Masse vorgab zu wissen, das einzig Richtige? Hing die Wahrheit wirklich nur davon ab, wie viele Menschen von etwas überzeugt waren? Oder scherte sie sich nicht um die Masse oder die Meinung der Menschen, sondern existierte auch ohne die Zugeständnisse derer, die sie als richtig oder falsch bewerteten?
„Die Wahrheit kümmert sich nicht darum, ob irgendjemand an sie glaubt. Sie existiert einfach. Ohne Raum und Zeit. Ohne den Drang, bestätigt zu werden. Ohne sich darum zu kümmern, ob sie auch wirklich von den Menschen beachtet wird. Die göttliche Wahrheit, die Wahrheit, die die individuelle Wahrheit jedes Einzelnen mit einschließt, ist nur für diejenigen zu erkennen, die keine Angst haben vor sich selbst und davor, dass das gewohnte Weltbild ins Wanken gerät..."
Irgendwann würde selbst ich wissen, wieso ich diesen schweren Weg gewählt hatte...

Kapitel 10
Ice Queen

Nun sollte eine Zeit beginnen, die sich mir besonders ins Gedächtnis einbrannte. Ich erinnere mich noch ganz genau...
Die letzten Ferientage versprachen ruhig auszuklingen. Nichts deutete auch nur im Geringsten darauf hin, dass ich mir bald wünschen würde, nie auch nur ein Milligramm abgenommen zu haben...
Natürlich konnte es auch gut möglich sein, dass ich damals die warnenden Signale einfach ignorierte, denn die Tatsache, dass ich noch immer nicht bereit war, mich meinen Ängsten und Problemen zu stellen, war schon alarmierend genug. Damals war ich allerdings nicht mehr sehr empfänglich für solch zarte Regungen, die schon im Voraus das drohende Unheil ankündigten...

*

Endlich war der Urlaub überstanden. Mit Jan wechselte ich auch am Tag der Abreise kein Wort, wir starrten uns nur mit versteinerten Gesichtern an. Mama hatte es aufgegeben, mit mir über meine schlechte Laune zu sprechen, denn ich blieb stumm wie ein Fisch und gab, wenn überhaupt, nur patzige Antworten. Die Stimmung in den letzten Tagen vor der Abreise war drückend und gespannt, aufgeladen wie vor einem Gewitter. Meine Eltern und die Estermanns bemühten sich um weiterhin freundliches Miteinander, doch irgendwie konnte man den Zwiespalt, der wegen mir herrschte, förmlich spüren...
Ich hatte einen unsichtbaren Keil zwischen beide Familien getrieben, hatte Zwietracht gesät und die Estermanns mit hineingezogen. So war die Abreise für alle wie eine Erlösung und der Abschied fiel auch dementsprechend aus. Eigentlich hätte ich so gerne mit Jan gesprochen, mich in seine Arme geworfen und ihm unter Tränen gestanden, dass all meine Abneigung und mein Hass gegen ihn nur gespielt waren. Ich wäre so gerne einfach zu meinen und Jans Eltern gegangen, um sie um Verzeihung zu bitten. Für all das, was ich falsch gemacht hatte. Für all das, was ich

niemals im Stande sein würde, auszusprechen... Lieber mimte ich die eiskalte Lady, die weder die Aufmerksamkeit noch die Liebe anderer Menschen nötig hatte.

So war es nicht verwunderlich, dass ich mich gleich, nachdem wir Zuhause angekommen waren, ins Badezimmer zurückzog. Wie hatte ich das vermisst! Als ich die digitalen Zahlen der Waage ablas, musste ich tief Luft holen. Der Urlaub war also doch ein wahrer Glücksfall gewesen! Jedenfalls was meine Ziele in Bezug auf mein Gewicht betraf! Voller Euphorie schlüpfte ich aus dem Badezimmer und trippelte leichtfüßig die Treppe zu meinem Zimmer hinauf. Das erste Mal seit fast zwei Wochen betrat ich wieder diesen vertrauten Raum, der mir jetzt sogar ein klein wenig fremd vorkam. Doch das war nach längerer Abwesenheit immer so. Außerdem hatte ich noch

nie so leicht das Zimmer betreten, im wortwörtlichen Sinne natürlich! Plötzlich bemerkte ich einen seltsamen Geruch, regelrecht abartig... Ich schnüffelte noch ein wenig herum, um ihn genauer definieren zu können und überlegte, woher er wohl rühren mochte, da trat Mama hinter mir ins Zimmer. Genervt fragte sie: „Noemi, kannst du uns denn nicht auch beim Ausladen helfen?"
„Ja, ja, ich komme ja gleich..."
Ich hoffte, sie würde wieder verschwinden. Doch zu spät. „Was riecht denn hier so merkwürdig? Hast du etwa vergessen, den Müll zu leeren, bevor wir gefahren sind?", wollte sie wissen. Und schon stand sie vor dem bis unter den Rand gefüllten Abfalleimer.
„Du hast ihn also tatsächlich vergessen! Dieser Gestank kommt genau da raus!", rief sie angewidert und warf mir einen vernichtenden Blick zu. Eine schreckliche Vorahnung beschlich mich.
„Lass das, Mama, ich leere den Müll gleich unten in die Tonne, du wirst doch nicht...!"
Die Worte blieben mir im Halse stecken, denn das, was sich nun offenbarte, war wirklich die Krönung aller zu überspielenden Peinlichkeiten... Unzählige Essensreste, wie etwa verfaultes Obst und angeschimmelte, mit stattlichen Gewächsen überwucherte Wurst- und Käsebrote türmten sich nun zu meinem Entsetzen zu einem unansehnlichen Haufen auf. Doch damit nicht genug. Sogar die Plastikbeutel mit dem jetzt nur noch zu erahnenden Inhalt unzähliger Mittagessen kamen wieder zum Vorschein. Das Blut schoss mir in den Kopf und trieb mir die Röte ins Gesicht. Beschämt wandte ich mich ab.
„Wie konnte ich nur...", fluchte ich leise vor mich hin.
„Wie konnte ich bloß so dumm sein, und annehmen, du würdest das alles in deinem Zimmer aufessen...!", stieß Mama hervor.
Das anfängliche Erstaunen meiner Mutter wich nun maßloser Wut.
„Bist du noch ganz bei Trost? Wieso machst du so

etwas?!", schrie sie mich an.
„Schau mich an, wenn ich mit dir rede, Noemi! Weißt du eigentlich, dass dein Verhalten bereits regelrecht krankhafte Züge angenommen hat? So kann das nicht mehr weitergehen!"
Jetzt war sie gar nicht mehr zu bremsen, so sauer war sie. „Du machst uns alle noch kaputt damit, wenn du so weiter machst! Du zerstörst nicht nur dein eigenes, sondern auch unser Leben! Ist es das, was du willst?"
Ich fragte mich gerade wo wohl Papa blieb, denn das Gezeter war unüberhörbar, doch das erübrigte sich wenige Sekunden später.
„Was ist denn hier schon wieder..."
Mein Vater brach mitten im Satz ab und blickte schockiert und mit zunehmend finsterer Miene zwischen Mama, mir und den gammligen Essensresten am Boden hin- und her. Der Gestank durchzog das ganze Zimmer mit einem Hauch von Fäulnis und irgendwie Tod...
„Ich hab`s dir ja gleich gesagt, dass wir andere Saiten bei ihr aufziehen müssen", platzte es aus ihm heraus.
„Da siehst du nun, was deine Gutmütigkeit bewirkt! Deine Tochter, sieh nur, was aus ihr geworden ist!"
Ich versuchte niemanden anzusehen und angestrengt an weiße Wölkchen und blaue Blümchen zu denken.
„Sie muss wirklich ernsthaft psychisch krank sein, Johannes!", stieß Mama den Tränen nahe hervor und rang nach Luft.
Wieso redeten die beiden überhaupt über mich als wäre ich nicht da? Vielleicht hatte ich mich tatsächlich schon in Luft aufgelöst? Papa legte Mama beruhigend die Hand auf die Schulter. Ich sank noch weiter auf meinem Bett zusammen und wagte nicht, auch nur einen Mucks von mir zu geben. Die blauen Blümchen lachten mich allesamt frech aus und die weißen Wölkchen verpufften einfach wie platzende Seifenblasen. Ungeheuerlich so etwas...

„Du bist die längste Zeit unsere Tochter gewesen, du brauchst von uns nichts mehr zu erwarten!"
Etwas brach für immer in mir zusammen. Mama schluchzte erschrocken auf. Wie konnte Papa nur so gemein sein und überhaupt so etwas aussprechen! Es klang in meinen Ohren wie ein böser Fluch. War ich denn wirklich solch eine Last, eine Plage, die es zu bekämpfen galt? War ich in den Augen meiner Eltern nur noch da, um ihnen das Leben mit meiner komischen krankhaften verantwortungslosen Art schwer zu machen? In mir wimmerte ein kleines Wesen laut um Hilfe. Es wollte endlich wieder freigelassen werden. Zu lange war es schon in diesem Verlies gefangen und in Ketten gelegt.
„Wir kümmern uns darum, dass du professionelle Hilfe bekommst!", sprach Papa nun mit etwas ruhigerem Ton weiter und sagte leise, aber immer noch laut genug, dass auch ich es hören konnte, zu Mama:
„Komm, wir lassen sie allein ihren Dreck aufräumen. Ich rufe derweil gleich diese psychiatrische Spezialklinik an, von der du mir erzählt hast!"
Sie ließen mich also tatsächlich einfach so sitzen in diesem Gestank, vor den „kümmerlichen Überresten meines Daseins..."
Was hatte Papa da gefaselt? Psychiatrie? Eine unheilvolle Vorahnung erfasste mich. Aber das konnten die sich sowieso gleich wieder abschminken. Ich würde niemals mitkommen. Lieber wollte ich in meinem Zimmer bleiben und nur noch an die Decke starren...
Mir wurde schwindlig, jedoch nicht nur vom Gestank der schimmligen Essensreste...

*

Nach diesem „ungemein duften Ereignis" verstrichen einige Tage, als wäre nichts Bahnbrechendes vorgefallen. Mama und Papa verhielten sich wie immer und wenn es dabei geblieben wäre, hätte ich noch ein-

mal souverän darüber hinweg gesehen und die ganze Sache einfach unter der Gedankenakte „peinliche und äußerst unangenehme Angelegenheiten, die schnellstmöglich wieder vergessen werden müssen", abgelegt. Und es sah auch so aus, als wäre die Schlacht endlich gewonnen, als hätte ich nun meinen Frieden und könnte in Ruhe hungern, bluten und mich selbst verzehren, während die Welt da draußen mich am Arsch lecken konnte...
Ich war gut im Verdrängen und Vergessen, vielleicht etwas zu gut. Denn sonst wäre ich nicht auf einen den urältesten aller Tricks reingefallen, den es gibt...

*

Genervt verdrehte ich die Augen. Wir rasten nun schon seit gut einer Stunde die Autobahn hinunter und allmählich wurde mir langweilig. Doch seltsamerweise war ich gar nicht mehr richtig in der Lage, auch nur einen einzigen klaren Gedanken zu fassen. Das war zwar schon seit geraumer Zeit so, doch es wurde von Tag zu Tag schlimmer. Ich konnte mich nicht mal mehr richtig darüber aufregen, dass ich mit meinen Eltern gutgläubig ins Auto gestiegen war, unter dem Vorbehalt dass das Ziel eine Überraschung sei! Normalerweise wäre ich unter solchen Umständen auf leisen Sohlen entschwunden und mit einem Rasiermesser in den Wald gelaufen.
Sie mussten also etwas im Schilde führen, das konnte gar nicht anders sein! Aber irgendwie war ich willenlos geworden und pflegte diese berühmt-berüchtigte „Ist-mir-doch-alles-scheiß-egal-Einstellung", die tatsächlich sehr angenehm war. Sollten sie doch fahren, wohin sie wollten, Hauptsache, sie ließen mich in Frieden und ich musste nichts von ihren dick mit Wurst und Käse belegten Brötchen essen, die sie im Gepäck hatten. Gedankenverloren zählte ich die Tage, bis ich die magische Grenze erreicht hatte. Meine Oberschenkel konnte ich bereits ohne Mühe mit beiden Händen umschließen.
„Wie schön ich doch bin!", triumphierte ich innerlich und streichelte mir mit den Fingern

zärtlich über mein hervorstehendes Schlüsselbein und meine Schulter-Knochen. Nichts machte mich glücklicher, euphorisierte mich mehr, als das Gefühl, meinen Erfolg richtig „spüren" zu können. Meine Eltern hatten längst keine Macht mehr über mich. Niemand hatte mehr Macht über mich und immer mehr machte sich bei mir der Gedanke breit, dass vielleicht nicht einmal mehr ich selbst Macht über mich besaß.

Wie gesagt, ich versuchte es. Doch immer öfter quälte mich das Gewissen, dass ich meine ganze Kraft, meine ganze Eigen-Macht an etwas abgetreten hatte, das sich zwar im ersten Moment wie ich selbst anfühlte, sich jedoch als etwas Fremdes, Dämonisches entpuppte, das sich meinen Willen zu nutze machte und mich zwang, Dinge zu tun, die mich selbst zerstörten. Es zwang mich in die Knie, versprach mir himmlische Freuden und unendliche Freiheit. Mit seinem zuckersüßen Stimmchen in meinem Kopf, so dunkel und hungrig nach Gefühlen, die ich längst vergessen hatte. Es war bereits zu spät. Wie ein bösartiges Geschwür fraß sich dieses namenlose Etwas, das Vergessen und die Gleichgültigkeit, in meine Seele. Ja, ich musste wirklich krank sein, doch was heisst denn schon „krank"? Hatte ich nicht selbst zu entscheiden, was für mich richtig war? Meine Schönheit musste bewahrt werden, war sie doch so zart und fragil wie eine Pusteblume. Alles wollten sie mir verderben, nur um wieder ein ganz gewöhnliches Mädchen aus mir zu machen. Aber nicht mit mir! Ich durfte nicht nachgeben. Niemals! Ich musste endgültig meine Schwäche besiegen und mein Herz mit einem Panzer aus undurchdringlichem Eis umschließen. ICE QUEEN.

*

Existieren

Okay, manchmal bin ich noch traurig.
Ich mache Fehler und benehme mich daneben.
Ich lüge und vermische Phantasie mit Wirklichkeit.
Manchmal hab ich das Gefühl,
dass ich mich nicht traue, so zu sein,
wie ich eigentlich tief in mir drin bin.
Ich fürchte mich vor dem wundervollen Wesen,
das da hinter der hübschen starren Maske wohnt,
habe Angst vor der Kraft, die es zu entfesseln fähig ist,
würde ich es endlich
heraus lassen aus seinem abgedunkelten Verlies...
Wieso?
Wozu diese Gefangenschaft?
Warum dieses Versteck spielen?
Das Suchen nach Schuldigen lässt nur Verlierer zurück.
Ich finde es auch allein.
Bald schmilzt das Eis und
ich werde das Wasser nicht auffangen.
Wenn die Zeit gekommen ist, kehrt es im Regen zurück.
Manche Wintermorgen sind so klar und frisch,
dass die Luft beim Atmen Schmerzen verursacht.
Schönheit und Schmerz -
beide sind Geschwister, die ihre Eltern,
das Mitgefühl und das Vertrauen vermissen.
Ich wage es nicht, mich über die Eisblumen an der

Fensterscheibe zu erheben.
Wer bin ich zu meinen,
ich wäre wertvoller für diese Welt als die Eisblumen?
Niemand.
Und wenn ich eines Morgens nicht mehr hier aufwache,
so wird das schon seine Richtigkeit haben.
Hast du schon einmal einen Frühling erlebt,
der ewig weilte?
Was bleibt zurück, wenn nichts mehr übrig ist
von einem Menschen?
Erinnerungen verblassen schnell.
Bücher können verstauben - aber sie verblassen nicht.
So möchte ich schreiben, euch teilhaben lassen an
einem kleinen Kapitel meines Daseins.
Das geschriebene Wort ist ein Artefakt,
ein multidimensionales Medium,
geboren aus den gestaltlosen Formen
tief wurzelnder Gedanken.
Nirgends kann Wissen besser gesammelt werden
als in einem guten Buch.
Ich weiß nicht, was meine Zukunft für mich bereithält.
Niemand weiß es.
Meine Lebensgeschichte wird zu einer von Milliarden.
Und alles was es wert war, diese Geschichte zu schreiben
ist nun bald nicht mehr von Bedeutung.
Der Sommer kommt daher,
als wolle er mit seinen Farben und Düften
eine neue Ära der Lebenskunst einläuten.
Und ich muss zugeben,
das Rot leuchtet diesmal irgendwie intensiver.
Und das Blau des Himmels zieht mich tiefer hinein.
Und das Grün erst,
das mich unter einem flüsternden Mantel beherbergt.
Um nichts auf der Welt
möchte ich Farben gegen Geld eintauschen!
Und Musik gegen Bewunderung!
Zu viele fristen schon ein graues Dasein
im Blendwerk falschen Stolzes.
Ich atme die Luft mit Begeisterung
und werde nicht aufhören damit,
bis ich selbst zum Atem werde,
zum Lufthauch, der durch deine Lungenflügel weht,

zum Farbtupfer in deiner gesprenkelten Iris,
zum melodischen Wispern der langen Schilfgräser...
Wenn die Tage vorüberziehen wie die Zugvögel in den Süden
und nichts mich mehr hier halten kann,
werde ich mich loslösen und mich treiben lassen.
Dorthin, wo das große Geheimnis
in der Stille zwischen den Sternen wohnt.
Ich werde fliegen und meine Seele wird singen.
Und alles was war wird hinweg gewischt werden.
Wie ein Wassertropfen auf deiner Stirn...

*

Ich starrte auf die vorüber ziehende Landschaft, die ich nur noch am Rande registrierte.
Leere. Gähnende Leere herrschte in meinem Kopf und in meinem Bauch und es fühlte sich an, als wäre dieser Zustand der Nullpunkt jener Existenz, die ohne Anfang und ohne Ende ist. Ich war erschöpft von der scheinbar nie endenden Fahrt und den letzten Tagen, in denen ich mich so exzessiv wie noch nie zuvor verausgabt hatte. Seit achteinhalb Tagen hatte ich keinen Bissen mehr zu mir genommen und lediglich ein paar Gläser Leitungswasser getrunken. Mein Magen hatte es schon längst aufgegeben zu rebellieren.
Zu diesem Zeitpunkt stellte jede äußere Tätigkeit eine Last für mich dar, die es loszuwerden galt, indem ich wieder zu dem wurde, was ich eigentlich schon immer war. Ein unsterbliches geistiges Wesen, das mit einem Körper nichts am Hut hatte. Ich wollte frei sein von allen irdischen Zwängen.
Nahrungsaufnahme, Ausscheidung, Fortpflanzung und all diese Laster. Ich empfand meinen Weg des endlosen Hungerns als eine Art Selbst-Einweihung in die Kraft und Magie des Geistes, der über das verderbliche Fleisch siegte. Wieder und immer wieder. Es war auch eine Prüfung, wie weit ich gehen konnte, bis ich an meine Grenzen stieß. Ich wusste, dass ich meine körperlichen Grenzen schon weit überschritten hatte, doch genau das

machte es ja so spannend und mich selbst so unglaublich stolz.
„Du musst dich schon noch etwas mehr anstrengen, du fette Kuh! Du musst schon etwas mehr Selbstbeherrschung üben, um von anderen beachtet und geliebt zu werden! Wie sollst du denn jemals neue Freunde finden, wenn du dich immer so anstellst, du elende nichtsnutzige Faulenzerin!", hörte ich den Fleisch fressenden Dämon in mir zetern.
„Hilfe! Ich kann nicht mehr, hör endlich auf, gib mich doch endlich frei! Ich kann nicht mehr, ich kann nicht mehr...!" Verebbende Schreie. Niemand vermochte mich zu hören. Herunter gedörrt bis auf die Knochen ging ich den steinigen Weg durch die Wüste meines Lebens und ließ alle stehen, die mir nicht folgen konnten. Meine Freunde. Meine Familie. Meine Mitmenschen. Letztendlich mich selbst?

*

In diesen Tagen hatte ich es auch geschafft, die magische Grenze zu durchbrechen!
„Wie weit kann man eigentlich abnehmen? Wann ist alles aufgebraucht, was der Körper an Energiereserven verbrennen kann?"
Das war eine gute Frage und ich war auf dem besten Wege, es an mir selbst zu testen.
Würde sich dieser wimmernde pochende schmutzige Körper dann vielleicht sogar selbst verzehren? Die Knochen, die Organe, die Muskeln, einfach alles würde zersetzt und in Energie umgewandelt werden? Dieser Gedanke rief ein merkwürdiges Gefühl von Ekel und gleichzeitiger Faszination in mir wach. „Ich will doch nur das überschüssige Fett loswerden, das noch immer an meinen Oberschenkeln klebt, ist denn das zu viel verlangt?", jammerte ich leise vor mich hin.
„Der Körper muss dem Geist gehorchen und nicht andersherum. Eines Tages werde ich vor die Türe treten, meine Arme ausbreiten und davonfliegen

wie ein Vogel. Leicht und frei und perfekt. Ich will einfach perfekt sein und mich nur noch gut fühlen. Ich will eine perfekte Seele, frei von allen irdischen Lastern..."
Allein dieser Glaube und der Wille durchzuhalten, veranlassten mich so aufrecht und stolz zu gehen, ermöglichten mir kilometerweites Laufen, ließen mich stundenlang anstrengende Gymnastikübungen vollbringen und hielten meinen ausgemergelten Körper am Leben.
Zumindest das, was noch davon übrig war...

Kapitel 11
Sternenschwester

Was meine Eltern und Geschwister in dieser Zeit durchmachten, was sie empfanden, wenn sie hilflos mein abgemagertes Skelett mit ansehen mussten, wie viele schlaflose Nächte sie durchstanden und wie viele Anti-Depressiva meine arme Mutter schlucken musste, das wagte ich mir noch nicht einmal jetzt, nach so vielen Jahren, auch nur ansatzweise auszumalen...

*

Inzwischen, oder sollte ich sagen zur gleichen Zeit, nur auf einer anderen Ebene, fand ich mich in heiterem Sonnenschein im Gras, irgendwo an einem kleinen Bach wieder, dessen Ufer sich ringsherum mit Erlen und Weiden schmückten. Ich hatte beschlossen, mir erstmal eine kleine Pause zu gönnen. Aus dem Camp hatte ich mich bereits in der anbrechenden Morgendämmerung heraus geschlichen. Vor allem punkto Tom dürfte es sich bei dieser Art von Abschied um die intelligentere Variante gehandelt haben, denn ich hatte wohl gemerkt, dass er mehr von mir wollte als nur reden...
Doch für Liebesgeschichten hatte ich zurzeit ganz und gar keinen Nerv und auch die drängende Aussprache mit meinen Eltern musste noch warten!
Ich hatte nämlich vor, mir auf jeden Fall soviel Zeit zu lassen, wie ich für den gedanklichen und seelischen Abschluss meiner Vergangenheit benötigen sollte. Danach würde ich mich auch innerlich nicht mehr so dagegen sträuben, dorthin zu fahren.
„Eigentlich hätte ich darauf auch schon früher kommen können", fand ich. Allerdings wäre ich dann wohl nie an diesem Lagerfeuer im Camp gesessen und hätte auch nie dieses phantastische Erlebnis gehabt, das mir immer noch im Kopf herumgeisterte und über das ich unbedingt noch mehr herausfinden wollte. Doch all das musste jetzt noch zurückgestellt werden.
Zuerst einmal musste die magere Substanz meiner Vergangenheit verarbeitet und restlos verdaut werden. Soviel wie in den letzten Tagen hatte ich noch nie über mich und mein Leben nachgedacht.
Bis ans Äußerste gehend und trotzdem noch die Kraft aufbringend mörderische Strapazen auf mich zu nehmen. So krass war ich. Ein bisschen bewunderte ich mich nun auch für diesen ei-

senharten Willen und das Durchhaltevermögen, das ich damals an den Tag legte. Genau das fehlte mir nämlich jetzt. Diese dumme Eigenart von mir, immer von einem Extrem ins andere zu verfallen, stach mir nun besonders ins Auge und ich begriff mit einem Mal, dass dies vielleicht auch der Schlüssel zum Erfolg war - wenn ich ihn diesmal richtig einzusetzen verstand.
Ich spürte, dass ich auf dem besten Weg war, mein Leben Schritt für Schritt wieder in den Griff zu bekommen. Allein der Entschluss an sich, mit meinen Eltern die längst überfällige Aussprache abzuhalten, gab mir neue Zuversicht. Endlich, nach so vielen Jahren, nach so unwahrscheinlich langer Zeit der stillen Enthaltsamkeit und Einsamkeit.
„Eigentlich ist alles ja gar nicht so schlimm“, kam es mir in den Sinn, als ich mich zufrieden im Gras ausstreckte, das sanfte Plätschern des Baches und das leise Rascheln der Blätter in den Ohren.
„Nichts ist verloren, ich kann alles machen, was ich will...!“
Ich genoss diesen sonnigen Tag und dass ich hier an diesem Ort verweilen durfte. Niemand war hier, der meine Ruhe hätte stören können. Nichts war da, was mich ablenken konnte. Überall herrschten Friede und Harmonie. Um mich herum, und vor allem auch - und das war in den letzten Jahren ziemlich selten der Fall - in mir.
Wie oft hatte ich mir als Kind gewünscht, einfach draußen in der Natur zu leben und mich von dem zu ernähren, was dort wuchs. Nichts war spannender gewesen, als den ganzen Tag im nahe gelegenen Wald zu verbringen oder am Bach zu spielen, der nicht weit entfernt von meinem Elternhaus lag. Stundenlang beschäftigte ich mich mit Blumen, Blättern und kleinen Stöcken, die in meiner Phantasie zum Leben erwachten und zu Feen, Elfen oder gefährlichen Monstern wurden. Natürlich hatte ich auch „normale Spielsachen“, wie zum Beispiel verschiedene Dinosaurierfiguren oder Stofftiere.
Die meisten gekauften Spielsachen jedoch waren mir zu künstlich, zu langweilig und starr. Kein Leben erfüllte sie, so wie die Dinge der Natur, die sich mit einem inneren Leuchten umgaben...

*

„Was war denn das eben?“
Von meinem friedlich dahinplätschernden Gedankenfluss inne haltend, spürte ich plötzliches Unbehagen aufflackern. Ein ei-

genartiges Gefühl schüttelte mich und zwang mich, aufzustehen und ins Wasser des Flusses zu blicken, in dem ich undeutlich und verschwommen die Konturen meines Spiegelbildes erkennen konnte.
Schlagartig wurde mir schwindlig und schnell schöpfte ich Wasser mit beiden Händen, um gierig zu trinken, denn mein Rachen fühlte sich an wie Schmirgelpapier. In meinen Ohren verfing sich ein Rauschen, als stünde ich in unmittelbarer Nähe eines Wasserfalls.
Gebannt blickte ich, wie von einer unsichtbaren Macht gehalten auf die Wasseroberfläche...

*

„Komm zu mir... komm, Hüterin des Waldes... Herrin der Nacht... Tochter der weißen Eule!“, erklang eine Stimme in meinem Kopf. Ich wusste nicht, wie mir geschah, ich versuchte mich gegen diese fremde Identität zu wehren, die von mir Besitz ergriff und sich wie eine Taucherglocke über mich stülpte...
„Ich bin Noemi! Noeeemiii Noooeee!“ Verzweifelt versuchte ich, diesem Zustand zu entrinnen, doch meine Stimme ging in den gurgelnden Strudeln des sich kräuselnden Wassers unter. Unsagbares Grauen und maßloses Entsetzen stürmten auf mich ein und schienen mich zerfetzen zu wollen, wie die Klauen eines wütenden Biestes. Irgendetwas gebot Einlass in mein Innerstes, etwas wollte von mir zugelassen, hereingelassen werden. Woher kam es? Kam es von Außen, oder aus mir selbst? Ich spürte, wie ich mich nicht mehr länger dieser körperlosen Begierde entziehen konnte, wie sie Stück für Stück Besitz ergriff und schließlich gnadenlos über mich kam.
„Aaahh!“
Mein angsterfüllter und zugleich nach Erlösung dürstender Schrei verebbte ungehört in der Dunkelheit. Mein Atem setzte aus, mein Herz stand für einen winzigen Moment lang still und gebettet auf silbernen Sternen sank ich in mich zusammen...
Als ich erwachte, nahm ich den Strom in dämmrigem Zwielicht wahr, und die gleiche Stimme wie zuvor befahl mir erneut, auf die schimmernde Wasseroberfläche zu blicken. Abermals gefror mir das Blut in den Adern. Ein finsteres und zugleich unmöglich schönes Weib blickte mir entgegen. Direkt in die Augen. Bis auf den tiefsten Grund meiner Seele hinab. Bis in den hintersten Winkel meines angsterfüllten sehnsuchtsschwangeren Herzens.
Ich wollte schreien. Ich wollte davonlaufen. Ich konnte nichts davon

tun. „Öffne dich, komm zu mir, hab keine Furcht, öffne dich mir ganz!“
Sie hatte so lange auf mich gewartet und jetzt war es soweit. Sie las in mir wie in einem offenen Buch.
Ich spürte den durchdringenden hypnotischen Blick dieser dunklen Schönheit. Doch meine Furcht war einem Gefühl grenzenloser Zuneigung gewichten, die durch mich hindurch strömte wie flüssige Seide. Und ich konnte meinen Blick nicht mehr von ihr wenden. Ich versank in ihren riesigen tiefschwarzen Augen, die auf eine Weise leuchteten, als glimme ein warmes funkelndes Feuer darin. Es gab nichts anderes mehr als ihre Augen, diese wundervollen schwarzen Augen...
„Sei ohne Sorge, mein suchendes Kind, dein Geist ist bei mir in Sicherheit!“
Seufzend ließ ich mich endlich in ihre offenen Arme fallen, die mich auffingen und tröstend umschlungen hielten. Von oben und aus weiter Ferne erblickte ich meinen Körper, am Flussufer liegend, während sich der andere Teil von mir in die säuselnden Lüfte erhob und gen Himmel flog. Zu den Sternen empor. Meiner wahren Heimat entgegen...

*

Wie lange ich dort oben mit ihr verweilte, vermochte ich hinterher nicht mehr zu sagen. Sie war wieder bei mir. Ich war wieder bei ihr. Endlich. Endlich erkannte ich sie wieder. Die schwarz-gefiederte Göttin.
Die dunkle Fee.
Sie hatte mich bereits unzählige Male begleitet, als ich noch ein kleines Kind war und auch damals, zuletzt vor vielen Jahren. Sie zeigte sich immer wieder anders, je nachdem, wie ich mich fühlte. Und jetzt war sie wieder da. Einfach so. Und das mit solcher Macht, dass mir sprichwörtlich die Sinne schwanden...

*

Ich erwachte in der Abenddämmerung.
Diesmal in der „wirklichen Welt“. Langsam öffnete ich die Augen, bemerkte meine schmerzenden Glieder und vernahm das Abendlied der Amsel, die sich hoch oben auf der Spitze eines frei stehenden Nadelbaumes platziert hatte. Benommen setzte ich mich auf, um meine Gedanken zu ordnen. Alles Erlebte wirk-

te wie ein fantastischer, jedoch unvorstellbar schöner Traum, aus dem ich am liebsten nie wieder aufgewacht wäre. Sie hatte mir versprochen zurück zu kommen, wenn ich meine Aufgaben erfüllt hätte und mit mir wieder im Reinen wäre.
„Du musst für dich selbst herausfinden, was das Leben dir sagen will. Du! Niemand anders kann dir das abnehmen. Nur du kannst die Erfahrungen sammeln, die du noch brauchst, um dich weiterzuentwickeln, Noemi! Ich kann dir nur dabei helfen und dich wieder zurück auf den richtigen Weg leiten - leben und entscheiden musst du selbst!“
An diese Worte konnte ich mich noch gut erinnern. Sie erfüllten mich mit großer Zuversicht und Mut. Auch kam es mir vor, als wäre ein lang verschütteter Kanal, der zu meinen Kindheitserinnerungen führte, endlich wieder freigelegt worden. Ja, ich erinnerte mich erstaunlicherweise an viele Episoden aus meinem Leben als kleines Kind zurück.
Zudem war ich gespannt, was wohl noch so alles unentdeckt in mir schlummerte und nun langsam wieder an die Oberfläche meines Bewusstseins trat.
„Waren nicht genau das ihre letzten Worte? Dass ich mich wieder an meine Kindheit erinnern sollte? Wie konnte ich nur so dumm sein und das alles so schnell wieder vergessen?“, fragte ich mich, enttäuscht über meine eigene Gleichgültigkeit, die nur zu gut unter Beweis stellte, dass es mir vor wenigen Jahren wirklich noch ziemlich egal gewesen sein musste, was aus mir und meinem weiteren Leben werden sollte.
Ich verstand nicht mehr, wie ich mich selbst so hängen lassen konnte, wie ich mich selbst so aufgeben konnte, ohne auch nur den leisesten Versuch zu starten, etwas zu verändern.
„Danke, dass du mich wieder nach Hause geholt hast, wenn auch nur für einen kurzen Augenblick“, flüsterte ich ehrfürchtig, die Augen in das tiefschichtige Indigo des aufziehenden Nachthimmels gerichtet, wohl wissend, dass sie meine Stimme hörte. Sie war immer da und niemals wirklich weg. Sternenglanz senkte sich gemächlich hernieder und die Grillen im Gras und in den Bäumen stimmten ihr beruhigendes allgegenwärtiges Zirpen an. Wider Erwarten gewann die Kälte der Nacht diesmal nicht die Oberhand und die Temperatur blieb angenehm.
Ich rollte mich unter einer Trauerweide zusammen, die mir mit ihren tief hängenden Ästen Zuflucht bot, kuschelte mich in meinen Pulli und fiel daraufhin in einen erschöpften aber zufriedenen Schlaf.

*

Er trug langes schwarzes Haar, das bereits von silbernen Strähnen durchzogen war. Sanftmütige schwarze Augen blickten mir aus einem gebräunten Gesicht entgegen. Ein unbeschreibliches Gefühl erfasste mich, das meinen Körper erzittern ließ und mir die Tränen in die Augen trieb.
Ich wusste nicht, woher er kam, fragte nicht nach und stellte auch sonst keine Fragen. Ich wusste es einfach. Und er wusste es auch. Wir spazierten Hand in Hand einen langen sonnendurchfluteten Weg entlang, der immer geradeaus, unter einem Kathedralen ähnlichen Gewölbe aus Blättern und Ästen verlief, das von den riesigen uralten Bäumen, die hier in der Allee wuchsen, gebildet wurde. Unter einem dieser Bäume blieben wir stehen und er sprach zu mir:
„Sieh dir diesen prächtigen Baum an! Er ist um vieles älter als wir beide zusammen. Er hat schon so vieles mit angesehen und erlebt und doch wird er von Jahr zu Jahr größer und stärker. Das gelingt ihm nur, weil er sich keine Sorgen um seine Zukunft, seine Existenz macht. Wozu auch? Er lebt doch jetzt und was die Zukunft bringt, würde er noch früh genug erfahren."
Wissbegierig lauschte ich seinen weisen Worten und er fuhr weiter fort:
„Stell dir vor, er würde plötzlich anfangen, sich Sorgen zu machen. Zum Beispiel, ob im nächsten Sommer genügend Regen fällt, ob er vielleicht in absehbarer Zeit gefällt wird oder ob ihn irgendwann einmal der Blitz trifft! Was würde geschehen? Aus dem einst so stolzen Baum würde ein vertrocknetes altes Gerippe werden, durch dessen kahle Wipfel der Wind pfeift. Und warum? Weil er durch das ganze Nachdenken und sich Sorgen machen keine Zeit mehr zum Wachsen hätte. Er wäre dem Tode geweiht, wenn er sich um die Zukunft sorgen und nicht einfach leben würde, jeden Augenblick auskostend und in sich selbst ruhend. Er kümmert sich nicht darum, was einmal sein könnte. Verstehst du das?"
Ich nickte und sein liebevoller Blick ruhte zufrieden auf mir.
„Genauso ist es mit uns Menschen. Sei wie dieser Baum, Noemi. Stolz und stark. Und hab Vertrauen ins Leben, dass es dich trägt, nährt und behütet. Auf diese Weise wirst du wachsen und groß werden. Jedes Jahr ein Stückchen mehr. Du wirst wachsen und dich verändern. In deinem Inneren, nicht nur äußerlich und du wirst nie Not leiden oder unglücklich sein, denn du lebst jetzt und hier, und das Leben selbst ist deine Versicherung, dass alles gut ist."
Ich trat nun ebenfalls näher an den knorrigen Stamm heran, um meine Hände behutsam auf die raue Rinde zu legen, genau so wie mein Be-

gleiter. Das Letzte was ich wahrnahm, war das fremdartige, aber doch so vertraute Gesicht dieses geheimnisvollen weisen Mannes und sein warmer liebevoller Blick, der mich mit einem lange vermissten Gefühl erfüllte...

*

Die ersten Sonnenstrahlen, die mich unter den hängenden Trauerweidenästen kitzelten, ließen mich sanft erwachen. Was für ein überaus symbolträchtiger Traum!
Ich hatte mich schon so oft gefragt, wo ich war, wenn ich träumte und mein Körper derweilen friedlich da lag. Wenn selbst Atome theoretisch immer und immer wieder aufs Neue gespalten werden konnten, dann kann die reine Existenz sich allemal tausendfach in immerzu neuen Formen ergießen...
„Einfach nicht mehr da sein. Das geht doch gar nicht, oder?“
Jedenfalls konnte ich mich nicht daran erinnern, wo ich mich befand, als ich noch ungeboren war. Die Seelen der Menschen mussten doch irgendwo ein Zuhause haben, in das sie immer wieder zurückkehren konnten, wenn sich ihre irdische Behausung, ihr Körper, durch den Alterungsprozess und dem damit verbundenen Verfall nicht mehr länger als bewohnbar erwies. Sie mussten doch dann irgendwohin gehen. Sich in Nichts auflösen, also einfach sterben und unwiederbringlich verschwunden sein, ist unmöglich. Soviel immerhin hatte ich bereits aus der Quantenphysik gelernt.
„Energie kann nicht verloren gehen, sie existiert einfach in einer anderen Form weiter...“
Diese Vorstellung gefiel mir, denn ich konnte und wollte mich einfach nicht damit abfinden, dass mit dem Tod alles aus war. Nur noch erdrückende Schwärze! Keine Erinnerungen! Ausradiert, als wären alle Mühen des Lebens von Vornherein ohne Bedeutung, weil sie keinen fortwährenden Bestand hatten!
Kein Sinn, kein Ziel - alles für immer verloren!
„Da kann ich sogar verstehen, weshalb so viele Menschen Angst vor dem Tod haben, wenn sie sich so etwas einreden. Aber woher sollen sie es denn auch besser wissen, heutzutage wird doch jeder gleich als esoterischer Überflieger abgetan, der mystische Erfahrungen in dieser Richtung gesammelt hat“.
Mit einem Mal verspürte ich das drängende Bedürfnis, allen Menschen zuzurufen: „Haltet ein mit Hast und Angst, ihr seid alle unsterblich! Das „Ewige Leben“ ist euch gewiss, tut, was

euch glücklich macht und nur noch das! Vertraut auf eure Träume, habt Mut sie zu leben! Lasst die Vergangenheit los, verzeiht allen, die euch nicht lieben konnten und liebt alle, die euch nicht verzeihen wollen! Jeder Mensch sehnt sich nach Freundschaft und Liebe. Die unbeantwortete Sehnsucht danach macht uns nur zu Monstern! Glücklich sein ist kein Privileg, es ist eine Entscheidung."
Allerdings war mir auch klar, dass es mir nichts brachte, Traumgespinsten hinterher zu jagen.
Das, was ich erfahren sollte, wusste ich jetzt und je mehr ich zu mir selbst zurückfand, umso klarer würde mir schließlich alles werden, und mein Leben alles andere als trostlos und langweilig. Ich vertraute jetzt einfach auf meine innere Führung, denn was hatte ich denn schon zu verlieren? Ich konnte nur noch etwas hinzugewinnen, wenn es auch nur die Erfahrung war, dass ich nie allein sein würde, egal, ob meine Eltern noch etwas mit mir zu tun haben wollten oder nicht. Mich überkam plötzlich eine leise Ahnung davon, noch so viele ungelöste Rätsel vor mir zu haben, dass ich gar nicht wusste, wo ich als erstes damit anfangen sollte. Das ganze Leben, die Menschen, die Tiere, das Universum und die Natur kamen mir wie ein riesengroßes, miteinander verwobenes Mysterium vor, ein ineinander verzahntes perfekt funktionierendes System, in dem alles vom anderen abhing und sich gegenseitig beeinflusste.
„Die Erde stellt einen riesigen schimmernden Samen des Universums dar, der vor Leben nur so strotzt. Sie dient den Lebewesen als die Grundlage allen Seins, das Fundament, auf dem wir alle getragen und genährt werden, von dem unsere sterblichen Überreste stammen, und in das sie auch wieder zurückkehren werden..."
Was war ich doch für eine Indianerseele!
„Bedauerlicherweise wird dieser Kreislauf nur allzu oft von Menschenhand unterbrochen", musste ich feststellen und ließ meine Blicke bewundernd zur Krone der Weide empor wandern, die sich über den kleinen Fluss hinweg bis hoch in den Himmel hinauf ausstreckte. Irgendwie war es mir ein Anliegen, mich für den Schutz und die Erhaltung der Natur einzusetzen. Die Natur hatte mir schon so oft Zuflucht und Trost geschenkt, und ich empfand es als eine längst überfällige Gegenleistung, endlich auch etwas zurückzugeben. Doch was? Was sollte ich schon ausrichten können?! Ich, als kleiner unbedeutender Mensch? Behutsam berührte ich den von Wind und Wetter gegerbten Stamm der

Weide mit beiden Händen, genauso wie ich es mit dem Baum in meinem Traum getan hatte und versuchte mich dadurch mit dem Geist dieses Baumes zu verbinden. Ich verscheuchte alle überflüssigen Gedanken aus meinem Kopf und konzentrierte mich nur noch auf die Empfindungen, die durch mich strömten und die leisen Regungen, die dadurch in meinem Herzen entstanden. Lange stand ich so da, versunken in tiefste Ruhe. Doch ein richtiges Gespür für den Baum wollte sich nicht einstellen. Geduldig harrte ich aus und versuchte mit dem Geist des Baumes eins zu werden, zu verschmelzen, auf dass er mir vielleicht eine neue Erkenntnis geben mochte. Leise begann ich in Gedanken mit seinem innewohnenden Wesen zu sprechen, es darum zu bitten, mit mir in Verbindung zu treten und mir zu zeigen, dass es wirklich da war. Ich erschrak nicht, als ich daraufhin ein elektrisierendes Prickeln in den Handflächen verspürte, das sich schnell über meinen ganzen Körper bis in die Zehenspitzen hinab ausbreitete. Ich vernahm keine Stimme, die zu mir sprach. Mit einer Gewissheit, die einer kleinen Erleuchtung gleichkam, wusste ich plötzlich, wie ich der Natur helfen konnte - es war so simpel, dass es schon wieder zu kompliziert war, um durch bloßes Denken drauf zu kommen! Am meisten half ich der Natur, indem ich mich mit ihr verband, mit ihr sprach und ihr meine Zuneigung entgegen brachte! Das war alles!
Ich stellte mir vor, wie Liebe in Form eines hellen warmen Lichtes aus meinem Herzen heraus, durch meine Arme in meine Hände und schließlich in das Innerste der Weide strömte. Mir war, als würde sich dieses alte Wesen darüber freuen, dass wenigstens einmal in seinem langen Holzleben jemand auftauchte, der ihm so viel Aufmerksamkeit schenkte. Auch ich war dankbar und glücklich für die Einsicht, die ich erlangt hatte und mir wurde bewusst, dass ich diese Freude und die Liebe, die ich mit dem Baumgeist teilte, mit allen Lebewesen teilen konnte, denn in Wahrheit war alles möglich und alles eins.
Nur so konnte sich überall Heilung und Liebe ausbreiten, um von Land zu Land, von Lebewesen zu Lebewesen weiter getragen zu werden und so schließlich die ganze Welt zu vernetzen.
„Ich, allein und isoliert, könnte wirklich nicht viel tun. Doch ich bin nicht allein und isoliert - ich bin online!“, schoss es mir durch den Kopf und ich musste unweigerlich lachen, weil ich hier in einem Natur-Internet verkehrte.
„Geist der Weide, ich danke dir von Herzen, lass uns gemeinsam weitertragen, was wir erfahren haben, damit das Leben zu

einem Freudentanz werde!"
Mit diesen Worten nahm ich Abschied vom alten Weiden-Geist. Ich ließ meine Hände langsam sinken und öffnete meine Augen. Erst jetzt bemerkte ich noch ein andere Empfindung. Ein Gefühl, das nur allzu menschlich war, und dem ich nun unbedingt nachgeben musste, auch wenn ich noch zu gerne in den neu erlebten Bildern schwelgen mochte...

*

Ungeduldig kramte ich in meinem Rucksack nach einem der beiden Äpfel, den ich noch übrig haben musste. Da war er ja! Hungrig grub ich meine Zähne hinein, ich hatte ja schon seit fast zwei Tagen nichts mehr gegessen und erst jetzt wurde mir das richtig bewusst.
Schon war der Apfel verschwunden. Doch auch er hatte das nagende Hungergefühl nicht stillen können. Im Gegenteil. Es rumorte jetzt sogar noch stärker als zuvor in meinem Bauch.
„Ich muss dringend irgendwo was zu Essen kaufen, hungern ist nicht mehr so mein Ding", sprach ich zu mir selbst, als ich nach etwas Kleingeld in meinen Hosentaschen und den Fächern meines Rucksacks kramte. Andächtig nahm ich Abschied von diesem schönen Ort und bewegte mich, mein Rad neben mir herschiebend, auf den nächstbesten Weg zu, der mich zur nahe gelegenen Stadt führen sollte. Dort wollte ich mir einen kleinen Imbiss kaufen und dann weiterfahren. Schließlich war es heute noch früh genug, um meine lange Geschichte der Magersucht in Ruhe zu Ende gehen zu lassen und mich an restlos alles, was ich noch wusste, zurückzuerinnern.
Nur so würde es mir gelingen, innerlich endlich mit Allem abzuschließen, mich selbst frei zu sprechen und ganz neu zu beginnen. Ohne ein schlechtes Gewissen zu haben, dass ich etwas verdrängt hätte. Nichts fiel mir schwerer als mir das, was bis jetzt noch sorgfältig in einer dunklen Ecke meiner Seele verstaut lag, hervor zu holen und anzusehen.
Doch ein Zurück gab es schon lange nicht mehr und ich schwang mich auf mein Rad, um Kurs auf die Stadt zu nehmen, deren klare Umrisse sich in einiger Entfernung deutlich vor mir abzeichneten...

Kapitel 12
Erdbeermarmelade durch die Nase

„So, da wären wir also! Noe, ich bitte dich, verhalte dich einfach ganz normal und mach nicht wieder einen Aufstand, ok?! Haaallooo...! Hörst du mich...? Noooeee...!"
War da irgendwas? Tief in Gedanken versunken starrte ich aus dem Fenster und hatte weder registriert, dass wir angehalten hatten, noch, dass ich angesprochen wurde. Meine Augen blickten ins Leere, starrten durch alles hindurch, waren zu müde, noch etwas wahrzunehmen. Flirren und Pochen in meinem Kopf. Die äußere Welt verzerrte sich und zeigte sich mir so verschwommen wie ein flackernder Lichtreflex auf einer bewegten Wasseroberfläche.
Am liebsten wäre ich völlig dort hinunter getaucht, hinter diesen schweren grauen Schleier, hätte mich zu einer kleinen Kugel zusammengerollt und im Schutze der Dunkelheit wie ein Samenkorn auf den anbrechenden Frühling gewartet...
„Noe, was ist los mit dir, träumst du schon wieder?", schrillte Mamas Stimme direkt neben mir, die mich nun unsanft aufschrecken, und - zumindest zum Teil - wieder in die normale Welt hinüber gleiten ließ.
„Mama? Lass doch das Geschrei!", antwortete ich Zeit verzögert und musste gleichzeitig feststellen, wie anstrengend es für mich war, diese Worte über die Lippen zu bringen. Ich fühlte mich doch so unendlich müde... Mamas Blick streifte mich mit einer Mischung aus Mitleid und Ärger. Papa, der wohl ohne dass ich es bemerkt hatte ausgestiegen war, kehrte gerade zurück zum Auto. Er wedelte mit einem gelben Zettel und sagte, dass wir nun einfahren könnten. Ein flaues Gefühl breitete sich in meiner Magengegend aus, als ich das große graue Gebäude mit den vielen Fenstern vor mir erblickte. Wir parkten und meine Eltern sprachen kein Wort mehr. Erst als mir Papa die

Tür aufmachte, sagte er: „Sieht doch ganz nett aus hier, nicht wahr?" Ich konnte es nicht fassen.
„Es ist grauenhaft! Wo sind wir und warum habt ihr mich hierher gebracht? Sagt mir doch bitte endlich, was hier los ist!"
Doch meine Fragen verloren sich unbeantwortet im unüberbrückbaren Abgrund, der unsichtbar, aber gut spürbar zwischen meinen Eltern und mir klaffte und schon drehten sie ihre Köpfte in eine andere Richtung.
„Da kommt er ja, das ist er bestimmt!", hörte ich Mama aufgeregt sprechen und ich sah einen großen bärtigen Mann in weißer Arztkleidung auf uns zueilen. Erschrocken drehte ich mich um und suchte eine Möglichkeit, mich irgendwo zu verstecken, irgendwie hier wegzukommen. Doch das erwies sich als genauso lächerlich, wie aussichtslos. Noch ehe ich mich versah, stand er vor mir und streckte mir seine riesige Pranke entgegen. Was wollten die eigentlich alle von mir? Dieser Mann war ein Hüne und er flößte mir mit seiner Größe einen gewissen Respekt ein, den ich für gewöhnlich niemandem so ohne Weiteres entgegen brachte. „Hallo, du musst Noemi sein", begrüßte er mich mit ernstem Gesicht und ich spürte für einen kurzen Augenblick meine kleine dürre knochige Hand in seinen großen Klauen ruhen, die beim Händedruck meine ganze Hand in sich verschwinden ließen.
„So schwach und gebrechlich wie von einer alten Frau...", schoss es mir durch den Kopf. Als ob dies auch seine Gedanken gewesen wären, die ich da aufgeschnappt hatte, ließ der Arzt mit einem seltsamen Gesichtsausdruck schnell wieder meine Hand los.
„Wir würden dich gerne mal mit ins Haus nehmen, um dich zu untersuchen. Du hast doch sicher nichts gegen eine kleine Routine-Untersuchung, nicht wahr?", sprach er ruhig, schien aber gar nicht auf eine Zustimmung meinerseits zu warten, sondern schob mich einfach vor sich her, immerzu

Richtung Eingang des großen grauen Gebäudes.
„Mama, Papa, habt ihr mich deshalb hierher gebracht, um mich untersuchen zu lassen?", wandte ich mich ärgerlich an meine Eltern, die neben mir herliefen und ihr angestrengt fröhliches Gesicht aufgesetzt hatten.
„Das ist doch jetzt nicht weiter tragisch, Noemi", antwortete Mama.
„Du wirst nur kurz durchgecheckt, ob mit dir noch alles in Ordnung ist."
Ihre Augen logen. Das blanke Entsetzen packte mich, als wir die engen Korridore dieses „Hauses" betraten, die einen Block mit dem anderen verbanden. Wenn ich mir auch nur vorstellte, hier arbeiten oder gar als Patient allein umher irren zu müssen, bekam ich schon Zustände. Wir schienen Ewigkeiten in den Gängen herumzuwandern und ich wünschte mir, dass das alles schnell wieder ein Ende nehmen würde, dass ich bald wieder zu Hause in meinem Bett liegen und vor mich hinträumen könnte... Endlich blieb der Arzt, der sich zuvor noch als Herr Dr. Samuel Thannhäusser vorgestellt hatte, vor einer Tür stehen, die genauso langweilig wie all die anderen Türen in diesem grell-grauen, mit Neonröhren ausgeleuchteten Korridor aussahen. Wir betraten den Raum und er bat meine Eltern, draußen Platz zu nehmen.
„Nur keine Angst, es ist wirklich nichts Schlimmes! Ich verspreche dir, du wirst lebend wieder hier raus kommen!", versuchte er die Stimmung etwas aufzulockern und verlangte von mir, mich bis auf die Unterwäsche zu entkleiden. Seufzend machte ich mit.
„Umso weniger ich mich sträube, desto schneller sind wir wieder damit fertig", beschloss ich und legte mich danach wie angewiesen auf die Liege, um mich zuerst einmal abhorchen zu lassen. Außerdem tastete er meine Nieren, meinen Magen und sämtliche andere Organe und Körperteile ab. Er horchte nach dem Klopfen meines Herzens und dem Rhythmus meines Atems, er leuchtete mir mit

einer kleinen Lampe in den Augen herum, und verlangte, gerade auf einer erdachten Linie entlangzulaufen und auf einem Bein zu stehen...
All seine daraus gewonnenen Erkenntnisse kritzelte er in ein kleines Notizbuch, das er neben sich ausgebreitet hatte.
„Was zum Teufel soll der ganze Aufwand, hoffentlich sind wir jetzt bald mal fertig mit dieser dämlichen Untersuchung!", regte ich mich insgeheim darüber auf, dass sich diese Tortur mittlerweile in die Länge zog wie ein Kaugummi.
Als ich nun beim fünfundzwanzigsten bunten Bild, dessen Farbe ich richtig erkennen sollte, angekommen war, riss mir der Geduldsfaden.
„Ich bin doch nicht farbenblind!", zischte ich wütend.
„Und außerdem bin ich jetzt nicht mehr länger bereit, bei diesem ganzen Quatsch hier auch nur eine Sekunde länger mitzumachen, verarschen kann ich mich selbst. Vielen Dank!" Mit diesen Worten fuhr ich energisch hoch und wollte in Richtung Tür. Doch weit kam ich nicht. Irgendetwas Seltsames ging vor sich.
„Hilfe, was ist denn nun schon wieder los?... Wieso ist es hier plötzlich so...!"

*

Meine gute alte Freundin, die wispernde schwarz geflügelte Fee zog mich mit sich und endlich war ich wieder von allem befreit. Von lästigen Untersuchungen und Ärzten, von meinen eigenen quälenden Gedanken, von all den Sorgen, die mich ununterbrochen plagten...
Von weit her bemerkte ich ein helles Licht, so stark, als wäre es aus hundert Sonnen zusammengesetzt. Ein unbeschreibliches Glücksgefühl ergriff von mir Besitz. Es gab nur noch mich, dieses Licht und den überirdisch starken Wunsch, eins mit dieser Quelle aller Glückseligkeit zu werden. Mein kleines beschränktes Selbst aufzugeben und damit zu verschmelzen war mein einziges Begehren. Engelschöre sangen, sphärische Klänge durchzogen den sich in alle Dimensionen erstreckenden Raum... Ich spürte, dass etwas an meiner Seite war. Es fühlte sich wie eine liebevolle, starke Kraft an, die mich schützend begleitete und mich in einen Mantel aus Geborgenheit hüllte.

Ich konnte diese Anwesenheit ganz deutlich fühlen. Mein Engel, der mich ins Licht führte? Doch bevor ich richtig begriff, was es war, verschwand das verführerische Licht wieder aus meiner Nähe, entfernte sich immer weiter von mir, die wundervollen Klänge verebbten und erneut umschloss mich die Finsternis...

Vergeblich versuchte ich gegen den immer stärker werdenden Sog anzukämpfen, der mich mit sich zu reißen drohte.
„Du musst wieder zurück, Noemi, du hast deinen Auftrag noch nicht erfüllt!“, erklang eine helle Stimme in meinen Ohren.
„Bitte nicht!“, flehte ich.
„Bitte lasst mich bei euch bleiben, ich will nicht mehr zurück!“
„Du musst dich deinen Aufgaben im Leben stellen, Noemi, doch hab keine Angst, wir helfen und beschützen dich auf all deinen Wegen... Wir haben dich dein ganzes Leben lang noch keine Sekunde alleine gelassen!“
„Ich kann nicht mehr, ich kann nicht mehr!“, rief ich verzweifelt...
„Doch, du kannst, du sollst noch nicht gehen, deine Zeit ist noch nicht gekommen, erfülle deinen Auftrag... Rasend schnell zog es mich zurück, immer tiefer in ein schwarzes wirbelndes Etwas hinein.
„Nein, ich will nicht zurück! Nein! Neeeiiin!“
Es hatte keinen Sinn, es fühlte sich an wie ein Fallen aus großer Höhe und all meine Anstrengungen führten dazu, dass es mich nur noch schneller hinunter zog. Immer weiter hinein in diesen riesigen rotierenden Schlund...

*

Blendend helles Sonnenlicht. Vogelgezwitscher. Eine große weiße Decke. Bunte Blumen in einer blauen Vase mit weißen Tupfen. Ein pumpendes röchelndes Geräusch. Wohlige Schläfrigkeit... Halt. Nochmal zurück! Ein pumpendes Geräusch. Ein pumpendes röchelndes Geräusch!? Mein Blutdruck schnellte hoch und mit rasendem Herzen erwachte ich aus meiner todesähnlichen Ohnmacht, ohne einen blassen Schimmer, wo ich gerade war und was geschehen war. Allmählich begannen die Erinnerungen zurück in mein Bewusstsein zu tröpfeln und mit einem Schlag war ich wieder voll da. Erst jetzt registriere ich auch, wo ich mich befand.

Ich lag in einem Krankenbett und trug so ein

komisches weißes Nachthemd, wie die Leute in den altmodischen Filmen. Mit einem Satz wollte ich aus dem Bett springen.
„Auaaa...!" Ein heftiger Schmerz in der Nase riss mich zurück.
„Das kann doch wohl alles nur ein schlechter Scherz sein! Daher also das seltsame Pump-Geräusch, das mir vorhin schon aufgefallen ist!", durchzuckte es mich, erfüllt von Ekel und Entsetzen.
In meiner Nase steckte, wie ich voller Panik feststellte, ein langer Plastikschlauch, auch genannt Sonde, die durch meinen Rachen bis hinunter in meinen Magen führte. Diese Sonde war mit einer Maschine verbunden, die mir, aus einem dort aufgehängten Beutel, eine milchige Nähr-Flüssigkeit direkt in meinen Magen beförderte...
„Das können die doch mit mir nicht machen, ich lass mich doch nicht von einem daher gelaufenen Arzt mit so einem ekligen Brei voll pumpen, bis ich am Ende aussehe wie eine gemästete Weihnachtsgans!"
Jetzt schlug meine Panik in kochende Wut um.
„Wie soll ich hier wieder raus kommen, und wo verdammt, sind überhaupt meine Eltern?"
Jetzt wurde mir alles zu viel. Ich löste die Verbindungsstelle der Sonde von der Maschine. Ein kurzer heftiger Ruck und es war geschehen. Es fühlte sich an, als zöge ich eine lange schlüpfrige Schlange durch meinen Rachen. Ich atmete schwer und mein Herz trommelte wie wild gegen meine Rippen, als ich das von meinem eigenen Rachen- und Nasenschleim triefende Ding, angewidert auf den Fußboden schleuderte.
„Wo... Wo sind meine Klamotten?!"
Mit fiebrigem Blick suchte ich das Zimmer ab. Ich musste so schnell wie möglich wieder hier weg. Egal wie, egal wohin - nur fort aus diesem Irrenhaus! Gott sei Dank - da lagen sie ja! Eilig zerrte ich mir das Nachthemd vom Leib und schlüpfte in meine alten Sachen zurück.

„Wie haben die mir eigentlich so schnell diese Sonde gelegt, ohne dass ich etwas davon gespürt habe?", wunderte ich mich, als ich meine Schuhe anzog und gleich darauf fertig zum Aufbruch war. Da öffnete sich plötzlich die Tür. Damit hatte ich nicht gerechnet.
Erschrocken richtete sich mein Blick auf den Arzt, meine Eltern und eine Krankenschwester, die gerade den Raum betraten. Das Geplapper der Krankenschwester verstummte abrupt und alle starrten mich fassungslos an.
„Um Gottes Willen, Noemi, was tust du denn da?", japste Mama mit weit aufgerissenen Augen und der Arzt und die Schwester kamen mit schnellen Schritten auf mich zu.
„Aber ich..."
„Na, so geht's aber nicht, mein Fräulein!", schnitt mir der Doktor mit scharfem Ton das Wort ab.
„Du kannst dir doch nicht einfach selbst die Sonde ziehen!", entsetzte sich die Schwester und schaltete schnell das Gerät ab, das noch immer munter seinen Brei hervorspuckte, der nun bereits eine beachtliche Pfütze auf dem Fußboden gebildet hatte...
„Komm mit, wir reden jetzt mal in Ruhe und ganz offen miteinander!", wandte sich Dr. Thannhäusser nun in etwas freundlicherem Ton an mich und bugsierte uns kurzerhand in sein Sprechzimmer. Die Schwester blieb zähneknirschend im Zimmer zurück, um meine Sauerei wieder zu beseitigen...
Noch ehe irgendjemand zu Wort kommen oder auch nur Platz nehmen konnte, brüllte ich meine Eltern an:
„Wie könnt ihr mich einfach hierher bringen und zulassen, dass ich mit so einem Ding im Magen in ein Krankenbett verfrachtet werde - einfach so! Wie könnt ihr mir so etwas Hinterhältiges antun, ihr habt doch schon von Anfang an gewusst, was mich erwarten wird, oder!?"
Meine Stimme überschlug sich fast, so hart traf mich der schmerzhafte Hieb der Enttäuschung. Be-

sonders von Mama hatte ich so etwas nicht erwartet.
„Wir wussten uns einfach nicht mehr anders zu helfen, Noemi! Wir haben doch solche Angst um dich, dass du dich eines Tages zu Tode hungerst!“, fing Mama an und ich sah, wie eine Träne über ihre Wange kullerte.
„Das war auch ganz und gar richtig, wie Sie gehandelt haben!“, ergriff nun Dr. Thannhäuser das Wort.
„Wir können von Glück reden, dass Noemi jetzt hier ist. Ihre Tochter befindet sich in einem akut lebensbedrohlichen Zustand, und muss dringend professionelle ärztliche und psychotherapeutische Hilfe in Anspruch nehmen!“
Ich blickte ihn irritiert an. So etwas hatte ich doch schon mal von jemandem gehört.
Jan! Jetzt erinnerte ich mich wieder daran, was er mir damals, vor noch gar nicht allzu langer Zeit, im Urlaub prophezeit hatte. Doch ich hatte das ja für völlig übertrieben und weit her geholt gehalten.
„Verstehst du das, Noemi, du musst nun wieder lernen, dich vernünftig zu ernähren und Verantwortung für dich zu übernehmen, sonst kann das alles böse enden, so hart es auch klingen mag“, fuhr Dr. Thannhäusser nun an mich gewandt fort.
„Ich fühle mich aber gut, und zwangsernährt will ich auch nicht werden!“, stieß ich aufgebracht hervor.
„Das muss leider sein, in deinem jetzigen Zustand wärest du nämlich nicht in der Lage, die Mengen an Essen zu dir zu nehmen, die du bräuchtest, um wieder zuzunehmen. Du kannst in diesem Stadium gar nicht mehr so viel essen, dein Magen muss nach dieser langen Zeit des Hungerns erst wieder an richtige Mahlzeiten gewöhnt werden!“, erklärte Dr. Thanhäusser ernst.
„Aber ich will überhaupt nicht zunehmen! Ich will so bleiben wie ich bin und endlich in Ruhe gelassen werden! Außerdem kann ich auch ganz normal essen, wenn ich will!“, versuchte ich ihm

begreiflich zu machen. Doch dieser Schwachkopf von Doktor hörte erst gar nicht hin.
„Versteh doch, Kind, du bist so abgemagert und schwach, dass du froh sein kannst, heute noch zu leben und dass wir dich hierher gebracht haben, um dir endlich zu helfen!", redete Papa nun auch noch auf mich ein.
„Ihr wollt mich also wirklich hier zurücklassen, mit einer Sonde im Hals, hier in diesem gottverdammten trostlosen Betonklotz! Meint ihr, das gibt mir neue Kraft?!"
Ich konnte es einfach nicht glauben, doch innerlich hatte ich den Kampf schon längst aufgegeben. Es war nur noch meine äußere Fassade, mein mich quälendes kleines Ich, das sich da so heftig zur Wehr setzte, meine dämonische, schwarze Seite in mir, die ihre letzten verzweifelten Versuche startete, doch noch irgendwie ungeschoren davon zu kommen.
„Wir werden dir deine persönlichen Sachen morgen vorbei bringen und dich so oft wie möglich besuchen!", mischte sich Mamas Tränen erstickte Stimme in die enge wolkenverhangene Schlucht meines in sich zusammenbrechenden Widerstandes. Anscheinend war es für sie nun doch irgendwie schwer, mich hier zurückzulassen. Papa zeigte keine Regung irgendeines Gefühls. Dafür hasste ich ihn in diesem Moment. „Wie lange muss ich hier bleiben?", fragte ich mit monotoner Stimme in die nun entstandene Stille hinein. „Darüber kann ich nichts Genaues sagen, aber du solltest dich mindestens auf ein paar Wochen einstellen, kommt ganz auf deine Gewichtszunahme und deine Verfassung an!", bekam ich zur Antwort.
Ich war verärgert.
„Was heißt ein paar Wochen? Können Sie denn keine klare Auskunft geben?"
Und als ob es eine besondere Auszeichnung für mich wäre, sagte Dr. Thannhäusser:
„Du bist hier bestens aufgehoben. Mach dir mal keine unnötigen Sorgen. Du bist ja hier nicht die einzige Magersüchtige, es sind noch

viele andere Leidensgenossinnen hier, mit denen du dich austauschen kannst. Du bekommst verschiedene Therapien und besuchst einen Gesprächskreis - du wirst sehen, die Zeit vergeht hier wie im Flug..."
Gänzlich all meiner Kräfte und meines Willens beraubt, sank ich auf dem Stuhl in mich zusammen. Ich war gefangen. Ein Vögelchen im gezuckerten Käfig, unfähig etwas dagegen zu tun...
All meine Macht, die ich in den letzten Monaten und Tagen über meinen Körper durch meinen Geist erlangt und ausgeübt hatte, schien nun von mir abzubröckeln wie die Schokoglasur auf einem nicht gegessenen Stück Kuchen. Nichts von alldem, was ich mir ausgedacht hatte, war eingetreten! Ich hatte meine Ziele nicht erreicht und mein Gewicht würde sich in den nächsten Monaten hier nur noch stetig aufwärts bewegen...
All meine Mühen und meine Anstrengungen, immer weiter auf der Gewichtsskala nach unten zu gelangen, waren von Anfang an zum Scheitern verurteilt gewesen, waren dazu verdammt, am Ende doch wieder zunichte gemacht zu werden. Mir graute vor dieser schrecklichen Sonde, vor diesem schleimigen Brei und vor dieser Klinik.
Vor allem aber peinigten mich die Ängste, hier dick und kugelrund gemästet zu werden, bis ich nur noch ein unansehnlicher Kloß war, der dann zwar rein äußerlich wieder „gesund" war, sich jedoch innerlich vor Scham und Wut selbst verzehrte...

*

Gefangen. Waberndes graues Zwielicht umgab mich und ein beißender Gestank erfüllte die Luft. Ich stand wie fest geschmiedet inmitten meiner quadratischen Zelle. Selbst wenn es mir möglich gewesen wäre einen einzigen Schritt zu gehen, hätte ich es nicht getan.
Von der Decke hingen große triefende Schleimbeutel herab, die überall gelbgrüne zähe Tropfen auf dem Boden hinterließen... Nur zu gut wusste ich, was geschehen würde, wenn diese Dinger aufplatzten...
Schritte... die Zelle wurde aufgeschossen, und für einen kurzen Augen-

blick erhaschte ich die hellen Sonnenstrahlen, die sich durch den Spalt der geöffneten Tür ergossen. Vor mir stand die Wächterin der Finsternis, die Ausgeburt der Hölle.
Anstelle ihrer Augen prangten zwei tiefe schwarze Löcher in ihrem Schädel, der von einer dünnen pergamentartigen Haut überspannt wurde. Als sie ihren Mund öffnete, bemerkte ich ihre riesigen messerscharfen Schneide- und Eckzähne, die sich wie Dolche mühelos in alles lebendige Fleisch graben konnten. Mit jedem Schritt, den sie näher kam, krachten ihre Knochen und der lange Schwanz hinter ihr, der aussah wie die Verlängerung ihrer Wirbelsäule, wippte von einer Seite auf die andere. Ihr durchdringender finsterer Blick bohrte sich in meine Augen. Ich konnte mich nicht rühren, auch nicht schreien.
Meine Stimme versagte mir ihren Dienst und meine Arme und Beine lagen in unsichtbaren Ketten, die ich mir vor langer Zeit selbst geschmiedet hatte...
„Was für ein wunderschönes Mädchen du doch bist!", kam es aus ihrem faulig stinkenden Maul, als sie sich über mich beugte. Ihre beachtliche Körpergröße ließ mich zu ihr aufblicken... Ich erschrak zutiefst. Sie lächelte. Sie lächelte mich an! Und ich wusste es. Doch ich wollte es nicht wahrhaben, es nicht länger ertragen.
„Du weißt, wer ich bin", sprach sie weiter und strich mir über die Haare.
Da lösten sich meine Fesseln und keuchend stürzte ich davon, um mich, mit Panik erfüllt, in die nächste Ecke zu quetschen.
„Lass mich endlich in Ruhe!", flehte ich mit trockener Stimme und wusste zugleich, dass es kein Entkommen mehr gab. Sie lachte nur und ihr langer sehniger Arm schnellte zu einem der an der Decke hängenden riesigen Schleimbeutel hinauf.
Mit einem einzigen gezielten Schnitt ihrer langen sichelförmig gebogenen Krallen durchtrennte sie die Verbindung und schleuderte mir dieses abscheuliche Gebilde entgegen.
Erleichtert atmete ich für einen kurzen Moment auf, als es mich knapp verfehlte und neben mir aufplatzte.
„Das Festmahl soll nun beginnen!", hörte ich ihre Stimme durch die Mauern dröhnen. Zu Tode erschrocken glotzte ich sie an.
„Iss endlich, Noemi, iss, dann wirst du weiterleben!"
Und ich hatte keine Wahl. Ich tat es. Ich grub meine beiden Hände tief in die Öffnung dieses triefenden Etwas hinein und öffnete es immer weiter...
Das Ekelgefühl, dieser benebelnde Gestank und die unsagbare Angst vor dem, was ich darin vorfinden würde, raubten mir fast die Sinne.
„Beeile dich doch, es bleibt uns nicht mehr allzu viel Zeit!", herrschte

sie mich an und behielt mich dabei genau im Auge.
„Nein, ich kann das nicht, ich kann das nicht!“, schrie ich aus Leibeskräften und wollte schon kraftlos in mich zusammensinken, als sie mich wieder auf die Beine riss und befahl:
„Greif hinein, Noe, greif ganz tief hinein - und iss!“
Ich glaubte vergehen zu müssen vor Abscheu.
„Überwinde dich!“, vibrierte es in meinem Schädel und meine Hände griffen nun wie von selbst hinein, durch die schleimige Hülle hindurch, bis weit ins Innerste... Ich nahm etwas von dem glibbrigen Inhalt in meine Hände. Mit geschlossenen Augen führte ich es an meinen Mund, auf keinen Fall wollte ich es auch noch ansehen müssen...
„Ja, so ist es gut! Los, jetzt schieb es schon in deinen Mund! Iss, iss, issssss!“, röchelte sie und es klang so, als befände sie sich in einer Art Rauschzustand. Ich fühlte einen starken Brechreiz aufsteigen, doch es blieb mir nichts anderes übrig als zu gehorchen...
Es schmeckte fabelhaft...!
Ungläubig öffnete ich meine Augen und starrte auf meine Hände...
„Marmelade?! Erdbeermarmelade?!“, rief ich zutiefst verblüfft und erleichtert zugleich.
„Kein ekliger Schleim, Exkremente oder gar stinkendes Aas, sondern Erdbeermarmelade?“, fragte ich wieder und bemerkte nun, wie sie sich verzückt die Lippen leckte und ihr der Speichel aus den Mundwinkeln triefte. „Iss weiter, iss weiter, du musst begreifen, was es bedeutet zu essen! Genieße die süße Sünde, die du dir selbst genommen hast, schmecke das Leben, sei verbunden mit dem Leben!“
Und ich aß. Es war wie ein längst vergessener Traum. Nie hätte ich mich getraut, mit beiden Händen zuckersüße Marmelade in mich hineinzuschlingen, die so himmlisch schmeckte, dass ich gar nicht mehr genug davon bekommen konnte...
Nach einer Weile bemerkte ich den Unterschied. Die Veränderung, die sich schleichend aber dennoch wahrnehmbar vollzog. Sie, diese abartige Kreatur, begann sich zu verwandeln! Ihr knochiger Leib füllte sich langsam wieder mit Fleisch. Ich schlang und schlang, soviel ich nur konnte und fühlte mich selbst mit jedem Mal kräftiger, stärker, erfrischter.
Nie hätte ich gedacht, dass es so natürlich, so selbstverständlich war zu essen, sich am Geschmack zu erfreuen und daran, dass man das Leben in sich spürte. Dieses hässliche Wesen verwandelte sich in ein junges Mädchen, das plötzlich wie durch Zauber gewirkt, wohl genährt vor mir stand und mich mit großen dunklen Augen anlächelte...
Ich hielt inne. Ich war satt. Endlich.
Sie trat auf mich zu.

„Noemi, bist du es?", fragte ich sie und konnte meinen Blick nicht mehr von dieser Schönheit wenden.
„Du hast es geschafft, du hast es geschafft!", jubelte sie und wir fielen uns erleichtert um den Hals. Wir verschmolzen miteinander und jetzt spürte ich tief in mir, dass ich wieder eins war. Eins mit mir selbst. Laut schluchzend vor Freude stürmte ich durch die Tür der Zelle, die eigentlich niemals abgeschlossen war - hinaus in das warme Licht der Sonne...

*

Das Erwachen in der anderen, gerade nicht so schönen Realität glich einem Erwachen in einem wahr gewordenen Albtraum. Ich wusste nicht, wie lange ich geschlafen hatte und wie spät es jetzt war. Es hätte, der Helligkeit im Zimmer nach zu schließen, sowohl erst sechs Uhr früh als auch schon sechs Uhr abends sein können. Doch der Tag fühlte sich irgendwie noch „frisch" an und so beschloss ich einfach, dass es noch früh am Morgen sein musste.
Ich wollte mich umdrehen, da bemerkte ich das mittlerweile schon zu gut bekannte schmerzhafte Ziehen in meiner Nase. Die Sonde! Erst jetzt wurde mir wieder richtig klar, was sich hier eigentlich abspielte.
Ich wurde gefüttert, gemästet - und das gegen meinen Willen! Und dieses widerliche Ding hatte bereits die ganze Nacht über diese Flüssignahrung in meinen Bauch gepresst, mit jedem Pumpgeräusch ein bisschen mehr.
Ich konnte es gar nicht glauben, dass ich mich gar nicht voll fühlte und meine Bauchdecke sich nicht unter Spannung nach außen wölbte.
„Wenigstens etwas!", dachte ich missmutig und versuchte, mich mit dem Schlauch so zu arrangieren, dass ich mich doch noch auf die andere Seite drehen konnte. Ich fühlte mich zutiefst in meinem Stolz verletzt und konnte mich nicht dagegen wehren.
Die Tatsache, dass ich nun einmal hier war und erst wieder hier herauskommen würde, wenn ich

mich zu guter Letzt „freiwillig“ dazu bereit erklärte, wieder „anständig“ zu essen, war für mich schon Beweis genug, dass diese Methode der Heilung nur sehr fragwürdige Erfolge versprach. Doch zuerst wurde ich mit dieser Sonde weich gekocht, sodass mir gar keine andere Wahl mehr blieb, als irgendwann wieder Fett anzusetzen...
„Und dann bin ich also geheilt!“, murmelte ich sarkastisch und konnte für diese verrückte Welt, in die ich da hineingeraten war, beim besten Willen kein Verständnis mehr aufbringen.
„Ich werde behandelt wie eine Kranke, obwohl ich doch völlig gesund bin!“, dachte ich bitter und bemerkte, wie mir schon wieder die Tränen in die Augen schossen. Ich hörte Schritte von draußen näher kommen und hoffte, diese Person würde nicht in mein Zimmer wollen.
Doch die Tür öffnete sich und eine etwas älter aussehende Schwester betrat, ein kleines Wägelchen vor sich herschiebend, den Raum.
„Guten Morgen!“, tönte es mit solch einer Lautstärke aus ihrem Mund, dass ich vor Schreck zusammenzuckte.
„Hallo, ich bin Schwester Jutta!“, begrüßte sie mich am Bett und stellte mir eine riesige Thermoskanne und eine Tasse auf den Nachttisch.
„So, jetzt mal die Oberschenkel frei machen und schön still halten, du bekommst jetzt eine kleine Spritze...“
„Wie, eine Spritze, wozu soll die denn gut sein?“, erkundigte ich mich spitz und war ganz und gar nicht damit einverstanden, dass mir nun jede beliebige Schwester einfach so mal eine Spritze in die Beine jubeln durfte, wenn sie gerade Lust und Laune dazu verspürte. Ich war doch nicht deren Versuchskaninchen!
„Das ist eine Spritze gegen Thrombose, weil sich bei langem Liegen das Blut in den Beinen stauen kann!“, bekam ich in freundlichem Ton zur Antwort.
„So, jetzt aber schnell, ich muss ja heute noch zu ein paar anderen Patientinnen!“, rief sie

und hielt die aufgezogene Spritze schon fertig in ihrer Hand. Widerwillig gab ich meine Oberschenkel frei und versuchte an etwas anderes zu denken...
„Du kannst wieder gucken, ich bin schon längst fertig!“, lachte Schwester Jutta über mein erstauntes Gesicht. Überrascht darüber, dass ich gar nichts von der Spritze gespürt hatte, deckte ich mich wieder zu. „Dein Arzt, Dr. Thannhäusser, wird so gegen Mittag mal bei dir vorbeischauen!“, sagte sie noch, als sie den Raum verließ.
Gleich darauf platzte sie nochmals herein.
„Jetzt habe ich doch glatt vergessen dir zu sagen, dass du die Kanne Tee, die ich dir auf den Nachttisch gestellt habe, bis Mittag geleert haben solltest! Dann bekommst du eine neue, die solltest du dann bis zum Abend ausgetrunken haben...“
Ich starrte sie an, als hätte sie mir gerade Psalm 23 aus der Bibel vorgetragen. Sie schien meinen Blick richtig zu deuten und setzte zur Erklärung an.
„Besonders ihr Magersüchtigen müsst genug trinken, um eure Körperfunktionen aufrecht zu erhalten und e...“
„Was? Diese riesige Kanne Tee?! Bis Mittag? Da hab ich ja einen Wasserbauch, und noch dazu diese scheußliche Sondennahrung, wie stellt ihr euch das überhaupt vor?“, kreischte ich.
Schwester Jutta machte ein betretenes Gesicht und setzte sich zu mir auf den Bettrand.
„Ach, du armes Mädel! So viel Leid und Schmerz hast du nun schon erduldet, hast deinen Körper bis über seine Grenzen getrieben, und jetzt auch noch das!“
Voller Wärme und Mitgefühl blickte sie mir in die Augen und strich sanft über mein Haar. Ich wusste gar nicht, wie mir geschah, mit allem hatte ich gerechnet, nur nicht mit dieser liebenswerten Reaktion!
„Ich verstehe, wie du dich fühlen musst. Ich

arbeite nun schon seit vielen Jahren mit euch zusammen und glaub mir, ihr habt mich Vieles gelehrt!", sprach sie weiter und drückte meine Hand. Mir fiel auf, dass sie in der Mehrzahl - quasi von allen Magersüchtigen - sprach. Das klang irgendwie nach einer großen Familie, fand ich.
„Bitte, versuch es wenigstens, wenn du doch nicht alles schaffst, ist das am Anfang auch noch nicht so schlimm. Du solltest dich aber ernsthaft darum bemühen, genug zu trinken! Das ist auf Dauer sehr wichtig!"
Schüchtern schielte ich zur Teekanne hinüber.
„Wir sind doch alle da, um zu helfen, nicht um euch noch zusätzlich das Leben schwer zu machen, glaub mir das, Kind!", sagte Schwester Jutta, als sie sich langsam wieder erhob und mir noch einmal liebevoll die Wange tätschelte.
Schwester Jutta kam mir vor wie eine nette Omi, die man sofort ins Herz schließen konnte. Ihre silbergrauen Haare hatte sie zu einem Dutt zusammengesteckt und ihr Gesicht wies viele lustige Lachfältchen rund um die Augen herum auf.
„Wieso habe ich eigentlich ein Einzelzimmer bekommen?", erkundigte ich mich noch schnell und spürte nach diesem Erlebnis irgendwie einen Kloß im Hals, so gerührt war ich von ihrer mitfühlenden und verständnisvollen Art und fügte noch hinzu:
„Ich möchte doch wenigstens ein bisschen Gesellschaft, wenn ich schon hier sein muss!"
„Du solltest für die erste Zeit noch mehr Ruhe haben als die anderen, damit du wieder schneller zu Kräften kommst!", entgegnete sie und lächelte mir aufmunternd zu.
„Keine Sorge, wir kümmern uns schon um dich!"
Von diesem Moment an wusste ich, dass ich nicht allein war. „Das wird schon wieder!", versuchte sie mich aufzumuntern, als sie aus dem Zimmer huschte. Jetzt hatte ich doch glatt vergessen nachzufragen, wann ich denn nun endlich wieder aufstehen durfte und wann diese eklige Sonde ab-

gestöpselt werden würde!
Doch dazu blieb auch gar keine Zeit, denn gleich darauf betrat eine andere Schwester den Raum, um mit mir die allererste Morgenwäsche hier in dieser „Anstalt" zu vollziehen. War sie es nicht, die mir gestern die Sonde gelegt hatte? Ich glaubte, mich noch irgendwo dunkel an diese blondhaarige, etwas ungeduldige Frau mittleren Alters zu erinnern, die mir dieses lange Ungeheuer unter ständigem Schlucken von kaltem Tee den Rachen hinunter gequält hatte...
Der nun folgende Waschgang mit Schwester Sonja ließ übrigens alle weiteren Fragen hinfällig werden.
Danach war ich dann nämlich bestens informiert darüber, dass ich weder alleine zur Toilette, noch zum Waschen ins Bad, noch sonst irgendwohin durfte, ohne eine Schwester zu rufen, die mich begleiten musste. Schwester Sonja stellte sich als sehr gewissenhaft heraus und beantwortete all meine Fragen sachlich und mit todernster Miene. Nun wusste ich auch, dass ich hier so gut wie keine Chance hatte, ungeschoren davonzukommen...
Ich empfand diese ganze Anhäufung von peinlichen Vorschriften als einen „unerlaubten Eingriff" in meine Privatsphäre: morgens auf der Toilette... ich sitze drauf... ich drücke und presse schon seit mindestens zehn Minuten... und Schwester Sonja steht in der Tür...
„Kannst du nicht mal schneller machen!?"
Oh mein Gott!

*

Dr. Thannhäusser, der gegen Mittag kurz bei mir rein schneite, erklärte mir zum wiederholten Male, dass ich auf keinen Fall alleine aufstehen dürfte, da die Gefahr eines Kreislaufkollapses bestand, und dass mein Zustand wirklich nicht zum Spaßen animieren würde.
Auf all meine Fragen gab er nur ausweichende

Antworten. Das wird sich noch zeigen und darüber könne er noch keine Auskunft geben, und so weiter.
Doch ich ließ nicht locker.
„Wahrscheinlich wollen Sie es mir nur nicht sagen, um mich nicht zu schockieren, aber ich bin schon ein großes Mädchen, wissen Sie!"
Das zeigte Wirkung. Anscheinend hatte er doch Sinn für Humor. Oder zumindest so was Ähnliches. Doch auf diese Weise erfuhr ich, dass ich, um in ein Mehrbettzimmer verlegt zu werden, erst mal sechs Kilo zunehmen musste. Sechs Kilo! Was für eine unvorstellbare Hürde!
Das war so viel wie 24 Butterwürfel! Das war eindeutig zu viel und nicht zu schaffen...
Ich wollte es gar nicht schaffen! Und auf mein angsterfülltes Fragen nach dem Kaloriengehalt der Sondennahrung, zog er nur ein genervtes Gesicht und erklärte mir, dass es genug sei, um innerhalb einer Woche zirka ein Kilo zuzunehmen und mehr brauche ich auch gar nicht zu wissen.
„Mach dir nicht so viele Gedanken, Noemi, das Einzige was für dich zählt ist wieder gesund zu werden - körperlich und... geistig", fügte er noch hinzu.
„Wann fangen denn diese Therapien an, die ich noch besuchen soll?", erkundigte ich mich schnell und hoffte, dass es nie sein würde. Ich hasste schon jetzt alles, was sich auch nur annährend nach „Psycho" oder „Therapie" anhörte.
„In nächster Zeit bestimmt noch nicht. Vielleicht in ein paar Monaten, wenn du wieder einigermaßen fit bist!"
Er wandte sich zum Gehen.
Fit? Einigermaßen fett hätte es wohl besser getroffen... Außerdem hatte ich doch noch so viele offene Fragen. Ich setzte mich im Bett auf, um besser sehen zu können.
„Herr Dr. Thannhäusser!", hakte ich nach.
„Was ist denn noch, Noemi?"
„Glauben Sie eigentlich, dass ich irgendwie einen Schaden habe? Ich meine, halten Sie eigent-

lich alle hier für so richtig plemplem oder haben Sie auch Respekt vor den Menschen?!"
Ruckartig blieb er stehen, drehte sich auf dem Absatz um und starrte mich gleichermaßen verwirrt wie ärgerlich an. „Was hast du da gerade gesagt?!", schnappte er.
„Sie haben schon richtig gehört!", entgegnete ich dreist und hielt seinem Blick herausfordernd entgegen.
„Hier hört der Spaß langsam auf, mein Fräulein. Wir sprechen uns ein andermal...!"
Mit sichtlich vor Zorn gerötetem Gesicht schloss er geräuschvoll die Tür hinter sich und ich hörte seine schweren Schritte draußen auf dem kalten Linoleumfußboden davon eilen und immer leiser werden.
Nicht gerade erfreut über seine spärlichen Auskünfte und darüber, dass ich in seinen Augen wahrscheinlich geisteskrank war, rollte ich mich zusammen.
„Was bilden sich diese Ärzte hier überhaupt ein? Sie sind natürlich die Einzigen, die hier noch ganz richtig im Kopf sind. Bin ich denn hier wirklich in einem kompletten Irrenhaus gelandet?"
Kurz nachdem der ehrenwerte Herr Dr. Thannhäusser sich aus dem Staub gemacht hatte, trafen Mama und Papa zu ihrem ersten Besuch bei mir ein. Sogar Pia und mein Bruder Timo waren mitgekommen.
Pia wollte gleich von mir wissen, ob ich denn krank geworden sei und wie denn die Krankheit hieße.
„Ja, Schatz, sie ist krank geworden. Aber hier wird sie ganz bestimmt wieder genauso gesund wie wir alle!", sagte Mama und lächelte schwach.
Das war nach der Auseinandersetzung mit Dr. Thannhäusser wie ein Schlag ins Gesicht für mich. Jetzt kam ich mir tatsächlich vor wie eine Kranke. Minderwertig und hilflos. Aber Mama hatte es ja nicht böse gemeint.
Nur Pia mit ihren sieben Jahren konnte so un-

schuldig fragen und bekam so auch eine unschuldige Antwort.
„Mensch, Noe, sei doch nicht so empfindlich!“, schalt ich mich selbst.
Mein Vater hatte bisher, außer einem anfänglichen „Grüß dich, Noe!“, nichts mit mir gesprochen, und saß nur stumm und scheinbar in Gedanken versunken auf dem Stuhl in der Ecke.
Mama hatte mir einen Schlafanzug mitgebracht, den ich Zuhause schon lange nicht mehr trug, weil ich lieber nackt schlief. Doch hier war das wohl nicht so vorteilhaft...
Außerdem versorgte sie mich mit einem Wäschevorrat, der mindestens für zehn weitere Jahre reichen mochte, mit meinen Kosmetikartikeln und was ich sonst noch so alles zur Körperpflege benötigte.
Sogar mein Schreibbuch mit dem indianischen Einband hatte sie, zusammen mit anderen Dingen, in eine Stofftasche eingepackt. Ich fragte mich, woher sie wohl wusste, dass ich mein Buch so gerne hier gehabt hätte. In solchen Momenten kam es mir so vor, als ahnte sie ganz genau was in mir vorging. Als würde sie mich, trotz allem, irgendwo doch verstehen...

*

„Wir haben vorhin kurz mit Dr. Thannhäusser gesprochen“, begann Mama.
Sie setzte sich zu mir ans Bett und wäre dabei fast an das klapprige Gestell mit der daran in einem Plastikbeutel befindlichen Sondennahrung gestoßen. Vorsichtig fuhr sie fort:
„Er meint, du solltest vielleicht Antidepressiva bekommen, um nicht gänzlich dem Schwermut zu verfallen und um deine Probleme wenigstens für eine Zeit lang vergessen zu können...“
„Was soll ich? Pillen schlucken, so wie Du? Damit ich auch jederzeit ein Lächeln im Gesicht trage, auch wenn es mir mal mies geht? Darf ich nicht einmal mehr meine Gefühle zeigen...?“

Ich spürte schon wieder eine explosive Wut in mir hochkochen.
Mama sah kurz zu Papa rüber und sagte dann: „Lass mich doch bitte mal ausreden, Noe! Wir haben uns ganz klar dagegen entschieden, hörst du? Auch wir halten nichts von Pillen, die gegen schlechte Laune helfen sollen, du weißt doch, dass ich trotz allem die Risiken kenne und gerade, weil ich selbst Erfahrung damit habe, wollte ich nicht, dass du so etwas einnehmen musst!"
Mein Gesicht hellte sich wie auf Knopfdruck auf. „Also brauch ich dieses Zeug wirklich nicht zu schlucken?", fragte ich erstaunt darüber, dass meine Eltern einen Vorschlag von Dr. Thannhäusser einfach so abgelehnt hatten. Bisher hatte ich immer angenommen, sie würden allem zustimmen, was sie von so einem vermeintlichen „Gott in Weiß" gesagt bekamen.
„Glaub uns, Noe, wir wollen doch nur, dass du wieder ganz gesund wirst! Und so quirlig und lebensfroh, wie du es vor deiner Krankheit gewesen bist!", fügte Mama hinzu, und etwas in ihrem Blick berührte meine Seele, überflutete mich mit einem Gefühl, das ich als tiefe Liebe bezeichnet hätte, hätte ich noch an so etwas geglaubt...
„Sei jetzt stark! Ich weiß, dass du so unendlich stark sein kannst, das hast du uns in den letzten Monaten nur zu gut bewiesen. Beweise es nun abermals, nur auf eine andere, eine lebensbejahende Art! Du wirst das alles hier unbeschadet hinter dir lassen... Ich glaube an dich!"
Mamas Worte zum Abschied berührten mich auf befremdliche Weise sehr. Sie schenkten mir neue Kraft und ich freute mich auf den nächsten Besuch.
Nur Papa war die ganze Zeit über so komisch gewesen, hatte kein Wort mit mir gewechselt, auch nicht mit Mama. Vielleicht nahm ihn das Ganze doch mehr mit, als er es sich selbst zugestehen wollte. Aber das konnte ich, wenn überhaupt, nur bedingt nachvollziehen, war doch meine Aussicht auf unzählige Wochen hier in dieser Psycho-An-

stalt eine wesentliche schwerere Bürde, die es zu tragen und zu bewältigen galt...

*

Nun gut. Das waren also meine ersten Eindrücke. Schon jetzt betete ich, dass die weiteren Tage nur so dahin flögen und ich endlich wieder frei sein würde. Erst jetzt wusste ich all die Annehmlichkeiten eines normalen freien Lebens zu schätzen, die ich bisher so selbstverständlich genossen hatte...

*

So begann für mich ein neuer Zyklus. Der Klinik-Zyklus.
Zum wiederholten Male reihte sich einer von unzähligen Abenden an einen weiteren grauen, wenig abwechslungsreich verlaufenen Tag in dieser „Mädchen-Mastanstalt“, wie ich die Klinik mittlerweile zu nennen pflegte. Selbst in einem Seniorenpflegeheim stellte ich es mir unterhaltsamer vor als hier.
Dieser Zustand begann sich allerdings zu wandeln, als eines Nachmittags eine neue, mir noch völlig unbekannte Schwester das Zimmer betrat. Wie ich auf ihrem Namensschild lesen konnte, handelte es sich um Schwester Sarah. Auf mich machte sie einen ziemlich frischen, unverbrauchten Eindruck.
Sie hatte einen Messbecher dabei. Vorsichtig schraubte sie die Verschlusskappe ab und goss die milchige Kunstnahrung in den durchsichtigen Beutel. Das erinnerte mich erneut daran, dass ich doch tatsächlich Tag und Nacht mit diesem vor Kalorien geradezu überquellenden Zeug gefüttert wurde! Nichts bereitete mir mehr Unbehagen als das Gefühl, immer fetter und unansehnlicher zu werden und nichts dagegen tun zu können.
Aufmerksam beobachtete ich sie und mir kam der Gedanke, dass aus ihr vielleicht mehr an Informationen herauszuquetschen wäre als aus den übrigen Schwestern.

„Weißt du eigentlich, wie viele Kalorien in so einem Becher enthalten sind?", fragte ich sie wie beiläufig. Sie war gerade fertig und lächelte mich mit ihrem freundlichen außergewöhnlich hübschen Gesicht an.
„Das weiß ich leider nicht, meine Liebe, soll ich mal nachfragen?", entgegnete sie nur und wandte sich zur Tür. „Ja, bitte, wenn es keine allzu großen Umstände macht, aber nicht weitersagen, dass ich es wissen will!", säuselte ich mit unschuldigem Gesicht, bezweifelte jedoch insgeheim, dass es ihr eine andere Schwester so ohne Weiteres verraten, und ich dieses streng gehütete Geheimnis Dr. Thannhäussers doch noch lüften würde. Einen Versuch war es auf jeden Fall wert und wie es den Anschein machte, war Schwester Sarah wirklich noch nicht lange hier und wusste über so einiges noch nicht ganz Bescheid – oder sie wollte über bestimmte Angelegenheiten einfach gar nicht Bescheid wissen. Denn kurz darauf kam sie tatsächlich zurück und teilte mir mit, dass die Sondennahrung in dieser Menge, wie sie in meinen Beutel gefüllt wurde, genau dreitausenddreihundert Kalorien enthalten würde. Darin wären alle lebenswichtigen Stoffe enthalten, die ein Mensch über den Tag verteilt so bräuchte.
„Wen hast du gefragt?", wunderte ich mich.
„Ach, niemanden, es war gerade keine Schwester in der Nähe, da habe ich mir in der Küche die Nährwertinformationen auf der Rückseite der Flaschen-Etiketten angesehen", lachte sie.
Verwirrt darüber, dass sie mir so bereitwillig streng vertrauliche Auskünfte erteilte, die eigentlich niemals an die magersüchtigen Patientinnen weitergegeben werden durften, brachte ich nur ein kurz angebundenes „Dankeschön" hervor, und drehte mich auf die Seite.
So einfach hatte ich es mir nicht vorgestellt – ich fragte etwas und bekam sofort eine Antwort – das war ich gar nicht mehr gewohnt!
Ich hörte, wie sich die Tür schloss und ich wie-

der allein war. Allein in diesem Einzelzimmer, in dem ich wie ein Sträfling dahin vegetieren musste, nicht alleine aufstehen durfte und keinerlei Bewegung hatte.
„Das ist ja schlimmer als in jedem Gefängnis!“, stellte ich niedergeschlagen fest und lupfte die Bettdecke. Jetzt, im Spätsommer, war es hier im Zimmer richtig stickig und Klimaanlagen konnte ich noch nie leiden.
Es war übrigens auch keine im Zimmer.
Ha, ha, ha.
Ich fragte mich, wie ich wohl die nächsten Tage und Wochen durchhalten sollte. Wie ich diese Prozeduren, vom Aufwachen bis zum Einschlafen dauerhaft überstehen sollte, ohne durchzudrehen. Nun wünschte ich mir sogar, die Therapien und diverse Gesprächskreise bald besuchen zu dürfen. Nur, um dieser tödlichen Langweile und dem Bett zu entkommen. Nicht einmal das Lesen wurde mir für den Anfang gestattet, geschweige denn Musik zu hören! Aber mittlerweile, nach gut fünf Wochen durfte ich das schon wieder, denn ich hatte bereits 4,5 Kilo zugenommen.
„Es ist einfach zum Verzweifeln, ich werde wirklich noch verrückt hier drinnen! Dann kann ich gleich ganz hier bleiben, zufälligerweise befinde ich mich ja bereits in einer Irrenanstalt!“, regte ich mich auf und strampelte wütend mit den Beinen, um mir wenigstens ein bisschen Bewegung und gleichzeitig Abkühlung zu verschaffen.
Das tat gut und mir kam der Gedanke, es trotz aller Verbote doch wieder mit Gymnastik zu versuchen. Es würde sowieso niemand mitbekommen. Das einzig Störende war nur dieser dumme Schlauch, durch den ich ständig mit dem Sondennahrungsbeutel verbunden war und den ich nicht einfach so los bekam.
„Na los, das klappt schon“, warf ich all meine Bedenken über Bord und stand auf. Wider Erwarten befiel mich ein leichtes Schwindelgefühl, das sich jedoch nach den ersten fünf Kniebeugen schnell verflüchtigte.

„Diese unglaublichen dreitausenddreihundert Kalorien muss ich auf irgendeinen Weg wieder loswerden - egal wie!", keuchte ich, wusste jedoch in diesem Augenblick, dass ich das wohl nie schaffen würde.
Dazu reichten die paar Kniebeugen und Verrenkungen bestimmt nicht aus. Jedoch war ich wie besessen von dem Gedanken, ich könnte dadurch noch das Schlimmste verhindern und vielleicht doch nicht ganz so unansehnlich werden...

*

Die Tage zogen an mir vorüber, zäh wie Kaugummi, ohne dass sich an meiner Situation irgendetwas verändert hätte.
Ich war und blieb ans Bett gefesselt und durfte nur in Begleitung einer Schwester alleine aufstehen. Auch musste ich mein jämmerliches Dasein immer noch in diesem Einzelzimmer fristen und hatte somit auch noch keine anderen Mädchen hier kennen gelernt.
Ganz zu schweigen von dieser ekligen Astronautennahrung, die ich tagtäglich zur Genüge intus hatte. Manchmal sträubte ich mich innerlich so sehr gegen diese unfreiwillige Mast, dass mein Magen etwas davon gegen meinen Willen herauf würgte. Dann hatte ich auch noch diesen eigenartigen vanillig-milchigen Geschmack im Mund, schluckte aber alles brav wieder runter, damit niemand etwas davon mitbekam.
Meine beiden Oberschenkel wiesen bereits eine beachtliche Anzahl blauer Flecken auf, die von den allmorgendlichen Thrombose-Spritzen herrührten, vor denen es mir mittlerweile bei jedem Aufwachen graute.
Bei Schwester Sonja piekten und brannten sie besonders fürchterlich. Irgendwie hatte sie da den „Bogen" noch nicht so ganz raus. Allerdings hütete ich mich, darüber etwas während ihrer Anwesenheit verlauten zu lassen, denn sie war, wie ich bereits am eigenen Leibe miterleben musste,

eine sehr empfindliche und zudem noch streitsüchtige Person, wenn Kritik an ihr geübt wurde.
So hielt ich mich zumindest bei ihr mit meinen vorlauten Äußerungen zurück. Hier gab es keine einzige Person, der ich etwas Persönliches anvertrauen konnte. Außer vielleicht dieser neuen Schwester Sarah. Naja, zumindest fast.
Bei ihr war ich mir nämlich noch nicht ganz sicher, welche Rolle sie hier in der Psychiatrie spielte. Sie war auf ihre eigene Art völlig verschroben und gab immer nur stückchenweise etwas von sich selber preis. Manchmal lächelte sie mich derart strahlend und nett an, dass sie mir wie durch einen fremdartigen Zauber all meinen Kummer und meine Sorgen von der Seele wischte.
Ich konnte es nur erahnen, wie einen leisen Lufthauch, aber ich glaubte, dass sie als Einzige wusste, wie es mir ging und was ich insgeheim dachte. Dennoch haftete etwas Seltsames, Unerklärliches an ihr, vor dem ich irgendwie auch Angst hatte. Wie ich von den anderen Schwestern erfuhr, war sie tatsächlich erst ganz frisch als Berufsanfängerin hierher gekommen, und zwar genau an dem Tag, an dem auch ich hier „eingeliefert" worden war. Allerdings war sie zuerst auf einer anderen Station tätig, bevor sie zu uns „leichten Mädchen" kam.
„Sarah könnte deine große Schwester sein!", bemerkte Schwester Ulrika einmal, die ich auch nicht so besonders leiden konnte.
Ich wusste ganz genau, was sie mir damit durch die Blume sagen wollte. Vielleicht, dass ich mich im Gegensatz zu Schwester Sarah noch wie ein kleines Kind benahm. Natürlich könnte ich mich reifer verhalten und bereits wesentlich weiter sein. Doch das war mir egal.
„Ich werde, wenn ich hier draußen bin, Medizin studieren und mich dann bei euch als Ärztin bewerben, dann habt ihr zu tun, was ich sage!", konterte ich frech, worauf Schwester Ulrika nur entnervt die Augen verdrehte und nur noch ein „Na, das würde uns gerade noch fehlen!",

heraus presste. Dies war das erste Mal seit langer Zeit, dass ich herzhaft lachen musste. Allerdings wunderte ich mich, wie seltsam und fremd mir dieses Geräusch mittlerweile in den Ohren klang.
Irgendwie war Schwester Ulrika auf ihre eigene Art witzig und liebenswert, auch wenn sie es gar nicht beabsichtigte. Und sie konnte mich doch irgendwo leiden, auch wenn sie das wohl nie zugegeben hätte. Kurzum, die Schwestern hier waren im Großen und Ganzen in Ordnung.
Die Sache mit meinem Gewicht war da schon etwas verzwickter. Trotz meiner Anstrengungen hatte ich innerhalb der letzten zwei Wochen zweieinhalb Kilo zugenommen. Zumindest sagte das die Waage, auf die ich jeden Morgen gleich nach dem Aufstehen geschubst wurde. Zum Glück konnte ich noch keine übermäßig hängenden Schwarten an Bauch oder Oberschenkeln feststellen. Was sich aber ja noch ändern konnte...
„Es würde mich nicht wundern, wenn ich ohne meine ständige Gymnastik nicht mindestens das Doppelte zugenommen hätte!", überlegte ich, freute mich aber gleichzeitig darüber, dass ich nun bald in ein anderes Zimmer kommen sollte, in dem noch andere Mädchen von meiner Sorte hausten.
Irgendwie steckte ich schon wieder in einem kummervollen Zwiespalt: Auf der einen Seite wollte ich auf gar keinen Fall wieder zunehmen, weil ich um meine Figur fürchtete, die ich mir so hart erkämpft hatte.
Auf der anderen Seite hatte ich aber gar keine andere Wahl. Schließlich wollte ich hier ja so schnell wie möglich wieder herauskommen und mein Dasein nicht mehr weiter in einem Einzelzimmer fristen.
Obwohl ich dann natürlich auch nicht mehr unbemerkt Gymnastik machen konnte.
„Vielleicht sollte ich dann doch mit meiner sinnlosen Turnerei aufhören, um schneller zuzunehmen?", überlegte ich und hatte gleich darauf auch schon wieder einen viel besseren Plan, der

wesentlich Erfolg versprechender aussah, wenn ich ihn nur richtig umzusetzen wusste...

*

Endlich wieder Besuchszeit! Diese wochenlange Isolation hielt ich seit einigen Tagen immer weniger aus. Und auf meine Verlegung in ein anderes Zimmer musste ich auch noch warten, weil mein Gewicht seit gut einer Woche irgendwie stehen geblieben war.
Trotz Astro-Food. Trotz keiner Gymnastik mehr. Ich war am Verzweifeln und erhielt von Dr. Thannhäusser nur die mickrige Auskunft, dass das schon mal vorkommen könne, wenn der Körper so ausgezehrt sei.
Glücklicherweise hatte ich bereits vorgesorgt und meinen Plan in die Tat umgesetzt. Ausnahmsweise wurde es mir sogar gestattet kurz daheim bei Mama anzurufen. Allerdings war das mal wieder Schwester Sarah zu verdanken, die irgendwie in der Lage war, alle versöhnlich zu stimmen.
Ich merkte, dass sie sich, wann immer sie auch hier war, für mich einsetzte. Das freute mich natürlich, jedoch konnte ich nicht nachvollziehen, womit ich mir diese Ehre verdient hatte.

*

Gut gelaunt nippte ich an meiner Tasse Tee, ganz zum Erstaunen von Schwester Sonja, die mich immer nur missmutig schlürfend wie eine alte Dame am Kaffeetisch vorfand, wenn es darum ging, meine Kanne bis Mittag um Punkt zwölf leer zu kriegen.
Zugegeben, ich hatte mich ja auch erst mit dem zusätzlichen Ballast im Bauch abfinden müssen, der durch das viele Trinken entstand.
Plötzlich fiel mir wieder ein, dass ich nun noch immer nicht wusste, wie hoch eigentlich mein Zielgewicht sein sollte.
Ich hatte also keine Ahnung, was mich noch

alles erwarten würde und erneut ergriff mich diese unerträgliche Furcht, dieses bedrückende Gefühl des Ausgeliefertseins, des Machtverlustes über mich selbst und über meinen Körper. Nichts war schlimmer als das.
Es fraß mich innerlich fast auf und ich konnte mit niemandem darüber sprechen. Bestimmt wären sie alle schockiert, würden sie wissen, was wirklich in mir vorging...

*

Endlich war es soweit. Mama traf ein. Diesmal ganz allein, ohne die Begleitung von Papa oder meinen Geschwistern. Und mit einem zufriedenen Lächeln überreichte sie mir in einem günstigen Augenblick das von mir georderte Päckchen, das ich schnell in meiner Nachttischschublade verschwinden ließ.
„Na, wie geht's dir denn mittlerweile so, mit deinem Schlauch in der Nase?“, fragte sie mich ganz unbefangen.
„Du siehst von Mal zu Mal besser aus Noe, wirklich!“, meinte sie in einem Atemzug und ließ mich gar nicht erst zu Wort kommen.
„Meinst du wirklich?“, fragte ich zweifelnd, denn ich hoffte insgeheim, dass man mir meine frisch zugelegten Pfunde noch nicht anmerken würde.
„Ja, bestimmt, du siehst auch nicht mehr ganz so blass aus!“, versicherte sie mir und drückte meine Hand.
„Was ist eigentlich mit Papa auf einmal los?“, erkundigte ich mich nun. Mama blickte mich wehmütig an.
„Papa kommt mit der Situation zurzeit nicht so ganz klar. Er will selbst mit mir nicht darüber reden und hüllt sich in Schweigen...“
„Glaubst du etwa, mir gefällt es hier, zu strengster Bettruhe verdonnert und künstlich ernährt zu werden?“, stieß ich hervor.
„Noemi, reg dich doch bitte nicht schon wie-

der so auf, es gibt dir doch niemand die Schuld an allem. Auch wir haben auf unsere Weise dazu beigetragen, dass alles so weit gekommen ist!", gestand sie plötzlich.
Verwundert hielt ich inne.
„Und das war gerade ernst gemeint?", fragte ich immer noch ungläubig.
„Weißt du, ich habe viel nachgedacht in der letzten Zeit und ich habe versucht, das Ganze auch einmal aus deiner Perspektive zu betrachten. Papa und ich, wir haben uns wahrscheinlich auch nicht immer so ganz korrekt verhalten, uns nicht wirklich Zeit für dich genommen und das tut mir auch sehr leid!"
Also das waren ja mal ganz neue Töne, über die ich mich mehr als nur freute. Endlich fühlte ich mich ein wenig verstanden und angenommen. Es war, als löse sich eine lange aufgestaute Blockade zwischen Mama und mir. Irgendetwas passierte da gerade zwischen uns, eine alte Freundschaft kam wieder zum Vorschein...
„Mama, da ist doch noch etwas, das dir auf dem Herzen lastet, ich sehe es dir an!", bemerkte ich, als ich immer noch eine gewisse Schwermut in ihrem Blick vernahm.
„Ja, das ist wahr. Ich habe dir noch nicht alles erzählt...", begann sie und schluckte.
„Weißt du, dein Vater und ich... Wir verstehen uns nicht mehr so wie früher... Und jetzt, wo das mit dir ist, wird der Bruch zwischen uns immer deutlicher spürbar... Ich...!" Sie brach mitten im Satz ab.
Ich merkte, wie schwer es ihr fiel, mit mir darüber zu sprechen, doch ich hatte wohl ein Recht darauf, zu erfahren, was mit meinen Eltern vor sich ging.
Ehe ich weiter in sie dringen konnte, verstand Mama es geschickt, das Thema zu wechseln.
„Darfst du Bilder und Fotos an deiner Wand anbringen?", erkundigte sie sich schnell und zog unmittelbar darauf eine Rolle glänzendes Papier aus ihrer großen Tasche.

„Was ist denn das - ein Poster!?" rief ich aufgeregt und war schon dabei es vor mir aufzurollen. Zum Vorschein kam eine weitläufige Seenlandschaft inmitten eines farbenprächtigen, herbstlichen Waldes, am Fuße schneebedeckter Berge, von oben aufgenommen.
„Oh, wie schön! Wo hast du nur dieses wundervolle Fotoposter her?", staunte ich.
„Ach, nichts Besonderes", lachte Mama.
„Du weißt doch, dass ich vor deiner Geburt als freie Fotografin gearbeitet habe und das ist nur eine meiner zahlreichen Arbeiten. Ich habe es extra für dich vergrößern lassen, weil ich dachte, es würde dir bestimmt gefallen und dir ein bisschen Farbe ins Zimmer und ins Herz bringen!"
„Ja und wie! Aber wo bist du da gewesen? Diese Landschaft..!"
„Ja, rate mal. Es ist in Kanada, während des Indian-Summer. Ich habe das Foto damals vom Hubschrauber aus aufgenommen. Während des Indian Summer strahlt die gesamte Gegend wie in pures Licht getaucht und du wandelst hindurch wie durch einen Traum..."
Staunend hörte ich ihr zu.
„Du hast noch nie davon erzählt, dass du so viel gereist bist! Wo warst du denn noch, außer in Kanada?" Mama überlegte kurz und ihre Augen nahmen den gleichen verklärten Glanz an, als würde sich ein Kind an den letzten Weihnachtsabend erinnern.
„Ich war so ziemlich überall auf der Welt. In Südafrika, Asien, im lateinamerikanischen Regenwald, in Australien am Ayers-Rock und im Outback unterwegs, und in vielen europäischen Städten.
Auch in den Staaten bin ich gewesen, immer auf der Jagd nach exklusiven Motiven für meine Agentur. Da ich ja beruflich unterwegs war, wurde ich sogar noch dafür bezahlt, umherzureisen und Fotos zu machen! Also genau das, was ich auch in meiner Freizeit getan hätte. Somit war mein liebstes Hobby gleichzeitig auch mein Beruf, mit dem ich Geld verdiente. Ja, das war eine fabel-

hafte Zeit. Allerdings musste die Qualität der Bilder absolut top sein und ich war angestrengt auf der Suche nach immer neuen und einzigartigen Motiven!“, fuhr sie nachdenklich fort.
„Das muss doch alles wahnsinnig spannend gewesen sein, so viele Länder kennenzulernen und lauter unterschiedliche Menschen zu treffen, oder?“, rief ich neugierig.
„Oh ja, das war es... Viele interessante Menschen...“, sprach sie langsam, als wäre sie in Gedanken längst nicht mehr anwesend.
„Mama, was ist denn auf einmal mit dir los? Hast du schlechte Erfahrungen gemacht?“
Betreten berührte ich sie am Arm und ihre Augen, die in ein seltsames Starren übergegangen waren, gewannen wieder ihren gewohnten wachen Ausdruck zurück. Fahrig schüttelte sie den Kopf und antwortete:
„Alles okay, nicht weiter schlimm! Das ist längst vorbei, wirklich!“
So richtig mochte ich ihr das nicht abnehmen, doch Mama würde mir bestimmt noch sagen, was los war, wenn sie bereit dazu war.
„Ich war damals eine sehr fähige Fotografin, und ich möchte behaupten, dass ich das immer noch bin“, berichtete Mama stolz.
„Zwar bin ich nicht mehr die Jüngste, aber mein Gespür für gute Motive habe ich deswegen noch lange nicht verloren...“
„Aber Mama, warum arbeitest du denn nicht mehr? Das hier ist doch Beweis genug, dass du mit dem Fotografieren weitermachen solltest!“, sagte ich und deutete auf das glänzende Poster, das nun wieder zusammengerollt neben meinem Bett lag.
„Ja schon, aber die Zeiten haben sich doch auch geändert. Ich bin schon zu lange aus diesem Metier ausgestiegen... Oder meinst du wirklich, ich sollte es noch mal versuchen?“ „Aber klar, ich frage mich sowieso, weshalb du damit überhaupt aufgehört hast! Du hättest doch auch nach meiner Geburt noch weitermachen können!“
Wieder bemerkte ich diesen seltsamen Ausdruck in

ihren Augen und ich fragte mich zum wiederholten Male, wieso sie mir nicht einfach anvertrauen konnte, was ihr so schwer auf dem Herzen lastete. Mit mir, ihrer Tochter, konnte sie doch reden! Sie schien sich beherrschen zu müssen, als sie nach einigen Minuten stockend begann:
„Das war alles gar nicht so einfach damals... Ich hatte vor, mich nur noch um dich und meine Ehe zu kümmern und wollte nicht durch meinen Job abgelenkt werden und so eine karrieregeile Rabenmutter sein wie so manche, die ich kennen gelernt hatte.
Es ging das Eine ins Andere über und ich hatte, nachdem ich dann mit deinem Bruder schwanger wurde, keinen ernsthaften Gedanken mehr daran verschwendet, meinen Job wieder aufzunehmen. Nun ja, bis gerade eben. Du hast mich tatsächlich wieder auf ‚dumme Gedanken' gebracht!", lachte sie und ich spürte, dass es genau das Richtige für sie sein würde, das Fotografieren wieder anzufangen.
„Ich besitze ja sogar noch meine alte Fotoausrüstung, die ich mir damals selbst zugelegt habe!", rief sie begeistert und klatschte vor Freude in die Hände.
„Nicht zu glauben, dass du das all die Jahre nicht mehr angerührt hast! Worauf wartest du dann noch? Versuche dich neu! Du hast nichts zu verlieren, Mama! Du hast doch bestimmt ein gutes Arbeitszeugnis von deinem ehemaligen Chef erhalten, oder nicht?", ereiferte ich mich und wurde allein bei der Vorstellung daran, dass Mama vielleicht erneut ihren alten Beruf aufgreifen und in der Welt umher reisen würde, ganz hippelig.
„Noe, du bist ja ganz aufgeregt! Du hast mich tatsächlich mit deiner Begeisterung angesteckt! Ich werde auf jeden Fall erstmal wieder mit dem Fotografieren anfangen und dann werden wir weiter sehen!"
Ich merkte auch, wie wichtig ihr das tatsächlich noch war. „Was glaubst du, wird Papa dazu sagen,

falls du wieder arbeiten willst?", fragte ich vorsichtig.
„Ach, der wird sich damit abfinden müssen, dass ich meine eigenen Wege gehe und auch etwas für mich selbst erreichen möchte!", erwiderte sie mit einer Leichtfertigkeit, die ich eigentlich nicht von ihr gewohnt war. Ob Papa das wirklich so leicht hinnehmen würde, bezweifelte ich jedoch...
„Ach, du liebe Zeit!", entfuhr es ihr plötzlich, als sie einen Blick auf ihre Armbanduhr riskierte.
„Ich bin ja schon eine halbe Stunde über der Besuchszeit hier!"
Komischerweise war noch keine Schwester erschienen, um uns darauf hinzuweisen.
„Tschüs Mama, bis zum nächsten Mal und vielen lieben Dank für das Poster!", verabschiedete ich mich und drückte sie zum Abschied noch einmal fest an mich.
Wenige Sekunden, nachdem Mama verschwunden war, kam Schwester Sarah wie beiläufig ins Zimmer geschlendert und fragte mich, ob denn meine Mutter schon wieder weg sei. Ich war baff.
„Hat denn Schwester Sonja gar nichts gesagt, weil Mama heute überzogen hat?"
„Überzogen? Davon weiß ich nichts und Schwester Sonja auch nicht!", entgegnete sie fröhlich, zwinkerte mir zu und war auch schon wieder weg. Völlig perplex lag ich im Bett und lauschte dem Pumpgeräusch, welches das Gerät alle paar Sekunden von sich gab und das mich nun bereits seit Wochen in den Schlaf sang.
Diese Schwester Sarah kam mir immer merkwürdiger vor und die Tatsache, dass sie tun und lassen konnte was sie wollte, ohne sich dabei Ärger mit den anderen Schwestern einzuhandeln, noch viel mehr. Irgendetwas stimmte nicht mit ihr. Ich musste nur noch herausfinden, was.
„Was soll's, jetzt mach ich mich erst mal über mein kleines Geheimnis her!", beschloss ich und lauschte. Alles still. Schnell öffnete ich die

Nachttischschublade und holte das Päckchen von Mama hervor. Endlich... All meine süßen Erwartungen kamen zum Vorschein. Als erstes musste ich unbedingt von der Schokolade probieren. Hastig zerfetzte ich das silberne Papier und knackend durchbrach ich die dunkle Versuchung mit meinen Zähnen...
Ein schon beinahe vergessener Wohlgeschmack umfing meine Zunge, auf der die zarte Schokolade nur so dahin schmolz.
„Wie unglaublich gut das schmeckt, wie konnte ich mir nur verbieten, so etwas Leckeres zu essen?", fragte ich mich und genoss dieses für mich spektakulär seltene Geschmackserlebnis...
„Absolut fantastisch dieses Aroma, unnachahmlich..."
Meine Euphorie dauerte ungefähr so lange an, bis ich bemerkte, dass ich bereits so gut wie die ganze Tafel vernascht hatte. Es schmeckte aber auch zu köstlich und ich konnte mich einfach nicht zusammenreißen.
Was war nur mit mir los?
„Hast du gerade den Verstand verloren, oder was war das eben? Reiß dich zusammen, Noe! So viel Schwäche auf einmal gibt es doch gar nicht! Aber es schmeckt doch so gut und ich hatte doch schon so lange keine Scho...!"
Schritte... Eilig sammelte ich alle Reste zusammen und stopfte alles in meine Schublade. Gerade noch rechtzeitig...
„Hier ist dein Nachschub!"
Mit diesen Worten platzte Schwester Sarah herein und stellte die zweite Kanne Tee für diesen Tag auf meinen Nachttisch. Als ich nichts erwiderte und ihrem forschenden Blick auswich kam sie näher und fragte unschuldig:
„Und, sag schon, wann hast du denn eigentlich das letzte Mal Schokolade gegessen?"
Vor Schreck hätte ich beinahe meine Tasse fallen lassen, in die ich gerade Tee eingießen wollte. Ich wusste, dass es strengstens verboten war, zusätzlich zur Therapie noch Süßigkeiten zu es-

sen und so versuchte ich mir nichts anmerken zu lassen.
„Wie... was meinst du damit?“, stammelte ich und konnte mir nicht erklären, wie sie gerade jetzt auf so etwas kam.
„Ach nur so... Mir ist nur gerade eben, als ich dich gesehen habe, der Gedanke gekommen, dass man sich, wenn man richtig dünn werden will, bestimmt keine Schokolade mehr gönnt, oder?“
„Ähm. Also nicht direkt, aber wie...“
„Siehst du, deswegen kann ich das auch verstehen!“
„Was verstehen?!“, fragte ich entgeistert.
„Na, das da!“, lachte sie und wischte mir mit einer flinken Handbewegung über den Mund. Erschrocken prallte ich zurück. Auf ihren Fingern zeigten sich deutliche, braune Spuren.
„Das, das... Ich weiß nicht woher...“
Ich suchte händeringend nach einer guten Erklärung, nach irgendeiner dämlichen Ausrede. Doch anscheinend war Schwester Sarah ganz und gar nicht verärgert. Im Gegenteil. Sie wischte zuerst meinen Mund und dann ihre Hände an ihrem blütenweißen Stofftaschentuch ab, das sie aus der Tasche zog und entgegnete nur:
„Keine Sorge, ich weiß von nichts. Wenn du mehr willst, sag Bescheid, aber nicht mehr als eine Tafel am Tag, hörst du?“
Und schon war sie wieder verschwunden. Total perplex starrte ich die Tür an, durch die sie gerade gegangen war...

Kapitel 13
Uralte Bande & leuchtende Abgründe

Inzwischen war ich in der Stadt angelangt und hielt Ausschau nach einem Supermarkt oder Ähnlichem. Dort wollte ich mich mit dem Nötigsten versorgen, um meinen knurrenden Magen zu besänftigen.
Der Weg bis zu meinen Eltern war zwar nicht mehr allzu weit, doch ich hatte nicht vor zu hetzen. Der Tag war noch jung und ich besaß genügend Geduld und Muse, mich mit meinen Erinnerungen und den daraus resultierenden Problemen zu beschäftigen, die tief in meiner Vergangenheit wurzelten und deren Auswucherungen bis in die Gegenwart reichten.
Im Vorübergehen spähte ich auf die Kirchturmuhr...
Elf Minuten nach zehn - massenhaft Zeit also. Plötzlich, wie durch einen verborgenen Wink beeinflusst, stoppte ich ruckartig und blickte zur anderen Seite der Straße hinüber. Was war das dort drüben denn für ein interessant aussehendes Schaufenster?
Düster drein blickende Holzmasken, verdrillter bunter Federschmuck und allerlei ausgefallene Halsketten, Armreifen und Haarklammern waren die Eyecatcher schlechthin.
Zumindest für eine wie mich. Schnell wechselte ich die Straßenseite und stellte mein Rad vor dem schnuckeligen Laden ab.
Ich wollte mich ein wenig umsehen, interessierte ich mich doch brennend für alles, was unbekannt und geheimnisvoll anmutete. Und das tat es! Es war zwar nicht das erste Mal für mich, dass ich solch exotische Läden aufsuchte, aber irgendwie meinte ich diesmal, dass sich in diesem hier etwas befand, was ich unbedingt sehen musste. Nur was?
Neugierig trat ich ein. Die Tür schlug gegen ein Windspiel, welches meine Ankunft mit Geklimper und Geklirr ankündigte.
„Hallo! Hallo?“
Niemand antwortete. Es schien auch niemand da zu sein. Zumindest soweit ich erkennen konnte, denn meine Augen mussten sich erst an das dämmrige Licht drinnen gewöhnen. Lediglich ein in der Ecke stehender großer Kerzenleuchter mit sieben Armen brannte und spendete etwas Licht.
Mit großen Augen starrte ich einige Sekunden in die Flammen und mir war, als würde sich der gesamte Raum hinter dem Licht weiter nach hinten ausdehnen und einen Blick auf bisher verborgene Bereiche freigeben.

War da hinten noch eine Tür? Ich blinzelte und das Bild verschwand wieder. „Noe, halte deine Phantasie im Zaum, die sollte hier drinnen nicht unbedingt mit dir durchgehen!“, sprach ich im Flüsterton zu mir selbst und stellte eine kleine bronzefarbene indische Göttin zurück auf ihren Platz.
Kerzen ohne Aufsicht waren aber nun doch etwas leichtsinnig!
Nichtsdestotrotz stöberte ich weiter herum. Zunächst blieb ich lieber in der Nähe des Eingangs. Reichlich verzierte Schmuckstücke, die allesamt sehr hübsch anzusehen waren, Edelsteine und Kristalle in allen Farben und Formen, kleine Figuren, schillernde Schreibfedern und dazugehörige Tintenfässchen, Traumfänger, Ringe, bemalte Knochen und geschnitzte Hölzer...
Doch das war es nicht, was ich suchte. Hier herrschte eine Atmosphäre, die geheimnisvoll-düster und dennoch anziehend wirkte, und die durch einen sehr intensiven, aber angenehmen Duft nach Kräutern und Gewürzen noch zusätzlich verstärkt wurde.
„Vielleicht hat der Besitzer sein Büro im hinteren Teil des Ladens?“
Ich blickte suchend umher, denn bisher hatte ich hier noch immer keinen Hinweis auf die Anwesenheit einer Menschenseele ausmachen können. Irgendwie flackerte so etwas wie Furcht in mir auf. Trotzdem beschloss ich, mich einfach weiter umzusehen und verscheuchte jeden Gedanken an Flucht. Lächerlich. Höchstwahrscheinlich war es nur wieder die altbekannte Angst vor dem Unbekannten.
Suchend ließ ich meine Augen umherwandern.
„Wie seltsam“, wunderte ich mich.
„Ich spüre doch ganz deutlich, dass hier etwas auf mich wartet...“
Ich zweifelte schon an meinem Verstand, als plötzlich aus dem Hintergrund eine quäkende Stimme ertönte:
„Kann ich Ihnen helfen, junges Fräulein?“
Ich wirbelte herum. Hinter mir stand wie aus dem Boden gestampft ein älterer Herr mit schneeweißem Haar und einem langen ebenso weißen Bart. Seine ozeanblauen Augen musterten mich genauso freundlich wie durchdringend. Ich stand nur da und konnte meinen Blick nicht von diesem außergewöhnlichen Menschen wenden. Fasziniert und zugleich gelähmt vor Schreck vergaß ich völlig, ihm zu antworten. Er wirkte wie ein Zauberer aus einem Märchen. Es fehlte lediglich der lange weite Mantel und ein Zauberstab in seiner Hand, um diesen Eindruck noch zu komplettieren.
Nun ergriff der „Zauberer“ wieder das Wort:

„Aaahhh. Ich verstehe... Soso. DU suchst nach etwas ganz BESONDEREM. Nicht wahr?!"
Völlig perplex starrte ich ihn an und bemerkte, wie seine Augen noch intensiver zu leuchten begannen. Daraufhin brach er in so schallendes Gelächter aus, dass ich erschrocken zusammen zuckte und befürchtete, die kleinen Glaskaraffen in den gegenüberliegenden Regalen würden jeden Moment zu Boden fallen..
„Ja ja, das sagen sie alle - am Anfang!", gluckste er amüsiert. Ich wusste nicht, was er damit meinte, denn ich hatte bisher kein einziges Wort gesprochen. Vielleicht war er ja nicht mehr ganz bei Verstand?
Doch bevor ich meine Überlegungen zu Ende bringen konnte, deutete er mir mit einem kurzen Wink, ihm zu folgen. Sollte ich? Nun war ich, aller Furcht zum Trotz, neugierig geworden.
„Was habe ich von einem alten Mann schon zu befürchten?", dachte ich mir und heftete mich kurzerhand an seine Fersen.
Zielstrebig und ohne sich nach mir umzudrehen führte er mich in einen hinteren Teil des Raumes, der mir bisher noch gar nicht aufgefallen war - oder doch? War da nicht wieder diese Tür, die ich vorhin im Kerzenschein schemenhaft erblickt hatte? Gänsehaut überkam mich.
Schnell folgte ich dem Alten weiter. Da war sie. Reich verziert mit Schnitzereien, die Sterne, Planeten und allerlei abstrakte Muster zeigten. Und so etwas wie Engel oder Feenwesen. Oder Dämonen?!
Er drückte gegen die geheimnisvolle dunkle Holztür, die geräuschvoll aufschwang. Sternenpforte zur Ewigkeit...

*

Mir blieb die Spucke weg. Ein unvorstellbarer Raum, so groß wie eine Kathedrale, erstreckte sich vor uns! Bis unter die Decke gefüllt mit - mit Büchern! So mannigfaltig in Form und Größe, dass ich sie auf den ersten Blick unmöglich alle hätte erfassen können. Ich befand mich inmitten einer riesigen uralten Bibliothek! Staunend und zaghaft setzte ich meinen Weg fort. Nie zuvor hatte ich so viele Bücher gesehen, die sich in Holzregalen, aneinander lehnend, schier endlos über- und aneinanderreihten. Die Luft war erfüllt vom staubig-trockenen Geruch alten Papiers und ein zitronig-harziger Duft, der mich an frisch geschlagenes Kiefernholz erinnerte, mischte sich darunter.

Ich fühlte mich, als wäre ich in eine andere Welt hineingezogen worden, mit jedem Atemzug weiter in sie eintauchend. Der aus glatt polierten Holzplanken bestehende Fußboden reflektierte das sanfte Licht dieses Raumes, welches hoch oben durch ein großes rundes, in allen Farben des Regenbogens schimmerndes Facettenfenster fiel, auf einzigartige Weise.

Solche Glaskunst hatte ich bisher nur in Kirchen und Kathedralen gesehen und irgendwie erhärtete sich der Verdacht, dass ich mich tatsächlich in einem solchen Bauwerk befand, obwohl ich von Außen überhaupt keine Kirche bemerkt hatte, nicht mal den Ansatz davon. Am liebsten hätte ich nach einem beliebigen Buch gegriffen, nur um darin zu blättern.

„Komm jetzt - weiter! Zum Lesen sind wir nicht hergekommen", drängelte mich der alte Mann und schob mich einfach weiter.

In was für eine Welt ich mich hier entführen ließ! Immer weiter wandelten wir durch die Reihen der unzähligen Bücherregale hindurch. Ein Wispern und Raunen erfüllte die Räume zwischen den Büchern, als spönnen diese ihre eigenen Geschichten im Stillen weiter.

Plötzlich fanden wir uns vor einer gewaltigen, weit ausladenden, nach unten führenden Treppe aus nachtschwarzem Holz wieder. Aus den beiden Anfangspfosten sprossen zwei überdimensional große geschnitzte Augen empor, deren leuchtend blaue Iris in der Mitte von jeweils einem schimmernden Edelstein dargestellt wurde und einen faszinierenden Kontrast zum restlichen dunklen Holz bildete.

Die Augen starrten mich geradezu hypnotisch an und ich meinte, sie würden mir jeden Moment zublinzeln...
Jetzt wurde mir das Ganze doch zu unheimlich.
„Ich will wieder zurück! Bitte lassen Sie mich gehen!“, stieß ich ängstlich hervor und mir drohte die Stimme zu versagen. Mit einem Lächeln, das mir die Seele streifte, blickte mir der alte Zauberer fest in die Augen und sprach nur:
„Keine Angst, dir wird nichts geschehen, Noemi!“
Ich erstarrte.
„Wo... woher...?!“, stammelte ich und starrte ihn mit offenem Mund an. Doch er streckte mir nur eine seiner knochigen Hände entgegen.
„Komm...“
Mutig ergriff ich sie und plötzlich war mir dieser alte Mann auf seltsame Weise vertraut. Ich verspürte keinerlei Angst mehr, als wir gemeinsam die Stufen der langen, bei jedem Schritt karrenden Treppe, hinab stiegen...
Statt zunehmender Finsternis, die ich hier eigentlich erwartet hätte, je weiter wir uns nach unten begaben, wurde es immer heller. Ein alles durchdringender Schein umgab uns und hüllte uns ein. Beinahe so, als wäre hier unten eine kleine Sonne hinter Milchglas gesperrt worden, die nun ihr gedämpftes Licht verströmte.
Diese Treppe schien kein Ende zu nehmen und meine Wahrnehmung kam immer mehr einem Traum als der Realität nahe. Bildete ich mir das nur ein? Oder stand ich durch die seltsamen Erlebnisse unter Schock? Ruckartig kamen wir zum Stehen. Und ich hörte den Alten flüstern:
„Schließ die Augen, Noemi! Nur so kannst du dorthin gelangen... Dorthin, wo die Wesen der Zeit wohnen...“
„Die Wesen der WAS?“, rief ich aus, obwohl ich im gleichen Atemzug wusste er würde nicht darauf eingehen.
Die Augen zu schließen wäre unter anderen Umständen schon mal gar keine so schlechte Idee gewesen, weil ich ohnehin nichts mehr sehen konnte als ein gleichmäßiges alles umgebendes Leuchten. Aber hier? Ich wagte nicht zu tun wie mir geheißen. Voller Unbehagen wartete ich darauf, was weiter geschehen würde.
„Vertrau mir, ich werde dich führen...“
Er nahm abermals meine Hand.
„Geschlossene Augen sind hier nicht gleichzusetzen mit Blindheit! Folge mir einfach und du wirst schon sehen!“, wisperte er und zwickte mich in den Arm, so als ob er mir zeigen wollte, dass er wirklich noch neben mir stand.
„Was habe ich schon zu verlieren? Und wenn er mich wirklich in

eine Falle locken wollte, wozu sollte das denn gut sein?“
Ich war schon viel zu weit, um noch zurück zu können. An seltsame Begebenheiten musste ich doch eigentlich mittlerweile gewohnt sein, doch so etwas hatte ich noch nie erlebt...
Kaum hatte ich meine Angst überwunden und die Augen geschlossen, erkannte etwas in mir diesen alten Mann wieder. Zwei uralte mystische Bande aus vergangenen Zeiten verwoben sich abermals zu einem einzigen Strang...
Etwas, das schon länger bestand, als ich mich erinnern konnte. Der Hauch von etwas Unsterblichem und Unaussprechlichem hatte von mir Besitz ergriffen. Und der alte Mann hatte noch ein zweites, ein junges Gesicht...
Jan...! Alles schien sich irgendwie zu wiederholen, sich miteinander zu vermischen...
Blindes Vertrauen... Nichts konnte mich mehr davon abhalten, endlich das zu tun, was ich schon die ganze Zeit über tun wollte...
Ich würde bestimmt bald herausfinden, was es war...

*

Mein ganzer Körper begann zu beben und zu zittern, als stünde er unter Strom und ein immer lauter anschwellender Summton ertönte in meinem Kopf, aus meinem Kopf, schien aus mir selbst zu dringen und mich schließlich vollkommen zu vereinnahmen...
Ich verschmolz mit diesem Ton, nein, jetzt WAR ich der Ton. Und in diesem schwingenden Zustand spürte ich plötzlich meinen Körper nicht mehr. Bunte Lichtblitze und Zickzacklinien ergossen sich in die Dunkelheit hinein und plötzlich sah ich den Alten wieder. Er stand direkt vor mir.
„Woher... Wie...!?“
Bodenloses Entsetzen.
„Sieh nach oben!“, vernahm ich seine eindringliche Stimme und er deutete in undefinierbare Höhen hinauf. Doch da war einfach nichts. Dunkelheit hoch zehn. „Das verborgene Königreich erschließt sich nur denen, die von reiner Absicht sind und keine Scheu zeigen. Also entscheide, was du willst!“, rief er, als er meine ängstliche Zurückhaltung spürte.
„Das verborgene Königreich...“, wiederholte ich seine Worte und plötzlich erkannte ich, was er mir damit sagen wollte und gleichzeitig mit dieser Erkenntnis stieß ich das unsichtbare Tor zu einer für menschliche Phantasie unvorstellbaren, epischen Welt auf.
Wie konnte es möglich sein, etwas Derartiges mit bloßer Vorstellungs-

kraft zu erschaffen? Oder befand ich mich in einer der Geschichten aus den Büchern?
„Wünsche dir, dort hinauf zu fliegen!“, betonte der Zauberer noch einmal und holte mich dadurch wieder aus meiner beinahe ekstatischen Verzückung zurück, in die ich beim Anblick dieses sich in den Himmel schraubenden, tropfenden... Regenwaldes? gefallen war...
„Fliegen? Wie das denn!?“, hörte ich mich fragen, während ich meinen Blick immer noch nicht lösen konnte.
Milliarden winziger glitzernder Regentropen hingen an den Blättern, Ästen und Blüten. Bei genauerem Hinsehen entdeckte ich einige kleine fremdartige Wesen, die schwebend zwischen den Blättern umher flitzten.
Manche von ihnen hatten sehr viel Ähnlichkeit mit den mir bekannten Feen. Nur waren sie sehr viel kleiner und zarter. Und grüner!
Zu gerne wäre ich näher herangekommen, um diese sonderbaren Fabelwesen genauer zu studieren. Doch der Alte hielt mich fest im Griff.
„Sei dir gewiss, dass der Schein oft trügt!“, flüsterte er.
„Es verbirgt sich nicht nur Schönheit zwischen den Blättern!“, fügte er noch warnend hinzu und ich blickte ihn erschrocken an.
„Solange du bei mir bleibst hast du nichts zu befürchten und wir erreichen unbeschadet unser Ziel!“
Er deutete abermals nach oben.
In der Tat!
Dieses Gebilde sah aus wie ein grüner Tunnel, innerhalb dessen alles organische Leben wie durch eine unsichtbare Kraft getrieben, immerzu nach Oben strebte. Wie war so etwas möglich? Alles schien irgendwie in der Luft zu hängen. Der Alte stupste mich sachte an.
„Schön, nicht wahr?!“
Ich hatte es überhaupt nicht bemerkt. Ich schwebte! Immer höher und höher führte er mich hinauf und ich konnte mich gar nicht satt sehen an all dieser Herrlichkeit.
Da war es wieder, dieses Gefühl von Vertrautheit, das grüne lebendige Gewölbe und die Lichtfunken, die sich in ihrer Feinheit wie goldschimmerndes Gewebe um meinen Körper legten...
„Nun sind wir an der Kristallpforte angelangt!“, hauchte mir die Stimme meines Begleiters ins Ohr.
„Ab jetzt musst du alleine weiter! Der Durchgang ist nur groß genug für dich allein! Aber keine Sorge, alles, was du wissen musst, existiert bereits hier!“, sprach er feierlich und drückte mit seinem rechten Zeigefinger fest auf meine Stirn, genau auf die Stelle zwischen meine Augen. Ich blinzelte.

„Hinter dieser Pforte wartet etwas auf dich, das du dein Leben lang nicht mehr vergessen wirst!“
Er klopfte mir noch zweimal sachte auf die Stirn und meine Neugierde ließ die letzten Reste meiner Furcht verblassen...
„Wir sehen uns bald wieder!“, vernahm ich seine Stimme bereits wie aus weiter Ferne. Und als sich mein Kopf langsam öffnete war ich bereit, durch das Tor zu treten. Was nun folgte, hätte ich mir nicht einmal in meinen verwunschensten Phantasien auszuträumen gewagt...

Kapitel 14
Horizontaler Aufstand

Endlich.
Endlich hatte ich es geschafft.
Ich hatte es geschafft, die Schwelle meines Gewichtes zu überschreiten, durch die ich in ein Mehrbettzimmer verlegt wurde.
Leider erwies sich dies aber auch nicht als sehr viel aufregender, da die meisten der Mädchen schon selbstständig aufstehen durften und sich den ganzen Tag über kaum im Zimmer aufhielten.
Außerdem hatten sie bis oben hin voll gestopfte Terminkalender mit Therapie- und Gesprächsstunden, die sie wahrnehmen mussten.
Zum Glück würde sich meine Wartezeit bis zur Entlassung in Zukunft trotzdem noch drastischer verkürzen, dafür würde Schwester Sarah schon sorgen. Da war ich mir sicher. Und schelmisch lächelnd drehte ich meinen Kopf zur Seite und versuchte abzuschätzen wie es meinen neuen Mitbewohnerinnen ging.
Mein Lächeln wich einem besorgten Räuspern.
Katrin war die Einzige im Zimmer, die genau wie ich noch ans Bett gefesselt war und mit diesem Schlauch in der Nase gefüttert wurde. Doch es gelang mir vorerst nicht Kontakt zu ihr aufzubauen.
Sie wirkte so abwesend, verschlossen und irgendwie sehr depressiv, obwohl sie doch andauernd irgendwelche Pillen dagegen verabreicht bekam. Wahrscheinlich genau deswegen! Jetzt war ich meinen Eltern wirklich mehr als nur dankbar, dass sie mich davor bewahrt hatten.
Apropos, meine Eltern hatte ich jetzt schon seit über einer Woche nicht mehr zu Gesicht bekommen. Bei Papa war mir das ja auch so ziemlich einerlei, aber von Mama wollte ich doch unbedingt wissen, ob sie schon einige Fotos geschossen hatte... Fasziniert betrachtete ich das große Indian-Summer-Poster, das ich von Schwester Jutta an der Wand hatte anbringen lassen.

Einzig und allein dieses kleine Fenster, durch das mir ein Einblick in eine ferne Welt gewährt wurde, war mir noch geblieben. Ein Bild. Eine schöne Illusion...
Manchmal hatte ich das Gefühl hier drinnen ersticken zu müssen, als lägen meine Beine in Fesseln, weil ich sie unter dieser dicken Decke nicht richtig bewegen konnte. Dann glaubte ich, es nicht mehr länger ertragen zu können und bald laut schreiend einfach aus dem Zimmer rennen zu müssen.
In dieser Zeit träumte ich häufig von Schokoladebergen, von pompösen Festbuffets, die angerichtet vor mir standen, von prächtigen Torten und allerlei Leckereien. Ich stopfte alles wahllos in mich hinein, ohne dass sich ein Gefühl der Sättigung einstellte. Wenn ich dann erwachte war ich heil-froh, dass sich das alles nicht wirklich in meinem Magen befand.
Die Träume beunruhigten mich aber eher weniger. Vielmehr wuchs meine Angst hier im wirklichen Leben immer dicker und fetter gefüttert zu werden, gegen meinen Willen zuzunehmen um schließlich als fette Weihnachtsgans pünktlich zu Heiligabend wieder hinausgelassen zu werden.
So lange konnte es nämlich noch dauern. Ines zum Beispiel stand nun schon kurz vor der Entlassung. Sie hatte mir erzählt, wie viel sie wog, als sie hierher kam.
Nun war sie schon über ein halbes Jahr hier, denn auch sie war, so wie ich, bis auf die Knochen abgemagert gewesen.
Auch jetzt sah sie aber noch ziemlich dünn aus und ich konnte mir einfach nicht vorstellen, dass sie bereits in ein paar Wochen nach Hause durfte. Ich hoffte, dass dies bei mir, bis kurz vor meiner Entlassung, auch noch der Fall sein würde...
Irgendwie zweifelte ich jedoch daran, wenn ich meine inzwischen schon etwas kräftiger gewordenen Oberschenkel betrachtete und meinen Bauch ängstlich nach Fettröllchen abtastete...

Leider musste es eben sein, doch ich schwor mir beim Fototalent meiner Mutter, dass ich an dem Tag, an dem ich hier wieder heraus kam, sofort mit einer neuen Diät starten würde.
Zwar nicht mehr so extrem, aber ein paar Kilo unter dem Idealgewicht mussten einfach drin sein. Doch bis jetzt war es bis dahin noch ein langer Weg und ich tat alles, um ihn zu verkürzen.

*

Milena kam herein. Sie bildete die Vierte im Bunde derer, die hier im Zimmer wohnten, einschließlich mir selbst. Sie war noch nicht so lange hier wie Ines, aber im Gegensatz zu ihr sah sie wesentlich fülliger aus. Milena unterhielt sich mehr als nur gerne, was sich sehr schnell als etwas nervig herausstellte. Hatte sie einmal angefangen zu erzählen, war sie so schnell nicht mehr zu bremsen. Auch jetzt befand sie sich offenbar in bester Quatschlaune.
Das kam mir aber zur Abwechslung ganz gelegen, denn ich langweilte mich gerade nahezu tödlich. Milena setzte sich ohne Aufforderung gleich zu mir ans Bett und begann diesmal sofort von ihrer letzten Musiktherapie-Sitzung zu berichten.
Offensichtlich machten ihr diese ganzen nichtsnutzigen Torturen sogar noch Spaß...
„Freu dich drauf, wenn du auch Musiktherapie bekommst!“, sprudelte sie hervor.
„Da kannst du alle Instrumente ausprobieren, die dir gefallen und die Therapeutin, Frau Sramanka heißt sie übrigens, unterstützt dich mit Hilfe der Musik alte Muster aufzudecken und aufzulösen. Das macht unheimlich viel Spaß und heilsam ist es noch dazu!“, schwärmte sie mir ganz entzückt vor.
„Wie meinst du, heilsam?“, wollte ich wissen.
„Glaubst du wirklich, dass man psychisch krank ist, nur weil man dünn sein möchte und nicht wie ein Nilpferd aussehen will?“
Ich war verärgert, dass sogar eine Magersüchtige

selbst von sich behauptete nicht ganz richtig zu ticken... Sie sah mich verwundert an.
„Natürlich, irgendetwas ist dann nicht in Ordnung! Du kannst dich doch nicht ewig herunterhungern und einem völlig verzerrten Selbstbild hinterher rennen! Irgendwann ist es dann zu spät und du landest im Grab!“, antwortete sie und blickte mitleidig auf mich herab.
„Mach dir keine Sorgen, das muss jede hier einmal begreifen, aber dann geht’s wieder aufwärts, glaub mir!“
Ich meinte immer noch, meinen Ohren nicht zu trauen. Dass so eine verbohrte Sichtweise tatsächlich von einer Ex-Magersüchtigen stammen sollte, konnte ich einfach nicht glauben.
Ex-Magersüchtige deswegen, weil sie wohl schon nach kürzester Zeit hier therapiert war und den gleichen hohlen Schwachsinn laberte wie alle anderen hier...
„Hast du dich denn vorher nie total selbstsicher und supergut gefühlt, wenn du gemerkt hast, dass du schon wieder ein Kilo abgenommen hattest und...“
„Ja, natürlich!“, fiel sie mir einfach ins Wort. „Aber das war doch alles vorher. Da war ich noch total in meinen egoistischen, selbstzerstörerischen Gedankenmustern gefangen. Nun ist das ganz anders. Jetzt weiß ich, was wirklich zählt – und das wirst auch du bald herausfinden!“
Nun reichte es mir aber. Sollte Milena doch denken, was sie wollte. Wahrscheinlich war sie jetzt, ohne es wahrhaben zu wollen, selbst wieder in so einem komischen Gedankenmuster verstrickt oder wie auch immer sie das nennen mochte.
Ich wusste jedenfalls, was ich wollte und was gut für mich war. Das konnten keine Ärzte für mich bestimmen, denn mein Körper gehörte wohl immer noch mir und nur mir allein.
Wenigstens dieses Recht konnte mir keiner absprechen, obwohl es in dieser Klinik beinahe so aussah, als wäre ich mit meinem unfreiwilligen

Aufenthalt ebenfalls in deren Eigentum übergegangen.
„Ach, weißt du Milena, ich habe eigentlich gar keine Lust mehr, mich mit dir über solche Dinge zu streiten. Ich lasse mir nämlich von niemandem hier irgendetwas aufzwingen!", schleuderte ich ihr schroff entgegen.
Sie warf mir einen missbilligenden Blick zu, sprang auf und sagte dann mit einem Schuss Überheblichkeit in der Stimme: „Naja, was soll`s! Immer die gleichen Diskussionen mit diesen Neuen hier... Aber wenn du es dann irgendwann mal begriffen hast, fragst du dich, wie du nur die ganze Zeit über so starrköpfig sein konntest... Du wachst auch noch auf, aus dieser Illusion des scheinbaren Glücks, das schwör ich dir!"
„Gib' dir keine Mühe, ich denke, ich weiß schon ganz gut selbst, was ich aus meinem Leben machen will, da brauch ich deine schlauen Ratschläge nicht!", fauchte ich und drehte mich weg.
Sollte sie ruhig sauer sein, das störte mich nicht im Geringsten. Dann würde sie mich wenigstens in Ruhe lassen... Doch da hatte ich mich wohl geirrt.
„So feige bist du also, Noemi! Das hätte ich nicht von dir gedacht, dass du nicht einmal vernünftig mit dir diskutieren lässt und einfach davor flüchtest!", rief sie energisch und baute sich herausfordernd vor mir auf.
„Ich will nichts mehr hören, lass mich in Frieden!", kreischte ich wie eine wütende Harpyie, wandte mich ihr jedoch wieder zu, um sie mit funkelnden Blitzen aus meinen Augen zu bombardieren. So einfach würde ich solche Anfeindungen nicht auf mir sitzen lassen, dazu war mein Stolz zu gut ausgeprägt...
„Kümmere dich um deine eigenen Angelegenheiten. Ich wette, du bist selbst nicht mit dir zufrieden und spielst dir nur was vor. Von wegen mit Freuden fett werden. Das glaubst du doch selbst nicht, du aufgeblasene Pute!", polterte ich los.
„Wie bitte!? Wie hast du mich genannt?"

„Du hast schon richtig gehört. Ich will einfach keine naseweisen Belehrungen mehr hören, Milena! Weder von dir noch von irgendwelchen anderen Mädchen hier. Alles was ich will ist, dass du mich in Frieden lässt!"
„Du bist schon zu bedauern", entgegnete sie. „So wirst du nie mit irgendeinem Mädchen hier eine richtige Freundschaft aufbauen können. Komm doch endlich heraus aus deinem Schneckenhaus, in das du dich ständig verkriechst! Warum bist du immer so verschlossen und verhältst dich so abwertend gegenüber uns Mädchen hier im Zimmer? Merkst du denn nicht, dass so etwas total arrogant rüber kommt?"
„So!? Jetzt halt mal die Luft an, Milena! Wer sagt dir denn, dass ich hier auch nur ein einziges Mädchen zur Freundin haben möchte? Ich brauche niemanden hier! Und ich bin nicht krank! Kapier' das doch endlich! Schon gar nicht brauch' ich eine wie dich, die mir die ganze Zeit ihre Meinung aufdrängen will! Hau endlich ab! Verschwinde, du ununterbrochen quasselndes Etwas!"
Meine Stimme überschlug sich fast und ich war von mir selbst erschrocken. Milena blickte mich nur noch verstört an. Mit solch einer heftigen Reaktion hatte sie wahrscheinlich auch nicht gerechnet.
Sie machte einen ziemlich verletzten Eindruck und legte sich ohne noch ein weiteres Wort zu verlieren rüber auf ihr Bett, um wie üblich in ihrem angefangenen Buch weiter zu lesen.
So wütend war ich schon lange nicht mehr. Und gleichzeitig so traurig...
Ich hatte also gewonnen. Doch was war das für ein Sieg? Wieder einmal hatte ich jemanden verletzt, wieder einmal meinen Dickkopf durchgesetzt, ohne Rücksicht auf Verluste.
„Vielleicht wollte Milena mir nur helfen, weil sie selbst einmal in solch einer Lage war wie ich? Vielleicht wollte sie sogar wirklich meine Freundin sein und ich bin gleich so verletzend und gemein?", warf ich mir vor.

Jetzt tat sie mir leid, genauso wie mir Jan leidgetan hatte, als ich ihn im Urlaub plötzlich so kalt hatte abblitzen lassen. Doch auch damals schon hatte ich mich nicht dazu überwinden können, ihn um Verzeihung zu bitten. Genau wie jetzt bei Milena.
Ich spürte eine unglaubliche Wut auf mich selbst. Auf mich und meine unverschämte aufbrausende Art, die ich nur allzu oft an den Tag legte, wenn ich mich auch nur ein winziges Bisschen in meiner Persönlichkeit angegriffen fühlte...
„Wann bin ich endlich so weit, mir meine eigenen Fehler einzugestehen?“, fragte ich mich wehmütig, einen heimlichen Blick nach drüben riskierend. Milena hatte es sich verkehrt herum auf dem Bett bequem gemacht, und war auf dem Bauch liegend in ihr Buch vertieft.
Es sah zumindest danach aus. Was in ihrem Kopf vor sich ging, konnte ich nur erahnen...

*

„Wieso ärgere ich mich eigentlich so sehr darüber, was Milena mir vorgeworfen hat? Existiert da etwa, tief in mir, tatsächlich ein ehrliches Verlangen danach wieder zuzunehmen, nicht nur deshalb, weil ich dadurch schnellstmöglich hier heraus käme?
Ist es nicht vielmehr so, dass tief in mir etwas steckt, das durch meine Magerkeit ebenfalls abgenommen hat, um das es aber viel zu schade wäre, es einfach verhungern zu lassen?
Etwas, das ein großes Geschenk an mich und auch an alle Mitmenschen darstellen würde, wenn ich doch nur endlich den Mut dazu hätte, es zu zeigen?“
Ich fühlte mich plötzlich so allein gelassen und sehnte mich nach Mama. Ihre lange Abwesenheit, die ich mir nicht erklären konnte und die ausbleibenden Anrufe bereiteten mir weit mehr Kopfzerbrechen, als die Tatsache, dass ich hier angeblich keine Freundinnen fand.

Die Mädchen hier verhielten sich doch selbst komisch. Sie befolgten ausschließlich das, was die Ärzte und Schwestern von ihnen verlangten, ohne eigenständig darüber nachzudenken oder auf den Gedanken zu kommen, etwas zu hinterfragen. Ärzte waren schließlich auch nur Menschen mit den gleichen Ängsten, Fehlern und Schwächen wie alle anderen.
„Warum sollte ich mich für andere Mädchen interessieren, die mit mir nichts gemeinsam haben und die im Gegenzug genauso wenig für mich übrig haben?", fragte ich mich nun, beschloss, kein Mitleid mehr mit Milena zu haben, und sie doch einfach schmollen zu lassen.
Schließlich musste ich ja auch mit meinen eigenen Problemen zurecht kommen und kein Mensch unterstützte mich dabei... Ich dachte wieder an Mama und wünschte mir zum wiederholten Male, sie würde sich endlich melden.
Ich brannte darauf, mit ihr neue Pläne für die Zukunft zu schmieden. Irgendwie war ich meiner Mutter noch nie so nahe gekommen, wie in der letzten Zeit in der Klinik hier. Das war vielleicht der einzige Vorteil, den ich aus diesem Aufenthalt ziehen konnte.
Was für eine Ironie! Stille breitete sich im Zimmer aus und ich schloss träge die Augen.
„Ein bisschen Schlaf tut mir jetzt bestimmt gut...", kam es mir noch in den Sinn, als ich behutsam vom Wachzustand in die freie Welt der Träume hinüber glitt...
„Träumen macht frei..."
Plötzlich wurde die Tür aufgerissen und jemand stürmte mit eiligem Laufschritt ins Zimmer. Erschrocken fuhr ich aus meinem leichten Schlummer hoch. Es war Schwester Sonja.
„Ein Gespräch für dich, Noemi!", rief sie und streckte mir den Hörer des tragbaren Telefons entgegen.
„Aber du weißt ja, zehn Minuten...!", ermahnte sie mich noch. Mein Herz begann vor Freude einen Takt schneller zu schlagen, als ich es an mein

Ohr drückte. Das musste Mama sein! Endlich!
„Ja hallo?"
„Hallo Noemi, ich bin es!", hörte ich die nur zu gut bekannte Stimme meines Vaters am anderen Ende der Leitung. Verwirrt hielt ich inne.
„Wie geht es dir denn heute?", fragte er mit einem Unterton in der Stimme, an dem ich genau erkannte, dass es ihn eigentlich nicht im Geringsten interessierte...
„Den Umständen entsprechend, danke!", erwiderte ich ungerührt.
„Wieso rufst du mich eigentlich an? Wo ist denn Mama?", wollte ich wissen und Unbehagen breitete sich in meiner Magengegend aus.
„Mama ist leider gerade nicht da, aber ich kann ihr gerne etwas ausrichten!"
„Nein, danke, ich möchte sie lieber selbst sprechen. Aus welchem Grund rufst du mich denn nun wirklich an, Papa? Bestimmt nicht, weil du dich nach meinem Wohlergehen erkundigen willst, oder?", entfuhr es mir genervt.
„Ja, da liegst du richtig. Der Hauptgrund, weshalb ich dich anrufe sieht anders aus..."
Eine schier unerträgliche Pause entstand.
„Ja, ich höre!", platzte ich ungeduldig hervor.
„Nun, wie du sicherlich festgestellt hast, haben ich und Mama dich schon seit über einer Woche nicht mehr besucht..."
„Ja, und...?"
„Das hat natürlich seine Gründe... Wir sind nun zu dem gemeinsamen Entschluss gekommen, dass unsere ständige Anwesenheit nicht gut für dich ist und deinen Genesungsprozess nicht unbedingt beschleunigt..."
„Was soll das heißen!?", rief ich entsetzt.
„Nun, das soll heißen, dass wir dich in den nächsten Wochen oder auch Monaten nicht mehr besuchen kommen. Ich habe mit Dr. Thannhäusser darüber gesprochen und auch er stimmte mir voll und ganz zu, dass du dich auf diese Weise viel besser auf dich selbst konzentrieren kannst und nicht mehr ständig von äußeren Einflüssen abge-

lenkt wirst. Du kannst nur wieder gesund werden, wenn du dich mit dir selbst beschäftigst und deine volle Aufmerksamkeit zusätzlich den für dich bestimmten Therapien widmest, die in Zukunft vermehrt auf dich zukommen werden", erklärte er mir ohne eine Regung in der Stimme, die mir verraten hätte, dass er Mitgefühl für mich gehabt hätte.
„Das hast du dir ja schön ausgedacht! Ich glaube dir kein Wort von dem, was du sagst! Dass Mama dem Ganzen wirklich zugestimmt haben soll, ist einfach absurd! Du verdammter Lügner, du wirst schon noch sehen, was du davon hast!", kreischte ich in den Hörer. Ich war außer mir vor Wut und Verzweiflung, da mir hier die Hände gebunden waren.
„Nun werd mal nicht gleich so unverschämt, mein Fräulein!", sagte er betont ruhig und beherrscht. „Die Suppe hast du dir doch ganz allein selbst eingebrockt! Da kann dir keiner helfen! Außerdem hat Mama gemeint, ihr würde ein wenig Abstand von dir für eine Zeit lang auch ganz gut tun. Glaubst du, es belastet sie nicht, dich in so einem erbärmlichem Zustand zu sehen?"
Das war doch wirklich das Allerletzte, was Papa da von sich gab! Wie konnte er nur so hinterhältig und gemein sein?
„Auf dich kann ich gut verzichten, du bräuchtest von mir aus nie wieder zu kommen!", giftete ich. „Das werde ich auch nicht mehr so schnell, Noe, und Mama auch nicht! Ich hoffe, du kommst bald wieder zur Besinnung, du weißt doch schon gar nicht mehr, was du da von dir gibst, du undankbares Ding!", rief er nun merklich aus der Fassung gebracht. Ich wollte es einfach nicht wahrhaben, dass mein Vater zu so etwas fähig war und startete einen letzten verzweifelten Gegenschlag...
„Du wolltest mich doch schon die ganze Zeit über in diese Klinik abschieben, nicht wahr?! Am liebsten hättest du es, wenn ich für immer hier bleiben müsste! Gib es ruhig zu, du hast dich

bereits selbst verraten!“
Milena, die immer noch in ihrem Bett lag, starrte mit einer Mischung aus Entsetzen und Hilflosigkeit zu mir herüber. Sollte sie doch davon halten, was sie wollte. In diesem Augenblick war es mir sogar Recht, dass sie alles mitbekam.
„Das ist nicht wahr, Noe, wir alle wollen doch nur dein Bestes, geht das denn nicht endlich in deinen Kopf hinein?!“
„Ich wünschte, es wäre so! Du verdammter, hinterhältiger Lügner! Ich will dich nie mehr wieder sehen! Ich hasse dich! Ich hasse dich für all das, was du mir angetan hast und noch viel mehr dafür, dass du mir nun auch noch Mama wegnimmst! Gerade jetzt, da ich sie am meisten brauche!“, brach es in verzweifelter Wut aus mir heraus.
„Wo ist sie, lass mich mit Mama sprechen, sofort!“
„So nicht, meine Liebe! So nicht! Das lasse ich mir nicht gefallen, hörst du? Du wirst dich bei mir entschuldigen und zwar jetzt auf der Stelle, Noemi!“, donnerte es am anderen Ende. Nun hatte ich es also doch geschafft, Papa vollständig aus seiner gespielte Gelassenheit zu stürzen. Gut so! Es war ja geradezu lächerlich, wie krampfhaft er sich stets darum bemühte.
„Nein, das werde ich bestimmt nicht! Fahr doch zur Hölle, du Missgeburt!“
Das war das Letzte, was ich noch mit krächzender, halb erstickter Stimme erwidern konnte, bevor ich einfach auflegte. Genug war genug. Mehr konnte ich nicht mehr verkraften.
Am liebsten hätte ich das Telefon in die nächstbeste Ecke geschleudert, doch das hätte mir außer einem Haufen Plastik, Metall und vor allem Ärger mit Schwester Sonja auch nichts eingebracht...
Kraftlos ließ ich es stattdessen neben mich aufs Bett sinken und meine Augen starrten ins Leere. Enttäuschung und verzweifelte Wut nagten in meinem Bauch, und ließen meine Gedärme rumoren und

sich winden wie ein Schlangennest.
Das Telefon wurde zurückgeholt und ich war froh abends alleine zu sein, da Milena heute zum Tee-Abend in den Gemeinschaftsraum ging.
Allein mit meinen Fragen. Allein mit der schwarzen Fee?
Ich war mir fast sicher, dass Mama von Papas Aktion nichts wusste, wie sonst hätte sie so etwas zulassen können? Wieso verachtete mich Papa so sehr, dass er sich so etwas ausdachte? Gab es denn auf der ganzen Welt keinen Menschen, der mich so mochte, wie ich war? Einen wirklichen Freund, der mich verstand, meine innersten Gefühle respektierte und mich nicht die ganze Zeit über verändern wollte?
Vielleicht war es Mama aber auch tatsächlich zu viel mit mir geworden in letzter Zeit?
Aber wieso redete sie mit mir nicht darüber? Hatte ich mich nicht zuletzt so gut mit ihr verstanden? Oder war das nur vorgeschoben? War sie wirklich so feige, es mir nur durch Papa sagen zu können? Ich verstand die Welt nicht mehr.
So viele Gedanken schwirrten mir durch den Kopf, die mich immer trauriger und trauriger werden ließen und ich spürte, dass ich es nun nicht mehr länger zurückhalten konnte.
Nie, nie wieder würde alles gut werden! Nie wieder würde es so werden wie früher, bevor ich mit alldem angefangen hatte...
Lautes Schluchzen brach aus mir heraus und heiße Tränen rannen über mein Gesicht. Ich wehrte mich nicht mehr dagegen, meinen Gefühlen Ausdruck zu verleihen. Es war, als würde ein Damm brechen. Ich vergrub mein Gesicht tief in das Kopfkissen hinein, um meinen jammervollen Anblick, mein Tränen überströmtes Gesicht zu verbergen. Ich wollte nicht, dass mich irgendjemand so sah...

*

Plötzlich war sie wieder da. Wie aus dem Nichts stand sie neben meinem Bett. Obwohl ich meine Augen geschlossen hielt, spürte ich den-

noch, dass sie es war. Die schwarze Fee!?
Sie setzte sich zu mir ans Bett. Sanfte Hände berührten behutsam meinen Kopf und strichen über mein langes Haar. So zärtlich, als wäre ich ein kleines verletztes Vögelchen. Zuerst wollte ich erschrocken hochfahren und sie weg stoßen, doch etwas hielt mich davon ab. Etwas, das sie als einen Teil meiner selbst wieder erkannte. Still blieb ich liegen, und genoss die zarten Berührungen und die Ruhe, die von ihren Händen auf mich übergriff.
Immer weiter streichelte sie mich und mit jedem Mal verflog ein bisschen mehr von meiner Wut, meiner Enttäuschung und meiner scheinbar grenzenlosen Traurigkeit...
Es war, als spräche sie die ganze Zeit über zu mir. Sie ließ Hoffnung und neuen Mut in mir auferstehen. Mit einer Sprache, die keiner Worte bedurfte, die nur mein Herz allein zu verstehen vermochte, machte sie mir klar, dass auch ich etwas wert war, dass auch ich das Recht hatte, zu existieren und mich zu freuen.
Ich gab mich ganz und gar ihrer unsagbaren Liebe hin, die mich durchströmte wie neues Leben, und ihren wohltuenden Berührungen, die sogar mein Innerstes zu liebkosen vermochten.
Es fühlte sich so an, als wäre sie ein Teil von mir selbst, etwas, das ich verloren und nun wieder gefunden hatte. Ich kannte sie und sie kannte mich.
Wärme und Geborgenheit hüllten mich vollständig ein, wie ein Kokon warmen Lichtes, und ließen mich, wenn auch nur für eine kurze Weile, all den Schmerz meines armseligen Lebens vergessen.
Nun ja, vielleicht war das etwas übertrieben ausgedrückt, hätte ich mich nicht öfters so gefühlt, als wäre alles was ich je getan hatte, vergebens gewesen.

*

Als ich aus meinem wohltuenden Schlummer erwachte, in den sie mich auf so wundersame Weise hinüber begleitet hatte, war sie bereits gegangen...

Kapitel 15
Gruppensitzung für Porzellanpüppchen?

Wie magisch zog es mich mit sich und ich ließ es einfach mit mir geschehen. In diesem Moment war ich eine gelbe Mimose, der Flügelschlag eines Nachtschwärmers, der erste Buchstabe auf einem unbeschriebenen Blatt...
Ob ich tot, lebendig oder völlig verloren war, konnte ich zu diesem Zeitpunkt nicht mehr sagen. Etwas um mich herum explodierte, riss mich mit voller Wucht mit sich, um mich durch den unendlichen Raum des Vergessens zu schleudern. Leuchtendes Bewusstsein...
Mit einem Schlag war es plötzlich wieder finster. Stockfinster. Pechschwarze Nacht. Dennoch war das Licht noch immer da. Vielmehr ICH war noch immer da. Oder was war das?
Mir war, als flöge ich mit ungeheurer Geschwindigkeit aufwärts. Immer höher und höher, immer schneller und schneller. Mein Innerstes kehrte sich nach Außen und der vibrierende, dunkle Urgrund des Seins, der alles Lebendige zusammenhielt, tat sich vor mir auf und verschmolz mit mir.
Sprühende Lichtfontänen und regenbogenfarbene Muster vereinnahmten mich völlig.
Der Sog von oben verstärkte sich, meine Innenwelt verwob sich immerzu mit den pulsierenden Mustern und Bildern, um sich darin erneut wirbelnd und Feuer speiend selbst zu gebären...
Ich selbst, so wie ich mich kannte, existierte nicht mehr. Ich dachte nichts mehr, denn ich war nun selbst ein Gedanke. Oder vielmehr ein Gefühl, ein wundervoller Gefühls-Gedanke, der sich selbst erdacht hatte und sich in jedem Augenblick immer wieder neu erschuf.
Bis ans Ende aller Zeit sich verwandelnd, sich abermals neu erfindend und in sich selbst widerspiegelnd...

*

Inzwischen hatte der Kalender erneut ein weiteres seiner Monats-Blätter eingebüßt und mir war, als verkümmerte ich mit jedem weiteren Tag, den ich hier verbringen musste, ein Stückchen mehr. Geistig und körperlich. Von wegen Muskelaufbau und Persönlichkeitsbildung!
Gefangen im ewigen Kreislauf des Klinik-Alltags. Monotone Leere. Ich wäre so gerne in sie hinein geschlüpft. In die Eingeweide der schwarzen Fee.

In meine sichere Zuflucht. Ich konnte mich einfach nicht damit abfinden, dass mich sogar Mama im Stich gelassen hatte. Ich war mir sicher, dass ich ihr das niemals verzeihen würde.
Jedenfalls konnte ich es mir beim besten Willen nicht vorstellen, wie ich das anstellen sollte.
Ich sah mir den von Dr. Thannhäusser erstellten Gewichtsplan an, der nun an der Wand neben meinem Poster prangte.
Verzweiflung und Angst beschlichen mich, als ich mein Zielgewicht, wie schon so oft in letzter Zeit, stillschweigend betrachtete und mir dabei vorstellte, wie ich damit wohl aussehen würde.
Dreiundfünfzig Kilo sollte ich dann auf die Waage bringen und kein Gramm darunter! „Fette Weihnachtsgans...!"
Die Verzweiflung nahm mir fast den Atem und ließ mich vor dem Abgrund meiner eigenen Hilflosigkeit zurück. Ich empfand puren Hass auf all die Menschen, die dafür verantwortlich waren, dass ich hier all diese Torturen über mich ergehen lassen musste. Diese dämlichen psychologischen Gespräche, die üppigen Mahlzeiten, diese unaufhörliche Kontrolle und die aufs Schärfste beschnittene Freiheit.
„Doch was ist eigentlich Freiheit? Das Gegenteil von Gefangensein? Ja, vielleicht.
Vielleicht hat wirkliche Freiheit aber auch gar nichts damit zu tun, wo man sich befindet, sondern damit, was man als Freiheit empfindet? Hängt dieses Gefühl nicht vielmehr vom jeweiligen Bewusstseinszustand des Beobachters ab? Warum also sollte ich mich eingesperrt fühlen und ein Problem daraus machen, wenn mir doch meine wahre Freiheit, die Freiheit des Geistes und der Phantasie niemand nehmen kann?"
Das war ein interessanter Ansatz, doch leider konnte ich dieses neue Freiheits-Bewusstsein nicht allzu lange aufrechterhalten, war ich doch trauriger Weise noch immer an die physischen Begrenzungen meines Körpers gebunden...

*

Heute sollte meine Mittagessen-Premiere stattfinden. Keine Sondennahrung mehr, während der Essensduft aus dem Speisesaal wehte! Der Gedanke daran erfüllte mich mit Befriedigung, denn vom heutigen Tage an wollte ich es mir endlich wieder erlauben, das Essen zu genießen, ohne um meine schlanke Linie zu bangen – zunehmen war ja Voraussetzung, um überhaupt wieder hier heraus zu kommen... Doch war dieser Genuss am Essen nicht nur ein scheinheiliger, selbstignoranter Vorwand, ein „freiwilliger" Zwang, wenn man es so ausdrücken wollte? Ich würde das Essen zwar „genießen", weil ich wusste, ich musste sowieso wieder essen, doch im Grunde verabscheute ich es noch genauso wie zuvor – nein, sogar noch viel mehr...
„Ja, es ist und bleibt reiner Selbstbetrug, doch habe ich eine Wahl?"
Natürlich verschwieg ich das in den bereits zahlreichen Gesprächen, die ich mit dem Klinikpsychologen, Herrn Dr. Lausitzer, führen musste. Die Betonung lag auf „musste", denn freiwillig hätte mich da nicht mal das Versprechen auf ewige Schönheit hingebracht.
Oder doch? Nun ja... wie dem auch sei. Jedenfalls log ich ihm geradewegs das Blaue vom Himmel herunter, erzählte ihm, wie sehr ich es jetzt bereute, dass ich meinen Körper so herunterkommen ließ und wie gerne ich doch endlich wieder ein ganz normales gesundes Mädchen sein wollte. Perfekt fügte ich mich in die vorherrschenden Klischees ein, in die er mich dann nur noch hineinzupacken brauchte, wie eine Akte in eine Schublade...
Ich fühlte mich wie in einem Theaterstück, in dem ich eine mir zugewiesene Rolle spielen musste, damit es weiterging und irgendwann zum Abschluss kam. Genauso verhielt es sich hier. Spielte ich meine Rolle gut, würde das Stück – in diesem Falle der Klinikaufenthalt – viel weniger stres-

sig verlaufen und bald würde mir wieder die frische Luft der Freiheit um die Nase wehen.
„Wie wird es wohl danach sein?", fragte ich mich zum tausendsten Mal.
„Wie soll ich mich meinen Eltern gegenüber verhalten? Wie mit ihnen jemals wieder ein ganz normales Gespräch führen?" Und bereits jetzt keimte der Gedanke in mir, dass ich in Zukunft ein Leben ohne sie führen wollte. Ohne Einschränkungen, ohne Streit... Mit großen Augen starrte ich immer noch auf den Plan. Neben Mittagessen stand da noch etwas anderes, das ich bisher gern ganz dezent übersehen hatte: Essgestörtengruppe. 14:30 Uhr.
Jetzt war es also so weit. Mit voranschreitender Gewichtszunahme sollte ich also auch an dieser EssGESTÖRTENgruppe teilnehmen. Der Name verriet eigentlich schon alles...

*

„Noemi, wo bist du denn schon wieder, wir haben doch jetzt Zwischenmahlzeit!", hörte ich Schwester Juttas Stimme vom Flur durch die geschlossene Zimmertür hindurch schallen.
Blitzartig katapultierte sie mich in die langweilige Klinik-Realität zurück.
Das hatte ich ja ganz vergessen. Deswegen also hatte ich hier im Zimmer mal ausnahmsweise meine Ruhe vor den anderen gehabt - sie saßen bereits alle im Speisesaal und löffelten brav ihr Müsli. Schnell band ich meine Haare zusammen und sprang auf.
„Ich werde mal nach ihr sehen, Schwester Jutta!", vernahm ich nun Schwester Sarahs Stimme und ehe ich mich versah, stand sie bereits vor mir.
„Da bist du ja, Noemi! Na komm schon, die anderen sind schon fast fertig. Du wolltest dich doch nicht etwa drücken, oder?"
„Nein, Schwester Sarah, bestimmt nicht! Ich war gerade nur so in Gedanken, da habe ich nicht

mehr auf die Zeit geachtet! Ich komme sofort!", entschuldigte ich mich kleinlaut, denn ich empfand einen ungeheuren Respekt ihr gegenüber. Sie kam mir so unantastbar vor und strahlte eine unerschütterliche Ruhe und Gelassenheit aus.
Eine Aura von etwas Geheimnisvollem und Unheimlichem umgab sie stets. Und so oft ich es mir auch vornahm gelang es mir doch nie, etwas Privates über sie herauszubekommen. Irgendwie vollzog sich mit jedem Mal, wenn sie den Raum betrat, eine unsichtbare Veränderung in mir, für die ich keine plausible Erklärung hatte. Ich spürte nur, dass sich etwas verwandelte, dass ich plötzlich keine miesen Gedanken mehr hegen konnte und mich so ausgeglichen fühlte, als wäre ich stundenlang im taufrischen Wald spazieren gegangen. Doch nicht nur das. Sie kümmerte sich so rührend um mich, dass ich manchmal glaubte, ich wäre die Einzige, um die sie sich hier sorgen musste...
„Ich glaube dir doch, du kleine Träumerin!", erwiderte die junge Schwester verständnisvoll und stupste mir mit der Fingerspitze spielerisch auf die Nase.
„Ich kenne doch mittlerweile unsere Noe!", fügte sie noch mit einem Lächeln hinzu, das vielmehr zu sagen schien:
„Ich weiß, wer du wirklich bist, Noemi. Vor mir kannst du dich sowieso nicht verbergen. Ich kenne dich besser, als du dich selbst..."
Das machte mir etwas Angst. Sie beherrschte es außerdem vortrefflich, meist mit nur einem Satz so sehr den tiefsten Kern einer Angelegenheit zu treffen und mich mit einer Reihe von verborgenen Empfindungen zu überfluten, dass ich jedes Mal glaubte, sie würde mich verzaubern.
Ja, sie war zauberhaft, mit ihrem oft so viel sagenden Lächeln, ihren bunten Birkenstock-Schlappen und ihrer ganz speziellen Art. Mittlerweile bezweifelte ich nicht mehr, dass ich ohne ihre ständige Unterstützung wohl schon längst mit einem naiven Lächeln und irrem Glanz in den Augen

irgendwo in einer schallisolierten Gummizelle gelandet wäre...

*

Freundlich leuchtete mir der Speisesaal entgegen, als ich mich auf leisen Sohlen hinein schlich.
Die Vormittagssonne durchdrang ihn mit ihrem goldenen Schein, der alles in ein träumerisch-meditatives Licht zu tauchen vermochte, und den Personen und Gegenständen in diesem Raum dadurch ein unwirkliches Aussehen verlieh. Dieser Anblick erinnerte mich unmittelbar an einen schönen Herbsttag, an dem ich einst das schräg durch das bunte Blattwerk des Waldes einfallende Sonnenlicht bestaunt hatte. Eine Momentaufnahme der Ewigkeit, die nur für mich ganz allein, genau in diesem Augenblick bestimmt war.
Dieses Zusammenspiel von Licht und Schatten stellte für mich einen Abglanz einer verborgenen Herrlichkeit dar, die irgendwo existierte und allein dazu da war, im richtigen Moment in jede Faser des Seins aufgenommen und ausgekostet zu werden.
Jetzt sah der Saal auch gar nicht mehr so kalt und steril aus wie sonst immer. Licht und Sonne waren für mich, seitdem ich hier war, zu einem kostbaren Gut geworden, das ich oft wahnsinnig vermisste. Auch die Natur, die mir doch schon immer so sehr am Herzen lag, konnte ich nicht mehr aufsuchen, um mir dort neue Kraft zu holen. Eigentlich wurde mir hier restlos alles genommen, was mir in meinem Leben wichtig gewesen war...
Das Müsli stand noch unangetastet auf meinem Platz. Die anderen Mädchen hatten ihre Körnermahlzeit schon beinahe beendet, und ich nahm schnell und ohne einen Mucks Platz, um nicht mehr als nötig fragende Blicke auf mich zu ziehen. Irgendwie war mir heute nicht so besonders nach Essen zumute.

So wie gestern. Und vorgestern. Und überhaupt. Ich wünschte mir, ich könnte endlich wieder selbst bestimmen, wann, wie viel und ob überhaupt ich etwas essen wollte. Doch das änderte nun auch nichts mehr daran, dass die Schüssel noch randvoll war.
Ich musste brav sein und aufessen. Weigerte ich mich, würde es von Schwester Jutta, die heute Aufsicht hatte, in ein kleines Notizbuch vermerkt und dem jeweiligen Arzt, in meinem Fall Dr. Thannhäusser, umgehend mitgeteilt werden. Sogar Schwester Jutta, die es wirklich gut mit mir meinte, war gezwungen dies zu tun. Sie wollte mir helfen, tat das aber auf eine ganz andere Weise als Schwester Sarah. Mit Schwester Jutta konnte ich mich über ganz alltägliche Dinge unterhalten. Wie sie etwa zu ihrem Beruf gekommen war oder ob sie verheiratet war oder Kinder hätte...
All das waren Gesprächsthemen, die mir in Schwester Sarahs Anwesenheit niemals auch nur im Traum eingefallen wären. Gedankenverloren löffelte ich die Schale aus und bemerkte gar nicht, dass sich auch der Speisesaal langsam leerte. Als ich aufsah, saß nur noch Schwester Jutta da und wartete gutmütig darauf, dass ich endlich die letzten Reste der Haferflocken, die noch am Löffel klebten, fein säuberlich ableckte, wie ich es für gewöhnlich immer tat.
Was für eine peinliche Marotte, wenn man dabei beobachtet wurde! Beschämt legte ich den Löffel beiseite, stand auf und verließ den Saal ohne ein Wort zu verlieren. Es war mir irgendwie peinlich, dass sie mir schon die ganze Zeit über beim Essen zugesehen hatte, ohne dass ich davon Notiz genommen hatte.
„Was bin ich bloß für eine gedankenverlorene Träumerin!“, schalt ich mich selbst. Nie war ich bei der Sache und tat das, was ich gerade ausführte, mit voller Aufmerksamkeit.
„Warum fällt es mir nur so schwer, mich zu konzentrieren?“, fragte ich mich. Ich war ja schon

immer ein verträumtes Ding, doch seit ich hier war, war es noch schlimmer geworden. In lediglich zwei Stunden sollte es bereits Mittagessen geben und ich konnte dieser Tatsache nur etwas Gutes abgewinnen, indem ich daran dachte, dass es mir helfen würde, fetter zu werden.
„Juhu, ein weiteres Pfund in Richtung Freiheit!"

*

Punkt 14:30 Uhr saß ich in einem Raum, der exakt all den anderen Räumen hier in diesem grauen Betonklotz glich. Nur dieser hier befand sich in einem Nebengebäude der Klinik, das man ausschließlich zu Fuß erreichen konnte. So kam es, dass ich dank dieser Essgestörtengruppe zum ersten Mal seit langer Zeit zumindest wieder eine kurze Strecke zu Fuß im Freien zurücklegen durfte. Selbst die Luft hier, vom Mief der Großstadt verpestet, schmeckte für mich wie pures Glück und erinnerte meine Lungen wieder daran, wie es sich anfühlte, die Freiheit in vollen Zügen auszukosten.
Natürlich mussten wir, also die anderen Mädchen meiner Station und ich, immer von einer Schwester hinunter begleitet werden. Das war Vorschrift. Sicherheit ging eben doch vor Vertrauen...
Da saß ich also im Stuhlkreis. Scheu ließ ich meinen Blick über die vielen fremden Gesichter in der Runde streifen... Einige kannte ich vom Sehen, doch die meisten waren mir fremd, obwohl sie alle auf meiner Station untergebracht waren.
„Es ist schon ein komisches Gefühl, wenn ich mir bewusst mache, dass hier so viele Mädchen mit sehr ähnlichen Problemen auf einem Haufen sitzen und sich trotzdem nicht im Geringsten kennen. Jede hier trägt ihre eigene Bürde und doch wurden wir nun alle an diesem einen Ort zusammengeführt. Und selbst wenn ich heute einige näher kennen lernen würde, weil ein Mädchen aus seinem Leben erzählten, würde ich und auch niemand anderes je erfahren, wer dieses Mädchen wirklich

war, welche tiefen Gefühle es hegte, wie sich das Leben für sie wohl anfühlte, welche feinen Nuancen davon für sie einen Teil ihrer Wirklichkeit ausmachten... Für mich war klar, dass kein Mensch auf dieser Erde je wirklich so zu ergründen, zu analysieren war, wie es die Psychologen allgemein versuchten. Jedes Individuum verfügte über eine eigene Wahrnehmung, produzierte eigene Gefühle und dachte unterschiedlich.
Natürlich war die Farbe „Blau" auch für andere Menschen ein Blau. Doch welches Blau? Welche Empfindungen rief diese Farbe hervor, welche Erinnerungen wach? Vielleicht sah es für jeden ein klein wenig anders aus, hatte eine andere Abstufung, eine andere Ausstrahlung?
Wer konnte das schon wissen? Vielleicht existierte jeder nur in seiner eigenen Welt? Eine eigene Welt, die sich danach formte, wie sie empfunden wurde? Wäre es dann nicht so, dass wenn sich zwei Menschen begegneten, zwei unterschiedliche Universen aufeinander träfen, um sich gegenseitig zu ergründen? War es nicht ungeheuer spannend, ein neues Universum zu erkunden, herauszufinden, wie es darin aussah, wie sich dort die Gesetzmäßigkeiten verhielten, wie die Farben dort leuchteten?
Allerdings müsste man dabei auch seine Furcht vor dem Neuen, dem Unbekannten überwinden, um wirklich tief eindringen zu können. Man müsste sich dem Anderen völlig öffnen und sich selbst offenbaren, um im Gegenzug die Geheimnisse des Gegenübers zu lüften. Das war wohl das Schwierigste an diesem Unterfangen. Oft mischten sich dann Angst und Unsicherheit darunter, die dafür sorgten, dass man nicht allzu tief vordrang, sondern nur an der Oberfläche kratzte, die sich dann oft als eine schier undurchdringliche Schutzschicht entpuppte.
Konnte man aber diesen Schutzschild durchbrechen, tat sich plötzlich das gesamte Universum auf, es lag einem zu Füßen und wenn man die Regeln kannte, die darin vorherrschten, war es

sogar möglich, darin etwas zu verändern und gemeinsam etwas wundervolles Neues zu erschaffen. Eine neue Welt? Wieso war es gerade für mich so verdammt schwer, jemandem näher zu kommen, jemanden an mich heran zu lassen? Fand ich wirklich keinen Menschen, dem ich mich öffnen konnte? Tat es mir wirklich auf Dauer gut, all meine Wünsche, Sorgen und Ängste nur für mich selbst zu behalten?
Mir wurde klar, dass ich erst bereit war, ein anderes Universum - einen anderen Menschen - zu erforschen, wenn ich endlich mein eigenes vollständig ausgelotet hätte. Und das war schon riesengroß und schier unermesslich!
„Wenn ich mich selbst noch nicht einmal bruchstückhaft kenne, weshalb sollte ich dann andere näher kennen lernen wollen?", fragte ich mich nun.
„Aber womöglich würden mir die Erfahrungen, Ansichten und der Austausch mit anderen Menschen helfen, mich selbst ein Stück weit mehr zu begreifen?"
Das war alles eine ziemlich verzwickte Angelegenheit, über die ich stundenlang hätte nachdenken und sinnieren können, wäre ich nicht jäh von Herrn Melisch, unserem Gruppenleiter, aus meinen Grübeleien gerissen worden:
„So, du bist also Noemi, die wir ab heute als neues Mitglied in unserer Gruppe willkommen heißen!", begrüßte er mich freundlich.
„Am besten fangen wir damit an, dass sich jeder aus der Gruppe kurz vorstellt und am Ende erzählst du uns etwas über dich! Einverstanden?! Also, fangen wir bei dir an, Sandra!", fuhr er fort und deutete auf das blondhaarige Mädchen, das direkt neben ihm im Kreis saß... Interessiert hörte ich mir an, was Sandra so durchgemacht hatte und wie sie hierhergekommen war. Ich bewunderte, wie leichtfertig und selbstverständlich sie über ihre Magersucht, ihre Familie und all die Dinge berichtete, die mit ihr zu tun hatten und mir eigentlich viel zu privat für

solch einen dubiosen Gesprächskreis vorkamen.
Immer weiter setzte sich die Runde fort und bald sollte ich an der Reihe sein, um über mich und mein Leben, über meine „Krankheit" zu erzählen...
Ich spürte, wie mir langsam schlecht wurde und sich alles in mir zusammenkrampfte.
„Was soll ich nur sagen? Bestimmt lachen alle über mich, weil ich keinen anständigen Satz herausbekomme!", ärgerte ich mich und konnte vor lauter Aufregung gar nicht mehr richtig zuhören...
„Noemi!"
Plötzlich war ich an der Reihe. Alle Blicke richteten sich auf mich und sie warteten darauf, dass ich zu sprechen begann. Ein dicker Kloß steckte mir im Hals und ich merkte, wie mir abwechselnd heiß und kalt wurde.
„Du bist dran, Noemi!", rief mir Herr Melisch aufmunternd zu. Ich kam mir so blöd vor, hier in einer Gruppe für Essgestörte zu sitzen und erzählen zu müssen, dass ich – ach, was für ein Zufall aber auch – ebenfalls an einer Essstörung litt!
Was hatte das denn für einen Sinn? Was ging denn eigentlich all die anderen an, wie ich mich fühlte und wer ich war? Die konnten mir doch auch nicht helfen!
Die Situation wurde immer unangenehmer. Durch mein konsequentes Schweigen breitete sich eine drückende Stimmung im Raum aus, die fast hypnotisch wirkte.
Stumm starrte ich auf den Fußboden und wartete einfach ab, was nun passieren würde. Es konnte mich ja schließlich keiner zwingen, etwas zu erzählen. Herr Melisch schien langsam ungeduldig zu werden, denn er räusperte sich mehrmals und warf mir einen erwartungsvollen Blick zu, als ich es wagte, einen winzigen Moment aufzusehen.
„Sag wenigstens du endlich irgendwas, ich halt das nicht mehr lange aus!", forderte ich ihn in Gedanken auf. Diese Spannung, die in der Luft

lag und sich mit meinem trotzigen Gesichtsausdruck perfekt deckte, schaukelte sich immer weiter auf.
Ich konnte nicht mehr anders. Ich merkte, wie es sich aus der Tiefe heraus anbahnte. Und lauthals brach plötzlich schallendes Gelächter aus mir heraus. Ich schüttelte mich vor Lachen und meine Erstarrung wich vollständig einem erleichterten Kribbeln in Händen und Füßen. Verwirrt starrte Herr Melisch mich an und auch die Mädchen warfen sich fragende Blicke zu. Doch schon konnte sich auch die Erste nicht mehr halten und so kam es, dass plötzlich die ganze Runde, einschließlich Herrn Melisch, dem Humor verfiel und mit mir mitschäkerte.
Eigentlich wusste niemand den Anlass, doch das war in diesem Moment Nebensache. Irgendwie schämte ich mich ja einfach so herauszuprusten, doch auf wundersame Weise hatte ich mich damit aus der Zwickmühle befreit, in der ich steckte. Die ganze Stimmung lockerte sich auf und nun fühlte ich mich, als könnte ich mich jetzt sogar dazu überwinden, nun doch etwas über mein Leben zu erzählen. Die Mädchen kicherten noch immer vereinzelt, obwohl Herr Melisch sie nun schon wiederholt dazu aufgefordert hatte, endlich wieder still zu sein.
„Nun reißt euch doch mal zusammen, ihr Schnattergänse!", rief er und riskierte einen Blick auf seine Armbanduhr. „Ach, du liebe Zeit, so spät schon!", entfuhr es ihm.
„Mit Bedauern muss ich gerade feststellen, dass unsere gemeinsame Stunde bereits seit exakt acht Minuten zu Ende ist! Ihr müsst wieder zurück auf die Station, die Schwester wartet draußen bestimmt schon auf euch!"
Na, das klang ja zur Abwechslung mal ganz gut! Erleichtert sprang ich auf.
„Ich hoffe aber, ihr bringt für das nächste Mal etwas mehr Disziplin mit!", rief er noch und zwinkerte mir dabei besonders auffällig zu. Aber das kümmerte mich wenig. Ich war in diesem Mo-

ment mehr als nur froh, dass ich diese unangenehme Situation doch noch auf so witzige Weise entschärfen konnte, obwohl das Ganze selbst für mich unmöglich vorherzusehen war.
Regen. Ringsherum lachten mich noch die davon zeugenden Wasserpfützen an. Tropfen hingen an Ästen und Blättern. Die Bäume wurden angeregt, durch die dampfige Wärme und die segensreiche Feuchtigkeit neuen Sauerstoff zu produzieren. Ein leiser Windhauch, der sanft meine Wangen streifte, kurz bevor ich wieder mit den anderen das graue Klinikgebäude betrat, ließ mich nur erahnen, wie es wäre, wieder mal durch einen Wald zu spazieren, kurz nachdem Regen gefallen war. Wie gut es dort duftete, wie rein und klar dann die Luft war, wie frisch und erquickt ich mich jedes Mal gefühlt hatte! Wie lange das doch schon zurück lag! Mehr denn je verspürte ich in mir das beinahe übermächtige Verlangen, endlich wieder meine eigene Herrin zu sein.
„Mama und Papa werden schon noch sehen, was sie davon haben, mich einfach hierher abzuschieben!", dachte ich verbittert.
„Hoffentlich hat Schwester Sarah heute wieder Nachtdienst", betete ich, denn dann würde sie mir wie immer einige Tafeln meiner absoluten Lieblingsschokolade mitbringen: Edelmarzipan umhüllt von feinstem Zartbitter...
Ich liebte dieses Zeug mittlerweile und war schon regelrecht süchtig danach. Zumindest hätte ich bestimmt ernsthafte Entzugserscheinungen erdulden müssen, wenn meine Schokoladenversorgung von einen Tag auf den anderen zusammengebrochen wäre.
Natürlich hortete ich meine Vorräte sorgsam versteckt unter allerhand Papier, Schreibkram und sonstigen Sachen, in der hintersten Ecke meines Nachtschrankes. Dort würde es nicht einmal Schwester Sonja finden, die schon öfters in den Zimmern Razzien durchgeführt hatte, um auch ganz sicher zu gehen, dass sich keines der Mädchen unerlaubt mit zusätzlichem Naschzeug versorgte.

Dieses heimliche Futtern war einfach der letzte, verbotene Kick, der mir noch geblieben war. Nicht einmal dem täglichen Fernsehabend im Gruppenraum konnte ich etwas abgewinnen. So kam es, dass ich jeden Abend als einziges der Mädchen, denen es erlaubt war aufzustehen, im Bett blieb. Um nachzudenken, auf das Poster von Mama zu starren, das für mich ein Fenster in eine andere Welt darstellte, meine Gedanken zu Papier zu bringen oder nur, um einfach vor mich hin zu dösen.
Kurz vor vier. In zwei Stunden war es Abendbrot-Zeit. Eine von vielen Essenszeiten hier.
Mein Leben wurde immer mehr von einem Kreislauf aus essen, schlafen und den fast täglichen Therapien bestimmt, die mir zwar sogar einigermaßen Spaß machten, jedoch auch nicht die wirkliche Erfüllung darstellten. So wie die Musiktherapie - was ich vor Milena natürlich nie zugegeben hätte - oder die Reittherapie, bei der man extra einen speziell dafür geschulten Reiterhof besuchen durfte, um dort für exakt fünfzehn Minuten auf einem Pferd zu sitzen, um sich durch seine Bewegungen und seine liebevolle Ausstrahlung ausgeglichener und fröhlicher zu fühlen. Oder so ähnlich. Doch ich wusste nur zu gut, dass das alles hier - war manches auch noch so toll - mich niemals wirklich gesunden lassen würde. Nicht auf diese Weise. Nicht jetzt und nicht hier. Durch Therapien, die mir praktisch aufgedrängt wurden, die nicht auf meine individuellen Bedürfnisse abgestimmt waren, die mir eigentlich fremd waren, konnte ich nicht gesund werden. Ja, ich begriff allmählich, dass ein Teil von mir krank sein musste. Doch das hatte meiner Meinung nach nichts mit Magersucht oder nicht essen wollen zu tun. Diese äußere Erscheinungsform, die meine Seele für ihren Schmerz gewählt hatte, war nur eine von vielen Ausdrucksweisen.
Ich wusste, was ich ändern musste in meinem Leben. Ich wusste es irgendwie schon die ganze Zeit über. Doch immer mehr hatte ich es ver-

drängt, vergessen, beiseite geschoben, wie eine lästige Arbeit, die ich nicht verrichten wollte. Ich hatte Angst. Angst, diese Erkenntnis, die ich erlangt hatte, wieder zu verlieren, je länger ich noch hier war. Wie sollte ich sie bewahren, wenn ich tagtäglich dieser Gehirnwäsche unterzogen wurde, die hier stattfand, ohne dass dies überhaupt von jemandem zur Notiz genommen wurde!? Ich merkte es dafür umso besser.
Die gesamte Klinik schien eigens dafür erbaut worden zu sein. Alles darin wirkte unfreundlich, kalt und abweisend. So unpersönlich. Ich überlegte oft, wie Menschen nur freiwillig in so einem Gebäude leben und arbeiten konnten, wie man überhaupt solch ein hässliches Bauwerk errichten konnte, das schon von außen so aussah, als wolle es einen verschlingen und nie wieder freigeben. Wie man darin wirklich wieder gesund werden sollte war und blieb mir ein Rätsel.
So war zumindest mein Eindruck, doch wahrscheinlich hatten die anderen nicht einmal bemerkt, wie dieses Gebäude auf ihr Unterbewusstsein einwirkte. Wie die Personen, die hier arbeiteten und versuchten uns fremde Sichtweisen einzubläuen, dic sie tatsächlich für ihre eigene Wahrheit hielten, weil sie schon viel zu lange in diesem System gefangen gehalten und davon verblendet wurden...
Einen Lichtblick stellte für mich der Himmel dar. Ja, besonders der blaue Himmel den ich durch's Fenster sehen konnte. Wenigstens die Sicht auf den Himmel konnten sie mir hier drinnen noch nicht rauben. Er vermittelte mir Ruhe und die Gewissheit, dass das Leben immer weiterging, egal was auch geschah. Vielleicht aus dem Grund, weil er immer da war, auch wenn die Sicht einmal durch eine dichte Wolkendecke oder auch durch eine Zimmerdecke versperrt wurde.
Katrin.
Seit sie aus ihrem Einzelzimmer, in das sie vorübergehend verfrachtet worden war, erneut zu uns zurück verlegt wurde, hatte ich mit ihr noch

kein einziges Wort gewechselt. Damals, als sie noch im Bett liegen musste und mit allen möglichen Medikamenten voll gestopft war, empfand ich eine innere Ablehnung, mich mit jemandem zu unterhalten, der so etwas Abartiges scheinbar freiwillig über sich ergehen ließ – ohne jeden Widerstand.
Doch war das wirklich der Grund? Selbst mit Milena, die eigentlich eine gute Freundin abgeben würde, wollte ich ja nichts zu tun haben und ich bereute es inzwischen sehr, dass ich sie damals so verletzt hatte. Seitdem hatte sie mich gemieden wie die Pest, obwohl das gar nicht so einfach war, da wir ja im gleichen Zimmer untergebracht waren und auch zusammen zur Essgestörtengruppe gehen mussten.
Die anderen Mädchen im Zimmer ließen mich ohnehin ziemlich kalt, ich wusste nicht genau wieso, aber sie hatten irgendwie überhaupt keine Resonanz zu mir. Katrin sah immer noch so zierlich und zerbrechlich aus wie ein Porzellanpüppchen. Durch ihre elfenbeinfarbene, nahezu durchsichtige Haut konnte ich die blauen Adern schimmern sehen.
Alles an ihr war so zart und fein, dass man Angst haben musste, sie nicht zu verletzen, falls man sie berühren wollte. Erst jetzt bemerkte ich ihre unsagbar blauen Augen, die perfekt von ihren hellblonden Haaren eingerahmt wurden. Sie hätte unter anderen Umständen sicher ein Super-Model abgegeben, doch etwas in ihren Augen verriet mir unendliche Traurigkeit, Sehnsucht nach etwas Undefinierbarem und Enttäuschung.
Ihr einstmals unfassbar hübsches schmales Gesicht wirkte müde und eingefallen und dunkle Augenringe, als ob sie seit Tagen keinen Schlaf mehr gefunden hätte, zeichneten sich wie Schatten darauf ab.
Ihre Eltern hatte ich bisher an keinem Besuchstag zu Gesicht bekommen. Vielleicht hatte sie ja gar keine? Doch wer hatte dann veranlasst, ihr diese ganzen Psychopharmaka zu verabreichen? Wer

konnte nur so gedankenlos sein und solch einem feingliedrigen, schon beim bloßen Anblick fast zerbrechenden Wesen, solch aggressive Stoffe zuzumuten, von denen kein Mensch wirklich eine Ahnung hatte, wie sie sich tatsächlich auswirken würden...? Tiefes Mitgefühl erfasste mich und am liebsten wäre ich aufgestanden und hätte sie einfach in den Arm genommen.
Milena schielte zu mir herüber. Sie schien meinen inneren Aufruhr zu spüren, denn sie überwand sich mich zu fragen:
„Was ist denn mit dir los, Noemi?! Du machst ein Gesicht, als wärst du ziemlich durch den Wind!"
Sollte ich es ihr sagen? Endlich einmal mit ihr über meine Gefühle sprechen, ohne Angst, sie könnte mich auslachen oder für verrückt erklären? Aber Katrin? Sie würde doch alles mitbekommen. Wenn, dann musste ich auch mit ihr sprechen und ihr zeigen, dass ich gern mehr über sie gewusst hätte und ihr helfen wollte...
„Ich... Ich hab nur an... an etwas sehr Trauriges gedacht, weiter nichts!", stammelte ich nur und bereute im gleichen Moment, dass ich schon wieder nicht die Wahrheit sagen konnte.
„Willst du darüber sprechen?", fragte Milena vorsichtig. Sie glaubte wohl, mich aufgrund unseres letzten Streites mit Samthandschuhen anfassen zu müssen, um mein aufbrausendes Gemüt nicht noch einmal herauszufordern. Irgendwie war ich froh darüber. Ich tat so, als müsse ich mir das noch mal überlegen, doch eigentlich wusste ich längst, was ich sagen wollte. Nach längerem Zögern antwortete ich zaghaft:
„Ja, ich möchte mit dir darüber reden, Milena. Ich habe schon viel zu lange gewartet..."
Ich schämte mich für meine Unsicherheit, die ich nun ihr gegenüber ausstrahlte. Doch mit solch einer Antwort hatte sie anscheinend nicht gerechnet. Erstaunt und mit offenem Mund musterte sie mich.
„Hab ich da gerade richtig gehört? Mrs. Eigenwillig-Sturkopf hat sich gerade dazu bereiter-

klärt mit einer ANDEREN Person zu SPRECHEN?"
Beinahe hätte ich meine Aussage auf der Stelle widerrufen, doch diesmal zwang ich mich zur Ruhe.
„Ja, du hast schon richtig verstanden. Kommst du mit in den Gruppenraum? Dort sind wir ungestört", sagte ich statt dessen.
„Klar... Ich bin schon ganz gespannt, was du mir sagen willst... Ich kann es kaum erwarten, erzählst du mir was von dir - und von deiner Familie und - ..."
„Nun halt mal die Luft an, Milena! Bis jetzt habe ich dir noch gar nichts gesagt! Und wenn du weiterhin so große Neugierde an den Tag legst, werde ich mir das mit dem Reden noch mal schwer überlegen!", gebot ich ihr lachend Einhalt. Zu amüsant, wie wissbegierig und gesprächig Milena plötzlich wieder war, sobald ich ihr auch nur einen winzigen Funken meiner Aufmerksamkeit schenkte. Hoffentlich ging sie mit dem, was ich ihr anvertrauen wollte, nicht allzu leichtfertig um. Bei ihrem mitteilungsbedürftigen Wesen war diese Hoffnung nur allzu nahe liegend. Doch es kam ganz anders...

Kapitel 16
Gründe für Abgründe

Mühsam versuchte ich mich aufzurichten. Das zurückliegende Bewusstseinserlebnis hatte mich völlig aus der Bahn geworfen und es sollte wohl noch immer kein Ende nehmen.
Wo war ich? Jedenfalls nicht in meiner gewohnten Umgebung, das stellte ich schnell fest. Ich befand mich mitten auf einer Lichtung, umgeben von Bäumen, die so weit in den Himmel ragten, dass mir beim Hinaufsehen fast schwindlig wurde. Seltsame Pflanzen umwucherten mich, an deren glatt-glänzenden Stängeln runde bunt schimmernde Früchte hingen...
Flirrend hell brach sich das Licht durch ein Mosaik grünen Rauschens über mir.
„Was ist nun wieder los?"
Ich ahnte, dass sich gleich wieder meine altbekannte Panik breit machen würde, wenn ich jetzt nicht ruhig bliebe. Mit scheuem Blick suchte ich die Umgebung ab...

„Willkommen! Willkommen hier in deiner Welt, liebe Noemi!", tönte plötzlich von irgendwoher eine Stimme, die von den Bäumen widerhallte. Etwas, das sich wie eine Hand anfühlte, legte sich von hinten auf meine Schulter.
„Iiiih!"
Kreischend fuhr ich herum - und starrte ungläubig in das Antlitz der unfassbarsten Schönheit, die ich jemals erblickt hatte! Schlagartig verstummte ich und brachte keinen Ton mehr hervor.
„Hab keine Furcht, meine Liebe, du bist hier in Sicherheit. Du selbst hast dich entschieden hierher zu kommen, um etwas Wichtiges über dich zu erfahren und ich werde dir dabei helfen, soweit es mir zusteht!", sprach sie mit einer Stimme, die so rein und melodisch klang, als würde der Wind selbst mit einer Harfe spielen.
Ich glaubte ihr einfach. So ein wunderschönes Wesen konnte doch nur die Wahrheit sprechen. Oder? Alle Zweifel zerschlugen sich mit einem einzigen Wimpernschlag ihrer grünen Augen.
„Was soll ich jetzt tun?"
Sie lächelte mich wissend an und antwortete nur:
„Alles zu seiner Zeit. Folge mir einfach, alles Weitere ergibt sich von selbst, Noemi!"
Sie musste eine Göttin sein. Kein anderes Geschöpf wäre im Stande gewesen, so viel Weisheit und Würde auszustrahlen, verbunden mit einer überirdischen Schönheit, die jeder Beschreibung spottete. Ihr bodenlanges, blondes Haar ließ sie einfach offen wie flüssiges Gold über ihre Schultern und den Rücken fallen. Sie trug ein in allen Farben des Regenbogens schillerndes weites Gewand. Dieses schien aus solch zartem fließenden Stoff gewebt zu sein, dass es vielmehr einem Nebelfetzen als einem Kleidungsstück glich.
Ich konnte mich nicht satt sehen an ihr. Sie wandte sich um und forderte mich mit einer Geste auf, ihr meine Hand zu reichen. Das kannte ich doch von irgendwoher. Genau! Der alte Mann, der Zauberer, hatte mich ebenfalls an seiner Hand die wunderliche Treppe hinunter geführt, von der aus alles begann.
Was würde mich jetzt wieder erwarten?
„Wie ist dein Name?"
Ich wusste nicht, wieso ich das fragte. Vielleicht wollte ich Zusammenhänge erkennen?
„Stellula-Kali, Hüterin der Dimensionen zwischen den Welten!", war ihre Antwort, die mir eine Gänsehaut über den Rücken jagte...
Das alles war so phantastisch und unglaublich, dass ich es selbst jetzt noch immer nicht ganz begreifen konnte. Zudem schienen alle, mit denen ich es in letzter Zeit zu tun bekam, immer besser über mich

und meine Absichten Bescheid zu wissen, als ich selbst.
„Und nun komm, lass uns unseren Weg durch die Lüfte fortsetzen!“, sprach sie und entfaltete raschelnd ihre bisher unter dem wallenden Haar verborgenen Flügel, die wie eine Kreuzung zwischen schimmernden Schmetterlings- und riesigen Drachenflügeln aussahen...
„Aber... aber ich... ich kann doch nicht... was ist das...?“, stieß ich verwirrt hervor und taumelte einige Schritte nach hinten, als sie versuchte, die Flügel um mich herum zu legen. Ihr strenger Blick traf mich wie ein Stromschlag, und ich wagte es nicht mehr, noch weitere Fragen zu stellen und ließ sie gewähren. Scheinbar war hier alles möglich, denn ich wurde für mein Vertrauen belohnt. Das Gefühl, das ich während unseres Fluges über die üppige Landschaft empfand, war einfach überwältigend.
Schwerelos glitten wir dahin, der Wind brauste um meinen Körper und ich fühlte mich wie ein Vogel... Adler... Feuer... Indianermädchen...
Mit einem Schlag tauchten die Erinnerungen an meine Vision damals am Lagerfeuer wieder auf.
„Was hat das alles mit mir zu tun?“, fragte ich mich, doch schnell vergaß ich diesen Gedanken wieder. Düsteres Wolkenmeer.
„Aha, so machst du das also!“, flüsterte Stellula-Kali. Fragend sah ich sie an.
„Ich tu doch gar nichts! Was meinst du damit?“
„Sei nicht so hart mit dir selbst!“, war ihre undurchsichtige Antwort. „Mach deine Augen zu und öffne sie erst wieder, wenn ich es dir sage, Noemi. Keine Panik – bleib völlig regungslos! Der Übergang könnte für dich etwas ungewohnt werden!“, befahl sie mir kurz vor dem Eintauchen in das dunkle bedrohlich wirkende Wolkengeschwader.
Ungewohnt war wohl noch harmlos ausgedrückt. Es fühlte sich an als packten mich riesige Fänge, um mir die Luft abzuschnüren und mich durch eine Art engen Tunnel zu pressen. Es war furchtbar beklemmend, und nicht mehr weit bis zu dem Punkt, dass ich meinte vor Panik um mich schlagen zu müssen. Doch ich kniff tapfer die Augen zu, bewegte mich nicht, vertraute auf Stellula-Kalis Worte und spürte, wie alles um mich herum in Bewegung war. Wie auf Knopfdruck wurden wir plötzlich wieder ausgespuckt.
„Alles ist gut, es ist überstanden!“, hörte ich Stellula-Kalis Stimme und war froh, dass sie an meiner Seite war.
An irgendjemanden erinnerte sie mich. Sie kam mir so bekannt vor. Als ob ich ihr Gesicht schon einmal gesehen hätte, nur ich konnte mich nicht mehr erinnern, wann und wo...

*

Die Reise beginnt mit geschlossenen Augen und
geöffnetem Herzen.
Azurblaues Rauschen durchdringt singende Pforten.
Nur einen Wimpernschlag entfernt
erwacht ein neuer Stern zum Leben.
Alles atmet.
Ein und aus.
Die Nacht sinkt herab. Wie ein sanfter Schleier,
breitet sich aus, macht sich lang. Ruhe.
Die Grasvioline spielt. So grün, trotz Dunkelheit.
So leise, so schön.
Meine Hände halten nichts,
meine Schultern tragen keine Last mehr,
nirgends und doch überall bin ich zu Hause.
Und in meinem Herzen.
Da wohnst du.

*

Wir fanden uns vor einem gähnenden Schlund eines kolossalen Gewölbes wieder. Unbehagen stellte sich ein, als ich die Umgebung mit meinen Blicken erforschte. Von der Decke hingen menschengroße Stalaktiten herab, die wie bedrohliche Messerspitzen auf uns gerichtet waren und den Eindruck erweckten, jederzeit auf uns niederregnen zu wollen.
Auch der Boden unter uns sah alles andere als sicher begehbar aus. Der schmale Pfad, der sich zwischen den Felsblöcken hindurch in Schwindel erregende Höhen wand, schien sich in der Dunkelheit zu verlieren. Gut, dass Stellula-Kali sich hier auskannte. Sie würde schon wissen, was zu tun war...
„Ab hier musst du alleine weitergehen!“, vernahm ich ihre leise Stimme neben mir.
Ich erstarrte vor Schreck - das durfte doch wohl nicht wahr sein!
Zu früh gefreut - wie immer!
„Nein, bitte verlass mich nicht! Nicht hier! Ich kann unmöglich allein weitergehen - ich habe solche Angst!“, flehte ich und umklammerte fest ihren Arm. Doch im gleichen Augenblick überkam mich die unbarmherzige Gewissheit, dass es nun tatsächlich ganz allein an mir lag, ob dieses Abenteuer ein gutes Ende nehmen würde oder nicht.

„Noe“, sprach sie sanft.
„Noe, meine Süße. Ich weiß, dass du das schaffst. Nur du allein kannst diesen Weg gehen und niemand kann dir dabei helfen. Ich würde dir so gerne alle Last abnehmen, aber dann würde ich dich und deine Kraft verleugnen und du bist so viel mehr als du glaubst! Geh ihn, es ist dein Weg!“
Ein letztes Mal strich sie mir mit ihren langen schlanken Fingern durchs Haar. Ich blickte zu ihr auf, sah ihr direkt ins Gesicht, in ihre zwei smaragdgrünen Augen, die mich doch so sehr an noch jemand anders erinnerten...
„Mama...?!“
Dieses Wesen ähnelte meiner Mutter so stark, dass ich mich wunderte, es erst jetzt erkannt zu haben. Ungläubig schüttelte ich den Kopf und wich ein paar Schritte vor ihr zurück. Diese Situation - jetzt gerade in diesem Augenblick - erinnerte mich sehr stark daran, wie ich damals in der Klinik einfach allein gelassen wurde...
Stärker denn je, wünschte ich mir in diesem Moment, ich hätte meinen Eltern schon damals verziehen... Doch stattdessen schleppte ich die Last und Trauer darüber und über mein ganzes scheinbar verpfuschtes Leben bis heute mit mir herum. Und nun hielt mich das gleiche Gefühl der Enge erneut in seiner festen Umklammerung.
„Ma... Mama?“, wiederholte ich unsicher und fand es im gleichen Moment, als ich es aussprach, einfach absurd. Stellula-Kali lächelte daraufhin nur ihr honigsüßes Lächeln und sprach:
„Sieh ihnen ins Gesicht, deinen Dämonen, deinen lähmenden Ängsten, deiner bodenlosen Wut, deiner seelenzerfressenden Trauer und deinen düsternistriefenden Gedanken-Ungeheuern... Begegne deiner Schattenseite und nimm sie ganz in dich auf. Deine Schattenschwester wartet hier auf dich und wir, wir treffen uns auf der anderen Seite der Pforte wieder - im Licht!“
Mit diesen Worten entschwand sie vor meinen Augen. Sie löste sich wortwörtlich in Luft auf und ließ mich mutterseelenallein zurück.
„Stellula-Kali – komm zurück! Neeeiiin!“
Kraftlos brach ich zusammen. Der einzige Weg heraus war der Weg hindurch – durch ein finsteres, labyrinthartiges Berghöhlenmassiv.
„Komisch, dass ähnliche Situationen die gleichen Gefühle in mir wachrufen, auch wenn sie schon Jahre zurückliegen“, fiel mir auf.
Und aus purer Verzweiflung heraus beschloss ich, nun nicht mehr Angst als Ausrede zu benutzen und mich kämpferisch zu zeigen. Noch hatte ich alle Trümpfe in der Hand und Stellula-Kali hatte mich vermutlich nicht bis hierher gebracht, weil sie mich für unfähig hielt, diese Aufgabe zu meistern!

So raffte ich mich auf und tat mutig den ersten Schritt - hinein ins Ungewisse.
Ich versuchte mich ganz auf den steilen Pfad zu konzentrieren, der sich zwischen den Felsspalten empor schlängelte. Modrig und kühl streifte mich der Atem von Jahrtausenden, als ich die zerfurchten mit breiten Rissen durchzogenen Felswände passierte. Irgendwo vernahm ich das Glucksen fließenden Wassers. Oder war das ein Murmeln? Waren das Stimmen? So genau wollte ich es gar nicht wissen...
Der Weg stieg stetig an, führte mich weiter hinauf in dumpfe Höhen. Bald schon begannen meine Füße zu schmerzen und der Atem ging mir so schwer, als schleppte ich eine unsichtbare Last mit mir herum. Und kein Ende in Sicht!
Das unheimliche Murmeln, das mich begleitete, schwoll weiter an und ich meinte tatsächlich Stimmen darin zu vernehmen!
Schaudernd stapfte ich weiter, so schnell es mir meine inzwischen vor Schmerz pochenden Füße erlaubten... Nur weiter - hinaus aus diesem Höllenschlund. Was hatte Stellula-Kali gesagt? Wir treffen uns auf der anderen Seite wieder? Genau dorthin wollte ich jetzt, und zwar schnellstmöglich. Aufsteigende Nebelfetzen verschleierten mir zunehmend die Sicht. Je eiliger ich vorwärts hastete, desto schneller schienen sie sich zu verdichten. Vorsichtig tastete ich mich weiter, denn stehen bleiben wollte ich auf keinen Fall. Der Nebel fühlte sich so seltsam an. So kalt, nass und klebrig - wie Spinnenfäden...
Mühsam schleppte ich mich weiter bergauf, ohne zu wissen was wohl als Nächstes auf mich wartete. Die Panik war es, die mich schließlich schwer atmend, an einen Felsblock lehnend, innehalten ließ.
„Ich werde hier drinnen zu Grunde gehen! Ichhh krieg keine Luft mehr! Chhhhh!“ Mir blieb beinahe das Herz stehen, als ich meinte, von einer Berührung gestreift worden zu sein. Die Stimmen... Sie wisperten meinen Namen - sie riefen nach mir! Wer oder was es auch war, ich wollte auf keinen Fall Bekanntschaft damit machen und versuchte, trotz meiner rasenden Angst und dem undurchdringlichen Nebel meinen Weg fortzusetzen. Ich war gezwungen die klebrigen Nebelfäden einzuatmen, die mir in der Lunge stachen...
Röchelnd tastete ich mich Schritt um Schritt vorwärts und versuchte vergeblich die grauenvollen Stimmen zu ignorieren, die sich säuselnd in meine Gehirnwindungen fraßen.
„Nein, ihr seid nicht da... ich bin nicht da... Das alles hier ist doch nur ein Traum!“, rief ich mit zitternder Stimme, doch irgendwie war das alles bei Weitem viel zu real für einen Traum...
„Weiter, weiter, nur nicht aufgeben!“, versuchte ich mich selbst anzuspornen. „Noeeemiiii! Noeeemiiii!“, peitschte es plötzlich mit oh-

renbetäubender Wucht aus allen Ecken und Winkeln hervor. Kreischende Stimmen, die sich lautstark und markerschütternd schrill erhoben, durchbohrten mich wie Messerstiche. Benommen stolperte ich vorwärts, als hätte ich mit diesem Nebel eine Art schleichendes Gift in meinen Körper gesogen. Schatten lösten sich aus der Dunkelheit und knochige Hände griffen mit langen dürren Fingern nach mir. Einer meiner schlimmsten Alpträume wurde lebendig!
„Komm her zu uns, Noemi!
Komm... Komm... Komm... Wir brauchen dich genauso wie du uns brauchst... KOMM HER!“
Ich hielt mir die Ohren zu. Doch die Stimmen waren lauter. Und auf unheimliche Weise klangen diese Beschwörungen, je länger sie andauerten, immer verlockender für mich. Irgendwie so vertraut. So nah, so einladend... Ich taumelte, fühlte mich hin- und hergerissen zwischen meinem eigenen Willen und dem überaus mächtigen Willen dieser Schattenwesen, die mich riefen. Oder verlangte ich selbst nach ihnen? Jede Faser meines Astralkörpers schauderte, als etwas an mir zu zerren begann und ich spürte, wie meine Abneigung und mein Widerstand langsam schwächer wurden.
Wie Zuckerwatte lullten sie mich mit den süßesten Versprechungen ein.
„Bei uns brauchst du nichts anderes zu tun, als zu genießen und dich gehen zu lassen!“, vernahm ich nun ihre singenden Stimmen.
„Alle nur denkbaren Gelüste warten dort unten auf dich: Sex- und Fressorgien soviel du willst, Musik, die dich für immer in Ekstase tanzen lässt, Schätze und Reichtümer von unermesslichem Wert und vor allem die einmalige Chance, dich an deinen Eltern und allen Menschen zu rächen, die dir weh getan haben, und ein Leben zu führen, das dir keine Wünsche mehr offen lässt. Selbst ewige Jugend wäre dir beschert, du brauchst nichts weiter zu tun, als herunterzukommen und vom Wasser des Lebens zu trinken!“
Noch nie zuvor war ich so voller Verlangen gewesen. So hungrig und so durstig, so gierig, so unersättlich lechzend nach diesem Elixier aus dem scheinbar alle Träume gemacht waren...
Doch war es wirklich das, was ich unter wahrem Leben verstand? Derart hin- und her gerissen, zwischen Haben und Sein, zwischen einem kurzen Moment falschen Glücks und wirklicher Erfüllung - zögerte ich...
Was wollte ich denn überhaupt dort unten? Was wollte ich denn so unbedingt HABEN? War es nicht die Hölle, sich nur von solch niederen Gelüsten zu nähren?
Hatte ich das in meinem Leben nicht schon lange genug auf die eine

oder andere Weise getan? Und doch, diese süße Qual war einfach zu verführerisch, zu viel versprechend, als dass ich sie einfach hätte ignorieren können.
Mein Herz raste wie verrückt und schwer atmend beugte ich mich über den Abgrund, wiegte mich im Takt der singenden Stimmen, die mich hypnotisch in ihren Bann zogen. Trunken von dieser unersättlichen Gier, die sich in mir entfacht hatte wie ein Buschfeuer, taumelte und schwankte ich umher wie ein Blatt im Wind...
„Nur noch ein kleiner Schritt und ich bin dort unten, nur noch ein kleiner Schritt und alles wird gut, nur noch ein winziger Schritt und ich bin glücklich, nur noch ein Schhh...!“

Kapitel 17
Einfach so - so einfach - Freunde?

Der Gruppenraum war leer. Nur eine einsame Fliege, durch die trügerische Illusion des durchsichtigen Glases verblendet, summte unentwegt gegen die undurchdringliche Trennmauer zwischen ihr und der Außenwelt.
Unnachgiebig, nie ruhend. Immer in der unsterblichen Hoffnung verwurzelt, doch noch irgendwann den rettenden Luftzug zu spüren. Dieses Schauspiel berührte mich auf befremdliche Weise, denn ich wusste nur zu gut, wie sie sich fühlen musste...
Leise schlossen wir die Tür hinter uns. Niemand sollte uns jetzt stören.
„Komm, wir setzen uns dort drüben ans Fenster!“, schlug Milena vor. Sie schien völlig aufgewühlt zu sein. Das sah ich daran, dass sie ständig mit den Fingern in ihren Haaren herumspielte und fast nicht still sitzen konnte. Doch sie hielt sich zurück und wartete, bis ich von selbst zu erzählen begann. Für Milena war das geradezu bemerkenswert. Irgendwie war ich heilfroh, dass ich mich endlich dazu überwunden hatte, mein Leid mit jemandem zu teilen. Und wenn es dabei bleiben würde, dass nur Milena das erfuhr. Das allein genügte mir bereits.
Ich berichtete ihr davon, dass meine Eltern mich nicht mehr besuchen wollten und wie verlassen ich mich fühlte. Von der Wut auf meinen Vater, und auch vom eigenartigen Verhältnis zu Schwester Sarah, und dass ich nicht wusste, was ich von ihr halten sollte.
Davon, dass sie mir immer Schokolade mitbrachte, und ich wahnsinnige Panik hatte, nach meiner Entlassung richtig fett zu sein, aber dennoch alles tat, so schnell wie möglich zuzunehmen, um hier herauszukommen.
Ich ließ es auch nicht aus, ihr zu sagen, wie traurig es mich stimmte, wenn ich mit ansehen musste, wie mies es Katrin in letzter Zeit ging

und dass ich mich selbst oft nicht ausstehen konnte...
Ich redete einfach drauflos, ohne Punkt und Komma. Es sprudelte nur so aus mir heraus, als ob alles schon ewig darauf gewartet hätte, endlich ausgesprochen zu werden. Milena zeigte sich auf einmal von einer noch nie gekannten Seite: sie hörte still und aufmerksam zu! Sonst hatte ich immer nur die laut schnatternde, wild gestikulierende Milena kennen gelernt und nun bewies sie, dass sie auch anders sein konnte. Doch genauso wie ich von ihr überrascht war, zeigte sie sich mir gegenüber verwundert.
„Du bist ja gar nicht so kalt und verschlossen, wie du immer den Anschein gemacht hast! Du kannst ja richtig reden und Gefühle zeigen!“, staunte sie, als ich endlich mal eine Pause machte.
„Ich hätte nie gedacht, dass du so viel über das Leben und das ganze Drumherum nachdenkst und dir auch solche Sorgen um Katrin machst!“, fuhr sie in ihrem Erstaunen fort und legte mir freundschaftlich ihre Hand auf die Schulter.
„Ich habe schon die ganze Zeit über gemerkt, dass mit dir etwas nicht stimmt, dass du meistens total traurig bist, aber irgendwie hab ich mich nicht mehr an dich herangewagt, nachdem du mir so unmissverständlich klar gemacht hattest, dass du auf meine Gesellschaft keinen Wert legst...“
Mit klopfendem Herzen lauschte ich ihren Worten, die so gut taten wir schon lange nichts mehr.
„Noe, ich weiß nicht wieso, aber ich fühle mich auf einmal so schuldig, dass ich dich so ignoriert habe!“, brach es plötzlich schluchzend aus ihr heraus. Damit hatte ich nicht gerechnet.
„Vielleicht hätte ich doch nicht alles so ausführlich schildern sollen?“, überlegte ich und fügte beschwichtigend hinzu:
„Du brauchst dir doch jetzt deshalb keine Vorwürfe zu machen, Milena! Ich war doch diejenige, die nichts mehr mit dir zu tun haben wollte und

dich angeschrien hat, du sollst mich in Ruhe lassen, als du mit mir reden wolltest. Was hättest du denn noch alles tun sollen, um mich zu erweichen?"
Mit Tränen in den Augen sah sie mich an. Ich musste schlucken.
„Jetzt oder nie!", schoss es mir durch den Kopf. „Bitte verzeih mir, dass ich damals so verletzend zu dir gewesen bin, Milena. Es tut mir leid! Kannst du das annehmen?"
Jetzt kamen mir auch die Tränen. Ich blickte sie an. Sie nickte langsam und sagte leise:
„Ich habe dir doch längst verziehen!"
„Freundinnen?", fragte ich und nahm ihre Hand. Mit glänzenden Augen drückte sie fest zu.
„Freundinnen!", antwortete sie und grinste mich auch schon wieder frech an. Na, dann war ja alles klar. Ich fühlte mich in diesem kurzen Augenblick so unsagbar froh und erleichtert. Endlich war ich über meinen eigenen Schatten gesprungen und hatte mein wahres Wesen offenbart, das ich aus Angst, verletzt zu werden, hinter einer Maske aus Arroganz und Kälte verborgen hielt.
„Hast du eine Idee, wie wir Katrin irgendwie helfen könnten?", mischte sich Milenas Stimme in meine Gedanken. Ich überlegte. Die gleiche Frage hatte ich mir auch schon gestellt.
„Wir könnten einfach mal ein richtiges Gespräch mit ihr führen, damit sie merkt, dass sie nicht allein ist! Ich glaube, das ist sehr wichtig! Ich hätte zu gerne gewusst, wo ihre Eltern abgeblieben sind.
„Das mit dem Reden kannst du wohl leider gleich wieder vergessen. Das habe ich schon oft genug versucht. Sie ist sogar noch verschlossener als du es immer warst. Du kommst einfach nicht an sie ran! Stell dir mal vor - sie spricht kein Wort - nicht mal mit den Schwestern!", gab Milena zu bedenken. Doch so schnell wollte ich auf keinen Fall aufgeben.
„Probieren geht über Studieren! Wenn wir es wirklich wollen, dann werden wir ihr auch hel-

fen können. Schau, ich war doch auch immer so in mich gekehrt und eigentlich war das gar nicht meine Art. Bestimmt ist das bei Katrin genauso. Wir müssen ihr helfen, aus ihrem Schneckenhaus herauszukommen, Milena!"
„Na, so kenne ich unsere Noe ja gar nicht! Ich glaube, wir haben uns in dir echt gründlich getäuscht! Wenn du so aufgeschlossen und lebendig bist wie jetzt, muss man dich ja einfach mögen, das geht ja gar nicht anders!", staunte sie mich an. In diesem Moment wurde mir schlagartig bewusst, dass ich eine wunderbare Freundin gewonnen hatte. Und nicht nur das, ich hatte eine unverhoffte Möglichkeit gefunden, mich mitzuteilen ohne Gefahr zu laufen, in einer Traumwelt zu versinken!
Wie lange hatte ich mich genau danach gesehnt. Wie sehr hatte ich mich darum bemüht. Und jetzt, ganz unerwartet, erfüllte sich mein lang gehegter Wunsch - einfach so!?
Das Leben war schon seltsam...

Kapitel 18
Dämonische Süßigkeiten

Verzweifelt schloss ich die Augen und versuchte langsam und gleichmäßig weiterzuatmen.
Ich durfte mich nicht verführen lassen - dies würde mein sicheres Verderben sein. Das wusste ich. Vielleicht stand ich bereits kurz vor dem Ziel und dies war die Endprüfung...
Ich spürte die Gier, die sich an mich klammerte wie die spitzen Krallen einer Fledermaus.
„Verschwindet! Verschwindet endlich, lasst mich in Ruhe!“, brüllte ich aus Leibeskräften gegen die anschwellenden Stimmen an. Doch umso mehr ich mich aufregte, und je mehr Wut und Angst in mir hochschäumte, desto mehr Macht gewannen diese Dämonen über mich.
„KOMM ZU UNS, DU BRAUCHST UNS DOCH... HIER IST ALLES, WAS DU DIR JE ERTRÄUMT HAST!“, lockten sie.
„Der Abgrund meiner eigenen Seele!“, schoss es mir durch den Kopf. Ruckartig riss ich mich zurück, weg vom Abgrund, sank auf die Knie und krümmte mich vor Schmerzen. Etwas Scheußliches, Namenloses wütete in mir und drohte mich innerlich aufzuzehren. Brennende Eingeweide...
„Nehmt mich mit - das ist mein Ende!“, hörte ich mich stöhnen, als ich mich schließlich einfach hinabfallen ließ. Hinunter zu meinen schlimmsten Ängsten. Sofort wurde ich von einem unheimlichen Sog erfasst und mitgerissen. Grauenhafte Gestalten mit unförmigen, teils fehlenden oder mutierten Gliedmaßen und spitzen Zähnen umringten mich, und hießen mich an einer mit den köstlichsten Speisen und Getränken reich beladenen Tafel willkommen.
Das Festmahl konnte beginnen. Ich glaubte, meinen Augen nicht zu trauen, als ich all die Köstlichkeiten erblickte.
Ich ließ mich nicht zweimal bitten und außer mir vor Gier schlang ich alles in mich hinein, was ich zwischen die Finger bekam. Gefüllte Tauben, gebratenes Fleisch und herrliche Pasteten, cremige Torten und Kuchen, honigsüße Desserts, gebackenen Fisch, saftige Früchte... Dazu trank ich betörend-süßen roten Wein aus großen geschliffenen Gläsern... Mit jedem Bissen und jedem Schluck, den ich nahm, wuchs mein Verlangen noch mehr...
Ich verlor jedes Gefühl für Gut und Böse, und meine Gefrässigkeit kannte keine Grenzen mehr. Warum sollte ich auch damit aufhören? Ich hatte doch gerade erst angefangen.
Auch die Gesellschaft, in der ich mich befand, veränderte sich zuse-

hends. Wo waren die düsteren Gesellen geblieben, die eben noch um mich herum sabberten und grunzten? Bildhübsche Jünglinge teilten nun das Bankett mit mir und als hätten sie nur darauf gewartet mich zu verführen, begannen sie mich zu streicheln, zu füttern und am ganzen Körper mit Küssen zu bedecken...

Der peinigende Schmerz, der mich noch kurz zuvor geschüttelt hatte, schien mit einem Mal ebenso fern wie ein klar fassbarer Gedanke. War ich am Ende etwa doch im Himmel gelandet...?
Hingebungsvoll ließ ich alles mit mir geschehen. Da waren überall Hände, die mich streichelten, Zungen, die mich liebkosten und weiche Haut, die sich an meine schmiegte...
Sie entfachten pure Lust in mir, und eine unstillbare Sehnsucht breitete sich wie ein schleichendes Gift in mir aus. Und noch dazu war der Duft, der mir von den jungen Männern in die Nase stieg. Er war geradezu magisch-erotisch. Ich wusste weder, wie ich hierhergekommen war, noch was ich eigentlich wollte. Vielmehr war ich vollkommen wunschlos.
Nicht einfach nur glücklich! Wunschlos! Absichtslos!
Mich der völligen Abwesenheit jeglichen eigenen Willens hingebend, ließ ich alles mit mir geschehen. Nichts als diese überschäumende Wonne hatte jetzt noch eine Bedeutung für mich.
Hier vereinte ich mich mit meinen geheimsten Phantasien und nur noch dieser Zustand, der nirgendwo hin führte, war real für mich. Und alles fühlte sich so gut an. So verdammt gut...

Wie ein unterirdischer Fluss, der urplötzlich als wilder reißender Strom durch die Erdkruste bricht – so durchzuckte mich ein Gedankenblitz, der wohl der tiefsten Not meiner verzweifelten Seele entsprungen sein musste... Wie ein Faustschlag in die Magengrube traf er mich.
Was tat ich hier, um Gottes Willen?
Wie konnte ich nur so naiv sein und einer einfachen Illusion erliegen? Wie konnte ich mich derart orgiastischen Zuständen hingeben ohne die Gefahr dahinter zu erkennen, die mehr als offensichtlich war?
„Wahrhaftigkeit schneidet besser als jedes Schwert!", schrie ich und schmetterte ein gefülltes Weinglas zu Boden. Erschrocken ließen meine schönen Liebhaber von mir ab und die Illusion löste sich so rasch auf wie Nebel in der Sonne. Die hübschen Jünglinge verwandelten sich zurück in ihre wahre niedere Gestaltform und alles, was sich auf dem festlichen Bankett befunden hatte, war verfaultes und vermodertes, von Maden, Käfern und Gewürm zerfressenes Aas.
Erfüllt von Ekel und noch größerem Entsetzen blickte ich um mich. Abermals überschwemmten sie mich mit ihrer dunklen Flut aus grausamen Bildern und Empfindungen, die sie wie klebrige Fäden um mich spannen und die in mich eindrangen wie fremdartige Musik in meine Ohren...
Hilflos war ich alldem ausgeliefert, doch ich musste etwas tun, bevor es gänzlich zu spät war.
Die äußere Illusion hatte ich zwar durchbrechen können, konnte mich jedoch noch immer nicht gegen all die Negativität wehren, die sie mir durch ihre besonders brutalen geistigen Fähigkeiten direkt einpflanzten. Ich konzentrierte mich nur noch auf mich, versuchte die leidvollen Empfindungen und Szenen auszublenden, um meine schönsten Gedanken und Gefühle hervor zu holen.
Schimmernde Perlen, die ich sorgsam in der Schatzkammer meines Herzens aufbewahrt hatte.
Wie war es möglich, dass mir schöne Erinnerungen meist immer nur in Zusammenhang mit meinen Eltern in den Sinn kamen? Hatte ich, tief in mir, tatsächlich noch so viel Liebe für sie übrig? Ich konnte es kaum glauben, doch meine Gefühle logen nicht und zum Grübeln blieb mir keine Zeit. Durch meine Not und Verzweiflung, die ich nun im Angesicht dieser seelenverschlingenden Bedrohung erlebte, wurden sie zum ersten Mal in meinem Leben wieder freigelegt...
Die warme Geborgenheit, die ich immer dabei empfunden hatte, wenn ich sonntagmorgens zu meinen Eltern ins Bett geschlüpft war, um noch ein wenig mit ihnen zu kuscheln... Der Geschmack

von Wildheit und Abenteuer, der mir so oft um die Nase wehte, wenn ich als Kind zusammen mit Papa lange Streifzüge durch Wälder und Wiesen unternahm, die bis in die Abenddämmerung hinein andauerten...
Das zarte Gefühl des Vertrauens damals, als Milena mit mir Freundschaft schloss. Da war also doch noch etwas, das ich bewahrt hatte. Etwas, das stärker war als all meine Wut und meine Ablehnung und stärker als Verzweiflung und Blindheit. Für den Bruchteil einer kleinen Ewigkeit erlebte ich mich selbst als einen winzigen dazugehörigen Splitter der Menschheit und als Quelle aller Existenz. Ich fühlte, dass ich die Macht hatte, Geschichten zu schreiben und zu verändern!
Aufkeimender Mut und unsägliche Vorfreude auf mein neues Leben verdrängten die Finsternis, gleich der Morgendämmerung, die das Ende einer langen Nacht ankündigt...

*

Meine neuen Bilder und Gefühle hatten die Schattenwesen bereits geschwächt. Doch ich wusste, dass ich nicht aufhören durfte, denn sie waren stark. Sehr stark. Ich bemerkte, wie die Dämonen all ihre Kräfte mobilisierten, um zu ihrem letzten, alles vernichtenden Schlag auszuholen. Wenn ich jetzt nicht auf der Hut war, würde alles umsonst gewesen sein.
„Halte durch - auch du bist eine Fee!“
Woher kam diese Stimme? Ich spürte, wie etwas Schweres von mir Besitz ergriff, wie etwas körperloses Schwarzes mich zu erdrücken drohte.
Flirrende Kälte durchzuckte mich und quälend langsam durchschritt ich all meine dunkelsten Abgründe noch einmal, durchlebte alles, was ich über Jahre hinweg so gut vor mir selbst verborgen hatte. Unsagbarer Schmerz, sinnlose Leere und grausame Wut. Ich erinnerte mich plötzlich wieder ganz genau an jedes Detail aus der Klinik, an die Demütigungen, die ich dort erdulden musste und an meine eigene Minderwertigkeit, die dadurch noch verstärkt wurde, dass ich mich so allein gelassen fühlte.
Wie konnten sie nur so kalt sein?
Ja, sie mussten mich doch hassen, wenn sie mich einfach so allein ließen! Nie würde ich ihnen all das verzeihen...
Niemals!
Die Mächte meiner dunklen Seite wüteten nun mit aller Gewalt in mir und stießen sich wie ein vergifteter Dolch immer weiter in mein

Herz hinein...
Es tat so weh, es schmerzte so sehr, dass ich glaubte, vom innersten Kern heraus zersplittern zu müssen.
„Lass dich nicht vom Schmerz täuschen!“
Da war sie wieder, die wohlklingende beruhigende Stimme! Wie einen schützenden Balsam legte sie ihre unerklärliche Ruhe über mich und meine aufgebrochenen Wunden. Nun war die Zeit gekommen endgültig Abschied von meinen Dämonen zu nehmen. Und so als wäre meine bloße Bereitschaft zum Abschied der Schlüssel gewesen, schrumpften sie mehr und mehr in sich zusammen, bis sie schließlich vollständig entschwanden und in mir nur noch einen schalen Nachgeschmack zurück ließen.
„Noe, komm in meine Arme!“, hörte ich sie rufen und wahrhaftig - da stand sie. Die schwarze Fee - meine dunkle Schwester!
Wortlos fiel ich in ihre Arme und lächelnd verschmolzen wir wieder zu einem ganzen Wesen.
Das Dunkel hatte keine Macht mehr!
Ja, ich begriff, dass es weder Gut noch Böse überhaupt wirklich gab, denn beides entsprang aus der einen gemeinsamen Urquelle des Lebens! Licht und Schatten, Angst und Mut, alles gehörte zusammen, war untrennbar miteinander verbunden. Das eine konnte ohne das andere gar nicht existieren! Und doch musste ich mich nicht mehr länger mit Gegensätzlichkeiten herumquälen.
Ich durfte endlich verstehen, dass der einzige Weg, endlich vollkommenen Frieden zu erlangen, durch ein finsteres Tal führte, welches nur durch Mut und Bereitschaft zu bedingungsloser Liebe und Mitgefühl durchschritten werden konnte. Und durch das Erkennen von Leid und dessen Ursachen.
„Ich will nicht mehr leiden, ich will frei sein! Ich will nicht mehr gepeinigt von meinen eigenen negativen Gedanken durchs Leben kriechen! Ich will endlich leben!“
Indem ich die schwarze Fee weniger „bezwungen“, als sie vielmehr liebevoll „akzeptiert“ hatte, war ihr Bann ein für alle Mal gebrochen. Mit dieser Erkenntnis wuchs meine Freude ins Unermessliche und schlagartig veränderte sich alles um mich herum.
Wirbelndes Licht brach durch das Dunkel, die schwarzen Felsen zerbröckelten zu feinem Staub und alles Bedrohliche löste sich einfach auf.
Gleißende Helligkeit. Ich konnte nichts mehr wahrnehmen, als ein warmes Vibrieren, das mich umfing.
„Stellula-Kali!“, rief ich erfreut, als plötzlich eine hoch gewachsene schlanke Frauengestalt aus dem wogenden Lichtmeer heraustrat.

„Bist du es wirklich?“
„Ja Noemi, ich bin es. Und jetzt komm, es ist an der Zeit, dass du endlich den Grund erfährst, warum du all diese Strapazen auf dich nehmen musstest!“, sprach sie und ich löste meinen Blick nur widerwillig von ihren strahlenden Augen. Nun war es also soweit.
Hätte ich vorher gewusst was ich durchstehen musste um bis zu diesem Punkt zu gelangen, und mich deshalb von diesem Weg abschrecken lassen, ich wäre wohl ewig traurig über diese verpasste Chance gewesen...
„Nun komm...!“

Nur einen Wimpernschlag später betraten wir einen kleinen Raum in der Form einer Bienenwabe, der bis in den letzten Winkel von einem sanften, gleichmäßig-goldenen Schimmer durchleuchtet war.
Mein Blick blieb an einem riesigen, geschliffenen Kristall im Zentrum des Raums hängen.
So etwas hatte ich noch nie gesehen, und ich spürte, dass dies hier ein ganz besonderer, ein heiliger Ort sein musste, zu dem mich Stellula-Kali gebracht hatte.
Doch was sollte dieser Kristall mit mir und meinen Erlebnissen zu tun haben? Wusste Stellula-Kali tatsächlich so genau, was ich suchte, wenn ich selbst es nicht einmal erahnte? Fragend sah ich sie an.
„Tritt ruhig näher, er hat dir einiges zu erzählen. Etwas, das dein restliches Leben von Grund auf verändern wird, wenn du es nur zulässt!“, antwortete sie auf mein Zweifeln hin, als ob sie meine Gedanken gehört hätte.
Der Goldschimmer nahm an Intensität zu, begann zu flimmern wie ein funkelndes Diamantfeuerwerk, als ich mich dem Kristall mit vorsichtigen Schritten und klopfendem Herzen näherte...
„Auf welche Art soll ich mit ihm denn sprechen, wie soll ich mich verhalten? Was, wenn ich etwas falsch mache?“
Plötzlich war ich mir gar nicht mehr so sicher, ob ich hier wirklich richtig war...

*

Ehrfürchtig blieb ich stehen und blickte den Kristall an. Eine ungeheure Kraft musste in diesem riesigen Stein am Werk sein. Und als ich mir einen Ruck gab, um den letzten Schritt zu tun und meine Hände sachte darauf zu legen, war mir, als nähme ich pulsierendes reges Leben unter dieser spiegelglatten, scheinbar festen Oberfläche wahr. Ein Schwindelgefühl erfasste mich.

„Was immer du auch wissen möchtest, frage! Er ist das Gehirn aller diesseitigen und jenseitigen Universen, in ihm verbirgt sich alles Wissen, alle Weisheit und alle Erfahrungen, die je eine Seele gemacht hat!“, vernahm ich von weit her Stellula-Kalis Stimme.
Der Kristall zog mich wie magnetisch an, ich konnte gar nicht anders, als mich mit meinem ganzen Körper an ihn zu pressen. Es fühlte sich so faszinierend, so unglaublich gut an, als könne ich mit ihm vollkommen verschmelzen. Zufrieden schloss ich die Augen und genoss dieses wundervolle Gefühl, bis ich schließlich ganz langsam und beinahe unmerklich gänzlich in ihn hinein sank, um von einer warmen zähflüssigen Masse in seinem Innern umschlossen und aufgenommen zu werden.
Ich fürchtete mich nicht, dachte nicht einmal daran zurückzuschrecken, denn das Ganze kam mir so selbstverständlich vor, als würde ich es jeden Tag erleben. Voller Vertrauen überließ ich mich diesem fremdartigen Wesen, das mich beinahe so zärtlich ummantelte wie das Fruchtwasser ein Baby im Mutterleib.
Und plötzlich wusste ich es. Ich wusste, wozu ich hier war, warum ich all das auf mich genommen hatte...
Ich gewährte ihm Eintritt, als es darum bat. Denn nur so konnte es alle Illusionen von Ich und Du, von Gegenwart, Vergangenheit und Zukunft zumindest eine Zeit lang, aufheben.

Kapitel 19
Rote Tränen & himmlischer Trost

Die Wochen verstrichen und lediglich das routinierte Roulette des Klinik-Alltags, das sich Tag für Tag von neuem munter weiter drehte, bot mir zuverlässig Zuflucht vor den quälenden Fragen und Ängsten, die ich insgeheim hegte. Es war einfach schrecklich.
Aber der Reihe nach.
Milena war bald nach unserem Gespräch entlassen worden. Sie wäre jetzt so weit genesen, um wieder Verantwortung für sich selbst übernehmen zu können, ohne eine Gefahr für sich selbst darzustellen, hatte ihr Dr. Thannhäusser mitgeteilt.
Und ich? Warum konnte ich nicht selbst entscheiden, wann ich Verantwortung für mich übernehmen konnte?
War ich etwa kein freier Mensch mehr? Stellte ich eine Gefahr für mich selbst dar? Ich vermisste Milena wahnsinnig. Sie war, wenn auch nur für kurze Zeit, meine einzige Freundin hier gewesen. Auch wenn ich es erst etwas spät bemerkt hatte...
Zumindest hatten wir Telefonnummern und Adressen ausgetauscht, um auch weiterhin in Kontakt zu bleiben, doch irgendwie spürte ich, dass sie mich wohl schnell wieder vergessen würde...
Und Katrin?
Sie wurde am frühen Morgen von Schwester Sonja im Waschraum aufgefunden. Wie eine Schaufensterpuppe soll sie auf dem Boden kauernd an der weiß gekachelten Wand gelehnt haben.
Und das einen Tag bevor wir mit ihr sprechen wollten! Kreidebleich, noch bleicher, als sie sonst schon immer gewesen war und mit einem Lächeln auf dem Gesicht, das wohl jeden annehmen ließ, dass der Tod für sie tatsächlich der Schritt in ein neues besseres Leben gewesen war...
So hatte es mir zumindest Schwester Sarah erzählt. Eigentlich durften die Schwestern über

solch erschütternde Vorfälle gar nichts ausplaudern und so wussten außer mir auch meine übrigen Zimmergenossinnen nicht, warum Katrin so plötzlich von einem Tag auf den anderen „verlegt" worden war...

Weiß Gott, woher sie die Rasierklinge in dieser streng überwachten Anstalt bekommen hatte.
Mir kam es schleierhaft vor, wie die anderen Mädchen in meinem Zimmer den erstickten Schrei von Schwester Sonja überhören konnten.
Ich hatte ihn vernommen und irgendwie wusste ich bereits in diesem Augenblick, was geschehen sein musste, als ich das leere Bett gegenüber bemerkte. Ich empfand tiefe Trauer und fühlte mich irgendwie schuldig.
„Hätten Milena und ich doch einen Tag früher mit ihr gesprochen, vielleicht wäre sie dann noch am Leben!", warf ich mir vor. Doch was geschehen war, war eben geschehen und konnte nicht mehr rückgängig gemacht werden. Das war ja gerade das, was mich am Leben am meisten störte.
Gerne hätte ich all meine Fehler, die ich je begangen hatte, einfach ungeschehen gemacht und noch einmal neu begonnen. Wie bei einem Theater-

stück, das so oft geprobt wird, bis es perfekt ist.
„Dann wäre ich jetzt auch nicht hier!", stellte ich wehmütig fest und mein Blick streifte durch das Fenster zum grauen, wolkenverhangenen Himmel.
Unmerklich war der Spätsommer in ein windiges und verregnetes Herbstwetter übergegangen. Und wieder einmal wurde mir schmerzhaft bewusst, dass ich nun schon viel zu lange hier war. Zwar hatte ich inzwischen schon regelmäßig Ausgang, jedoch war das Wetter jetzt viel zu kalt für meinen Geschmack und außerdem wagte ich mich in eine so große fremde Stadt nicht ohne kundige Führung hinein...
Somit hatte ich nicht viel von meiner neu gewonnenen Freiheit.
Die Essgestörtengruppe sollte ich, nach dreimaligem Besuch und auf freundliches Anraten Dr. Thannhäussers hin, besser nicht mehr besuchen. Ich würde mich, wie er es in Herrn Melischs Worten auszudrücken pflegte, äußerst launisch, kontraproduktiv und disharmonisch verhalten und es einfach nicht einsehen, wie wichtig es war, mich vernünftig in die Gruppe zu integrieren... Also auch keine Ausflüge in die blaue Welt ohne Rottöne oder andersherum. Ich hatte ihm nicht widersprochen, allerdings hatte ich nicht ernsthaft damit gerechnet, dass Herr Melisch wirklich so humor- und phantasielos sein würde und mich wegen meiner, zugegeben oft etwas schräg ausfallenden Kommentare, gleich nicht mehr in seiner Gruppe haben wollte.
„Das zeigt mir nur, dass die Leute heutzutage das Leben viel zu ernst nehmen!", seufzte ich. Wie er wollte, viel lieber hätte ich allerdings auf die Gespräche mit Herrn Lausitzer verzichtet, die mir noch den letzten Nerv raubten...
Bei ihm konnte ich noch so freche und unmoralische Sprüche vom Stapel lassen, er blieb immer todernst und zeigte keinerlei Gefühlsregung, obwohl ich zu gerne gewusst hätte, wie es wohl

hinter seiner scheinbar perfekt inszenierten und gespachtelten Maske aussah...
Manchmal wusste ich gar nicht mehr so genau, wer hier überhaupt wen analysierte und studierte. Seine zyklisch wiederkehrenden Fragen langweilten mich fast zu Tode und ich gewann immer mehr den Eindruck, dass der liebe Herr Lausitzer wohl weit mehr Probleme mit sich selbst herumschleppte als all seine Patienten zusammen.
„Von Ihnen brauche ich keine Hilfe, Herr Lausitzer, jeder muss sich selbst helfen!", hatte ich ihm einmal an den Kopf geworfen, als er mich wieder einmal löcherte.
Für einen Moment schien er darüber nachzudenken, zog seine Stirn kraus, kratzte sich am Ansatz seiner Halbglatze und kritzelte schnell etwas in sein Büchlein hinein, um mir gleich darauf energisch zu widersprechen:
„Nein, nein, Noemi! Kapier doch bitte endlich, dass man auch manchmal fremde Hilfe in Anspruch nehmen muss, um wieder klar zu kommen. Sonst wärst du ja heute auch nicht hier, oder?"
Darauf konnte ich nichts mehr erwidern. Das hatte mich verletzt, genau meinen wunden Punkt getroffen, denn ich war ja bestimmt nicht freiwillig hier und wartete nur darauf, dass ich hier endlich wieder gesund „gesprochen" wurde... Außerdem brodelte ich vor Wut, bei dem Gedanken daran, dass mich meine Eltern gegen meinen Willen hierher gebracht hatten und mich nun schon seit unbestimmter Zeit hier drinnen im eigenen Saft schmoren ließen...

*

Ich schüttelte mich. Ich dachte schon wieder viel zu viel über die jüngsten Ereignisse nach. Eigentlich wollte ich doch heute einen Text verfassen, doch bisher hatte ich mich jedes Mal selber wieder davon abgebracht und so saß ich noch immer vor meinem aufgeschlagenen Schreibbuch. Vor leeren weißen Seiten, vor tanzenden

leeren Seiten, die vor meinen Augen verschwammen. Schneegestöber...
Der Abend feierte seinen Einzug auf der Station und die Mädchen sammelten sich im Gruppenraum zum Fernsehen.
Das war die beste Zeit des Tages, wie ich inzwischen fand. Ungestört knabberte ich an einem Stück Schokolade und legte mich verkehrt herum auf mein Bett. Heute hatte Schwester Sarah wieder Nachtdienst, da brauchte ich auf nichts aufzupassen...
Ruck zuck war die ganze Tafel weg, einfach so nebenbei aufgefuttert, ohne dass ich es bewusst wahrgenommen hatte. Ich schämte mich.
„Was soll nur aus mir werden, wenn ich wieder entlassen werde? Ein verfressenes Monster?"
Ich ekelte mich plötzlich vor mir selbst. Ein Glück, dass es hier keine Ganzkörperspiegel gab, denn sonst wäre ich wahrscheinlich dem Beispiel von Katrin gefolgt...
Meine einzig verlässliche Stütze in dieser schweren Zeit war Schwester Sarah, ohne die ich mir das Leben hier nur noch schwer vorstellen konnte. Es war schier unglaublich, wie viel Kraft und Liebe sie mir in ihrer aufopfernden Art und Weise zukommen ließ.
Nie im Leben hatte ich es für möglich gehalten, dass mir jemand so viel Mitgefühl und so viel Aufmerksamkeit schenken konnte und mir gleichzeitig so fremd war, als käme er von einem anderen Stern...

*

„Noemi, bist du noch wach?", flüsterte es in mein Ohr und ich schlug die Augen auf.
Vor mir stand Schwester Sarah in ihrem schneeweißen Kleid, das sich gut sichtbar von der Dunkelheit im Zimmer abhob.
Es war bereits mitten in der Nacht. Die anderen Mädchen schliefen tief und fest. Sarah drückte mir drei Tafeln meiner Lieblingsschokolade in die Hand.
„Danke, die hatte ich bitter nötig! Ich habe meine Vorräte schon wie-

der alle restlos vertilgt!", flüsterte ich und schürzte dabei mürrisch die Lippen. Sie setzte sich, wie schon so oft, zu mir ans Bett und strich liebevoll über meinen Kopf.
„Eigentlich verspüre ich gar nicht mehr so sehr das Verlangen nach Süßem, aber ich will ja schnellstens wieder hier raus", sagte ich in die entstandene Stille hinein. Sarahs warmer Blick ruhte auf mir, schien meine Worte bereits zu kennen, bevor ich sie ausgesprochen hatte.
„Du musst verstehen, was dich hierher geführt hat! Was du in deinem Leben wirklich brauchst und willst, und vor allem, dass du etwas wert bist, egal wie du aussiehst!", antwortete sie leise.
„Ich fühle mich so hässlich und fett, als wäre es jetzt die einzige Aufgabe meines Lebens zu essen, zu essen und nochmals zu essen...!", begann ich erstickt zu schluchzen.
„Ich werde ja regelrecht dazu gezwungen, andernfalls komme ich hier ja nie wieder raus!"
„Du hast es bald geschafft! Lass dich nicht unterkriegen, du gehst deinen Weg und glaub mir, du bist ganz bestimmt nicht fett! Das wirst du auch nie sein... Du bist so ein wunderhübsches liebenswertes Mädchen, das willst du bloß selbst nicht wahrhaben!", sprach sie mit ruhiger gedämpfter Stimme.
„Sarah! Was soll ich nur tun?"
Meine Finger klammerten sich an ihre.
„Ich habe solche Angst vor dem, was nach dieser Klinik auf mich wartet! Davor, meine Eltern wiederzusehen, von denen ich nicht weiß, wie sie reagieren werden. Hinzu kommt, dass ich keine einzige Freundin an meiner Seite habe, die mich unterstützen würde und auf die ich zählen könnte. Es schmerzt mich so sehr, dass da einfach niemand ist, der mich liebt - der mich von Herzen so liebt wie ich bin! Ohne dass ich mich verstellen müsste! Ohne dass ich meine, mich abhungern zu müssen, nur weil ich der Überzeugung bin, dass ich dann liebenswerter und annehmbarer wäre!"
„Noemi, so wie du jetzt bist - so offen und ehrlich, so erfrischend und liebenswert – wirst du mehr als genug wahre Freunde gewinnen!", wisperte sie und drückte meinen Kopf sachte in ihren Schoß.
Allmählich begannen meine Tränen unter ihren behutsamen Händen zu versiegen. Wie froh ich doch war, dass ich ihr mein Herz ausschütten konnte. Nun ging es mir schon wesentlich besser, doch ich wusste nicht, wie ich reagieren würde, wenn meine Eltern tatsächlich wieder vor mir standen.
Bestimmt würde ich meinen Gefühlen nicht Stand halten können und in meine alten Gewohnheiten zurückfallen. Dann würde ich mich wieder hässlich und ungeliebt fühlen, ohne Freunde und ganz allein. Dann

würde ich wieder damit anfangen zu hungern, mich abmagern zu lassen bis auf die Knochen, um noch das letzte verbliebene Stückchen Leben aus mir herauszupressen.
Ich wusste es. Ich wusste es schon jetzt, so wahr ich in Sarahs Schoß lag und darüber glücklich war, obwohl dieses Glück nur von kurzer Dauer sein würde...
„Sich die Zukunft auszumalen ist nur dann gut, wenn man sie mit fröhlichen Farben malt!", flüsterte Sarah und eine Woge des Schmerzes überschwemmte mich von neuem.
„Glaubst du im Ernst, deine Eltern lieben dich nicht mehr, Noemi? Glaubst du das wirklich!?"
Ich wusste keine Antwort darauf. Bei Mama war ich mir immer so sicher gewesen. Doch auch sie hatte mich, genau wie Papa, schon vorher des Öfteren, bitter enttäuscht. Jedenfalls zeugte deren Verhalten mir gegenüber nicht von großer Liebe.
„Ich weiß nicht! Ich glaube, vor allem Papa will mich loshaben!", erwiderte ich betrübt.
„Du darfst dich nicht von deinen Enttäuschungen aus deiner Vergangenheit blenden lassen, Noemi! Begegne ihnen offen und frei, immer in der Gegenwart! Lebendig! In der Gegenwart hast du keine Probleme! Nimm deine Eltern so an, wie sie sind, auch sie haben Leid und Schmerz erfahren. Genau wie du. Sieh das alles als Chance an, dein Leben selbst in die Hand zu nehmen, und endlich so zu leben, wie es dir gefällt und entspricht, unabhängig von dem was einmal gewesen ist. Du allein entscheidest, wie es weitergeht! Du bist alt genug, um das für dich zu erkennen. Versuche aber, dich nie im Streit von deinen Eltern oder anderen Personen zu lösen - das bindet dich erst so richtig an sie. Verzeih ihnen - und vor allem - verzeih dir selbst dafür, dass du dich in diese Umstände gebracht hast durch unbewusstes Denken und Handeln!"
Ich war verblüfft, auf welch reichen Erfahrungsschatz Sarah hier Zugriff hatte. Alles, was sie mir sagte, hatte Hand und Fuß, ergab einen Sinn und hörte sich so stimmig an.
„Der Weg hinaus ist der Weg hindurch!", flüsterte sie und ich kuschelte mich noch tiefer in ihren warmen Schoß...

Kapitel 20
Kristallfenster in die Vergangenheit

Die zähflüssige Masse ergoss sich in jede Öffnung meines Astralkörpers, erfüllte mich ganz und gar mit diesem seltsamen Wesen, das sich auf diese Weise mit mir vereinigte.
Ich spürte, wie sich die Grenzen meines Körpers aufhoben, wie es mich unter seiner grenzenlosen Weisheit erzittern ließ, die mich gleichzeitig mit ihm durchdrang. Ich ließ alles geschehen. Ich übergab mich dieser fremdartigen Macht.

*

Ich dachte nicht mehr. Ich war nicht mehr. Da war nichts mehr, was mich getrennt hätte von dem was da WAR. Stille umgab mich so laut, wie ich sie noch nie zuvor in meinem Leben gehört hatte...
Die Zeit hörte auf zu existieren, während das Kristallwesen mir die ersten Bilder sandte. So klar und lebendig, als wäre ich selbst noch einmal in die Vergangenheit zurückversetzt worden.

Mein komplettes bisheriges Dasein, jeder einzelne Moment, alle Höhen und Tiefen spulten sich noch einmal vor mir ab. Vor mir. Vor ihm. Da war Verstehen. Da war Bewusstsein. Alles war da!
Scheinbar unbedeutsame Abschnitte meines Lebens präsentierten sich plötzlich aus einer ganz neuen Perspektive. Ja, ich begriff mit einem Mal, dass alles, was ich bisher erlebt hatte, wichtig für mich war. Wichtig, um zu lernen, zu wachsen, mich zu entwickeln.
Mir wurde klar, dass am Ende nur das zählte, was ich erreicht hatte, nicht der bloße Wille oder der Versuch, etwas zu erreichen. Und was ich wirklich gefühlt hatte.
Nur das, was ich wirklich gelebt hatte, konnte ich auch mitnehmen und in mir hegen und pflegen wie einen Schatz. Das Kristallwesen zeigte mir erweiterte Betrachtungsweisen auf, ließ mich Teil haben an der universellen Wahrheit.
„Käme es dir nicht himmelschreiend schade vor, wenn du am Ende deines Lebens sagen müsstest, dass du immer zurückgesteckt und für andere gelebt hast, aber nie für dich selbst? Klingt das nicht auch unsagbar traurig? Und möchtest du dich dann nicht am liebsten selbst in die Arme nehmen und sagen, dass du nochmal von vorne anfangen kannst, dass du noch eine zweite Chance bekommst, dein Leben endlich so zu gestalten, wie du selbst es gerne möchtest?“
Ich brauchte nicht zu antworten, denn es sprach aus mir. Ich war es und es war ich. Keine Trennung mehr. Alles war wahrhaftig. Alles war eins.
„Du hast in jeder Sekunde deines Lebens die Wahl zwischen deinem göttlichen Kern und dem, was du früher oder später ohnehin wieder aufgeben musst. Du brauchst dich nur zu entscheiden als wer du leben möchtest. Doch dir fehlt noch etwas Entscheidendes. Du weißt nicht, weshalb du überhaupt hier bist, und doch weißt du es schon von Anbeginn aller Zeiten an. Dein kleines irdisches „Ich“ weiß nicht, wo es hingehört. Das macht dich so krank, zermürbt dich innerlich, lässt dich weder rasten noch ruhen, bis du endlich gefunden hast, wonach du schon so lange Zeit begehrst. Dir wurde etwas vorenthalten, das ich dir nun offenbaren werde, denn die Wahrheit ist heilsamer als die beste Notlüge!“ Hingebungsvoll lauschte ich dieser Stimme, die so samtig und streichelzart klang, dass ich ihr bis in alle Ewigkeit hätte lauschen wollen.
Erneut begannen Bilder in farbigen Strömen durch mich hindurchzufließen, doch diesmal waren es keine bekannten, vertrauten Bilder aus meinem Leben mehr. Plastische Szenarien, fast zu echt für bloße Bilder.
„Ich nehme dich mit auf die Reise in deine eigene Vergangenheit. Die Vergangenheit, die deine Zukunft noch immer bestimmt und die dich

geprägt hat!“, sprach mein unsichtbarer Begleiter weiter und plötzlich fand ich mich schwebend, wie die Zuschauerin eines Theaterstückes, von oben herab blickend, über den Köpfen zweier Menschen wieder. Doch wer waren die beiden? Was hatte ich mit ihnen zu tun?
Eine leise Ahnung beschlich mich und ich spürte, dass ich mich in diesem Moment, als ich mich das fragte, tatsächlich dort befand und es mich unweigerlich noch stärker zu den beiden hinzog. Waren das etwa meine...?
Mit einem Schlag überkam mich die Gewissheit, dass mir eine einzigartige, unglaubliche Möglichkeit geboten wurde, herauszufinden wer ich wirklich war.
Wahrhaftig, dieses geheimnisvolle Kristallwesen drehte noch einmal das Rad der Zeit für mich zurück, um endlich das zu finden, nach dem ich die ganze Zeit über so verzweifelt gesucht hatte...

*

Eine Waldlichtung im Sommer und zwei Menschen, die sich auf dem von Moos und Flechten überwucherten, staubigen Boden leidenschaftlich liebten. Die Blätter und Gräser erstrahlten in sattem Grün und raschelten leise im Wind.
Die junge Frau sah aus wie... ja, wie meine... meine...meine Mutter!
Wer aber war dieser gut aussehende fremde Mann mit den langen schwarzen Haaren, der Mama mit seinen kräftigen Armen umschlungen hielt?
Schlagartig wurde mir einiges klar.
Ich fühlte keine Scham weiter zuzusehen, denn ich wusste jetzt, dass dies die Stunde meiner Zeugung war. Aber dieser Mann war nie und nimmer mein Vater - oder zumindest nicht der, den ich immer für meinen Vater gehalten hatte!
Ein unaussprechliches Gefühl ergriff mich. In meinen Adern floss indianisches Blut! Mama hatte mir bis zum heutigen Tage verschwiegen, wer ich wirklich war! Und nun erkannte ich den Mann auch aus meinem Traum wieder. War das bereits damals eine Botschaft? Ahnte er überhaupt, dass es mich gab?
Mit einem Mal formte sich ein Name in meinem Gedächtnis und ich wusste, dass es der Name meines Vaters war: Maloko.
Die Geschichte spulte sich weiter ab und immer befand ich mich in direkter Reichweite, konnte alles hören was die beiden miteinander sprachen und sogar das, was sie vor über zwanzig Jahren, genau während dieses Augenblickes, gefühlt und gedacht hatten!
Ich durfte Anteil nehmen an ihren geheimsten Gedanken, ihrer sexuel-

len Lust, an ihrer Liebe zueinander, die mich ganz und gar erfüllte und mit einem überschwänglichen Glücksgefühl durchströmte.
Sie sprachen im weiteren Verlauf oft darüber zusammenzuleben, doch beide wagten es zu diesem Zeitpunkt nicht, ihr altes Leben einfach so aufzugeben. Maloko wollte nicht weg von seiner Familie, die hier in seiner Heimat, in Süd-Dakota im Pine-Ridge-Indianer-Reservat lebte. Dorthin war Mama ursprünglich nur gekommen, um im Auftrag ihrer Agentur Fotos von der Umgebung und insbesondere den Indianern und ihrer Umgebung zu schießen. Diese lebten in sehr ärmlichen Verhältnissen und bestritten ihren Lebensunterhalt entweder vom Tourismus oder waren schlichtweg arbeitslos und meist alkoholkrank.
Dieser Kontrast zwischen Faszination und Elend, alten Traditionen und Entwurzelung, stellte einen sehr interessanten Aspekt dar, den Mama mit der Kamera für einen Bericht einfangen wollte. Doch es verlief - wie so oft - alles ganz anders als geplant.
Maren und Maloko lernten sich bei einer Führung durchs Reservat kennen. Mama hatte sich sofort in Maloko verguckt. Vom ersten Augenblick an, als sie ihn traf, wusste etwas in ihr, dass sie etwas für ihn empfand, als wäre diese Begegnung bereits fest im Buch des Lebens verzeichnet gewesen und nun endlich eingetreten. Und auch Maloko fühlte sich magisch zu ihr hingezogen und so handelte es sich nur noch um eine Frage der Zeit, bis sich die beiden näher kamen...
Doch die Zukunft sah nicht sehr viel versprechend aus. Mama musste nach vier Wochen wieder zurück in ihre Heimat. Zurück in ihre Agentur. Zurück in ihr altes bekanntes Leben. Maloko hatte hier im Reservat seinen Verpflichtungen nachzukommen. Er arbeitete als Touristenführer und kümmerte sich zu Hause um seine kranke Mutter.
Hier im Pine-Ridge gab es noch vieles zu verbessern und einige Probleme aus der Welt zu schaffen und Maloko sah es als Teil seiner Aufgabe an, nach Leibeskräften mitzuhelfen und den Nachkommen wieder eine lebenswertere Zukunft zu ermöglichen. Die Entweihung der alten Stammestraditionen brachte es ebenfalls mit sich, dass sich die Indianer immer weiter von ihrem wahren Ursprung und ihrer alten Lebensweise entfernten, was mehr als nur bedauerlich war.
Er wollte nicht aufgeben, für die Rechte der Indianer zu kämpfen, die man ihnen einfach genommen, sie praktisch über Nacht entmündigt hatte.
Für die Indianer kam es auf keinen Fall in Frage, dieses Land zu verkaufen und zu verlassen, denn es war ihr Land. Das Reservat war das einzige Fleckchen Erde, das noch wirklich ihnen gehörte, ihre Heimat darstellte und ihnen von der Regierung nicht so einfach weggenommen werden konnte. Sie wollten weder ihr heiliges Land einfach so aufge-

ben, noch ihre Sprache, ihren Glauben, ihre Kultur...
Es war traurig zu erfahren, dass dieses einst so stolze Volk bis auf Wenige vollständig ausgerottet worden war und alte Stammestraditionen nur noch zu Vorführ- und Unterhaltungszwecken für Touristen dienten. Doch was sollten die Indianer tun? Sie waren auf das Geld dringend angewiesen und mussten somit gute Miene zum bösen Spiel machen...
Mama war trotz ihrer im Vorfeld für diese Reise getroffenen Vorbereitungen schockiert über die zum Teil katastrophalen Zustände die im Reservat herrschten. Armut, Alkoholismus, Gewalt und Krankheiten waren die täglichen Begleiter der dort lebenden Familien und auch deswegen wagte Mama es nicht, hier ein neues Leben mit höchstwahrscheinlich sehr fragwürdigen Zukunftsaussichten zu beginnen...

*

Natürlich wusste Mama zum Zeitpunkt ihrer Abreise noch nichts von mir - von ihrer Schwangerschaft. Ich spürte ihren Schmerz, als sie sich von Maloko verabschiedete. Warum mussten sie auch so früh wieder auseinander gerissen werden? Ich fühlte, wie sich Mamas Herz vor Trauer zusammen krampfte, als sie ihm versprach, jede Woche einen Brief zu schreiben und ihn so oft wie möglich zu besuchen...
Ich erlebte alles so hautnah mit, dass ich mich manchmal fragte, ob sie mich nicht vielleicht doch sehen konnten. Doch dies war und blieb nur eine unglaubliche, nicht-körperliche Zeitreise in die Vergangenheit, in eine Zeit, in der ich körperlich noch gar nicht existierte...

*

Maren begriff schnell, dass etwas nicht stimmen konnte, als ihre Monatsblutung ausblieb. Ein Schwangerschaftstest verschaffte ihr Gewissheit. Sie konnte es nicht fassen. Und das vielmehr aus Freude, denn aus Angst oder Bestürzung! Mama wollte mich auf jeden Fall behalten. Das stand von Anfang an fest und es gab keinen Zweifel in ihr, wann immer sie auch daran dachte. Keinen einzigen. Überwältigend.
Sie liebte mich von Herzen, weil sie Maloko von ganzem Herzen liebte. Und wieder offenbarte sich hier meine eigene Mutter von einer nie gekannten Seite. Nie hätte ich geglaubt, dass sie so viel Liebe, so viel unbeschreibliche himmlische Liebe und Zärtlichkeit für mich, dieses kleine Wesen, das sie unter ihrem Herzen trug, empfunden hatte...
Mama freute sich so sehr auf mich, dass es ihr nichts ausmachte, als ihr die Agentur nach einigen Monaten mitteilte, das bisher bestehende Beschäftigungsverhältnis nicht mehr länger zusichern zu können...

Mama war das völlig schnuppe. Ich war ihr wichtiger. Sie hatte sich bereits während der Schwangerschaft damit abgefunden, eine allein erziehende Mutter zu werden und sich notfalls mit einem anderen Job über Wasser zu halten. Oft dachte sie auch darüber nach, einfach alles hier zurückzulassen und zu Maloko nach Süd-Dakota zu gehen.
Doch sie verwarf die Idee immer wieder. Genügend Geld und medizinische Versorgung waren dort Mangelware und sie fühlte sich der Herausforderung dort einfach nicht gewachsen. Mit einem kleinen Baby noch einmal ganz neu anzufangen. Mit einem Mann an ihrer Seite, den sie nur von einem flüchtigen Abenteuer her kannte. Nächtelang lag sie wach und grübelte, was nun das Beste für sie und ihr Kind wäre. Sie schrieb Maloko viele Briefe. Aber sie erwähnte mich mit keinem einzigen Wort! Sie wagte es auch nicht, Maloko einfach noch einmal zu besuchen, um es ihm persönlich zu sagen. Je länger sie es hinausschob, desto schwieriger fiel es ihr zu handeln.
„Bestimmt wird er entsetzt darüber sein, dass ich ihm die Schwangerschaft so lange vorenthalten habe. Was, wenn er gar nichts mehr von mir wissen will? Was, wenn er mich nicht mehr gehen lässt? Vielleicht würde aber auch alles gut werden - aber wie in diesen Verhältnissen?!"
Mama zerbrach sich den Kopf an diesen nagenden Sorgen und Zweifeln, die sich immer und immer wieder im Kreis drehten – und die doch alle zu nichts führten, wenn sie keine klare Entscheidung traf. Hätte sie doch nur ein einziges Mal auf ihr Herz gehört...
Die ganze Zeit über verspürte ich den unwiderstehlichen Drang, meine Mama in die Arme zu schließen, sie zu trösten und ihr zu sagen, dass sie nur ihren Träumen, ihren innigsten Herzenswünschen zu folgen brauchte, um glücklich zu werden. Natürlich spürte ich ebenfalls, wie sehr sich Maloko nach Mama sehnte und bekam mit, dass es ihm nicht verborgen blieb, dass Maren ein Geheimnis verbarg, welches sie ihm in all ihren Briefen absichtlich verschwieg. Indianer spüren so etwas intuitiv.
Deshalb kam es, wie es kommen musste. Der Briefkontakt verebbte schließlich nach und nach. Besonders, als bereits wenige Monate später ein weiterer Mann in Mamas Leben trat - mein zukünftiger „Vater"! Sie hatten sich zufällig beim Einkaufen - ganz klassisch - mit den Wägen angerempelt und waren ins Gespräch gekommen. Mama fand Johannes auf Anhieb sehr sympathisch und ließ sich, wie es doch eine klassische Liebesgeschichte will - von ihm zu einer Tasse Kaffee einladen. Was alles weiter folgte, war logisch und nicht weiter nennenswert.
Fest stand: Von da an bemühte Mama sich, Maloko so gut es ging aus ihren Gedanken zu verbannen und schaffte dies schließlich auch beinahe. Wenn auch nur scheinbar, wie ich nun erfuhr, denn sie träumte

nachts oft von ihm und in unbeobachteten Augenblicken, in denen das Gefühl einmal Oberhand über den Verstand gewann, wurde sie von einer schreienden Sehnsucht nach ihm erfasst, die sie sich nicht einmal selbst einzugestehen wagte...
Ich zitterte bei dieser Flut von Gefühlen, die auf mich zustürmte und mich förmlich überrannte. Diese Empfindungen waren derart stark, dass mir vor Rührung die Tränen kamen. Und wieder fragte ich mich insgeheim:
„Wie macht es dieses Kristallwesen nur möglich, so tiefsitzende Emotionen freizulegen und mich darin derart einzubinden, als würde ich das alles gerade selbst erleben?"
Doch ich war und blieb leider nur eine Zuschauerin, die durch ein eigentlich längst geschlossenes Fenster von Raum und Zeit blickte. Wenn auch eine sehr privilegierte Zuschauerin, das musste man schon sagen! Allein das Kristallwesen hatte mir diese einzigartige Möglichkeit verschafft, etwas über die Vergangenheit, meine wahre Herkunft und über mich selbst zu erfahren. Dass Mama Johannes sofort heiratete, war mir nun nicht mehr unbegreiflich, da ich Mamas unausgesprochene Ängste und Zweifel hörte, die sie bereits seit geraumer Zeit hegte. Nicht zuletzt auch, weil sie sich bis zu diesem Zeitpunkt sicher war, dass ihre Tochter wohl oder übel ohne einen Vater aufwachsen müsste...
Die zwei sprachen viel darüber, wie sie mich erziehen wollten, von welchem Vater ich wirklich gezeugt wurde und wieso sich Mama nicht für ein Zusammenleben mit ihm entschieden hatte.
Sie sagte, dass die kulturellen und sozialen Unterschiede zwischen ihr und Maloko einfach zu groß waren. Es hätte nur Konflikte gegeben und außerdem hatte sie sich nun eben in Johannes verliebt und wollte mich mit ihm als Ersatz-Papa großziehen. Wie hätte ich auch wissen sollen, dass ich nicht seine leibliche Tochter war? Johannes war ja bereits am Tage meiner Geburt mit Mama zusammen. Hatte er sich deshalb mir gegenüber manchmal so merkwürdig verhalten? Wieso wollten sie es mir nicht sagen? Irgendwie hatte ich ja schon immer gespürt, dass da etwas nicht stimmte. Vor allem, als ich älter wurde und meine Geschwister noch kleiner waren, und ich ständig das Gefühl hatte, zu kurz zu kommen und nicht genügend Liebe und Aufmerksamkeit zu bekommen...
Doch das war es nicht allein. Zwist zwischen heranwachsenden Teenagern und Eltern gab es schließlich selbst in den besten Elternhäusern. Nein, da war noch etwas anderes. Etwas viel Tieferes, als dass ich es richtig hätte benennen können. Vielmehr war es ein aufrührendes Gefühl, das mich oft beschlich. Etwas Dunkles, Schmerzhaftes, das wie eine unsichtbare Sichel immer wieder zwischen uns fuhr, um unsere

Herzen zu zerpflücken wie dürres Gras. Endlich wusste ich nun ja auch, was es war.
Aber auch Johannes, meinen Stiefvater, sollte ich nun von einer nie gekannten Seite kennen lernen. Ich sah, wie liebevoll und aufopfernd er sich um Mama während ihrer Schwangerschaft kümmerte, wie er sich freute, als ich endlich da war und wie selbstverständlich er mich als „seine Tochter" akzeptierte...
Leider war diese Zuneigung, wie mir jetzt noch einmal lebensnah vor Augen geführt wurde, den immer größer werdenden Differenzen zwischen uns beiden gewichen, je weiter ich heranwuchs. Mama stand immer zwischen den Fronten und wusste oft nicht, wie sie sich verhalten sollte, um es uns beiden Recht zu machen.
Natürlich gab es auch durchaus schöne Momente mit meinem „Papa". Als kleines Kind nahm er mich fast jedes Wochenende mit hinaus in den Wald. Wir sammelten Pilze, streiften herum, entdeckten und bestaunten die Schönheit der Natur.
Mir wurde nun bewusst, dass ich nur dank ihm bereits von Kindesbeinen an ein besonderes Verhältnis zur Natur und ihren Bewohnern pflegen durfte, dass ich nur dank ihm so früh schon mit dem vertraut gemacht wurde, was mir bis heute immer half, Ruhe zu finden und neue Kraft zu schöpfen...
Wie im Zeitraffer konnte ich zusehen, wie ich heranwuchs. Alle schönen aber auch traurigen Momente meiner Zeit als Kind zogen an mir vorbei und ich begriff, dass all das einen tieferen Sinn hatte. Ja, ich wusste plötzlich, dass mein „Vater" nur so und nicht anders gehandelt hatte, weil es genau das war, was mich weiter brachte, was mich wachsen und reifen ließ.
Es sollte gar nicht so sein, dass ich bei meinem richtigen Vater aufwuchs, denn bei ihm hätte ich nicht genau diese Erfahrungen sammeln können, zu denen mir mein Stiefvater verholfen hatte. Ich verstand nun, dass es nicht darum ging, jemanden zu verurteilen aufgrund dessen, was er getan hatte, sondern sich zu überlegen, warum das so geschah und was sich aus den daraus resultierenden Erfahrungen neu entwickeln konnte - also Fähigkeiten, die halfen das Leben mehr zu verstehen und den Horizont zu erweitern.
„Nichts im Leben hat sich aus Zufall ereignet, auch wenn wir den wahren Sinn dahinter manchmal erst spät oder auch nie verstehen werden!"
Ich entfernte mich gedanklich immer weiter von meinen Eltern, weil ich mich unverstanden und ausgegrenzt fühlte. Ich wollte Regeln brechen, nach meinen eigenen Gesetzen leben, unabhängig sein... Doch hinter alldem stand immer nur dieser eine Wunsch - ich wollte mich selbst finden! Dieses unausgesprochene Geheimnis zwischen mir und

meinen Eltern trieb einen spürbaren Keil zwischen uns, den ich nicht entfernen konnte.
Ja, manchmal blickte ich auf mein Spiegelbild und wunderte mich über mein Aussehen. Nichts, aber auch rein gar nichts hatte ich mit meinen Eltern oder Geschwistern gemeinsam. Auch nicht mit Mama. Der dunklere Teint und die schwarzen Haare passten einfach nicht in diese Familie. Auch nicht meine Ansichten, die sich meist sehr von denen meiner Eltern unterschieden und die sie partout nicht verstehen konnten - ich war ja selbst oft nicht in der Lage, diese wirklich nachvollziehen zu können. Doch die wilden, fremden Gedanken waren einfach da, ich konnte sie nicht einfach wegscheuchen.
Ich war wie ich war. Ich war mir oft selbst fremd und noch fremder erschienen mir die Welt und die Menschen. Aliengeburt. Vishnu und verzweifelte Elfen über den Wellen.
Und abermals musste ich alle Phasen meiner Magersucht durchleben, die in meinem Körper und meinem Geist wütete wie ein fleischfressendes Monster.
Alles präsentierte sich plötzlich so sonnenklar.
Die Magersucht stellte einen Wendepunkt in meinem jungen Leben dar! Sie war dazu da, mich wieder zurückkehren zu lassen zu meinem Ursprung, meinen wahren Wurzeln, um endlich die Liebe, die ich so dringend brauchte, nicht mehr im Außen, sondern in meinem Inneren zu suchen.
Diese Sucht war eigentlich nur eine Suche nach etwas, was ich verloren und vergessen hatte - die liebende Göttin in mir, meine mächtige, schöpferische Kraft!
Ich hörte, was ich damals dachte und wie ich die Menschen, die in der Klinik als Ärzte, Schwestern, Psychologen und Therapeuten arbeiteten, für ihre „Dummheit“ verabscheute. Wie hasste ich sie doch für all das, was ich dort erdulden musste! Damals war es mir völlig unbegreiflich, wie ich aus dieser Situation etwas Gutes hätte ziehen sollen und wie ich meinen Eltern hätte verzeihen sollen.
Sie waren schließlich die Ursache allen Übels. Sie hatten mich in die Anstalt gebracht und mich dann einfach im Stich gelassen.
Ich empfand Verzweiflung und Wut, und mein Herz pochte vor Angst, weil diese Gefühle mir so unangenehm wurden, dass ich am liebsten laut „Stopp!“ gerufen hätte, damit ich wieder daraus befreit würde. Doch es war mir durchaus bewusst, dass es richtig und wichtig war, diese Gefühle noch ein letztes Mal passieren zu lassen.
Aus meiner jetzigen Sicht heraus, aus der ich alle Ereignisse überblicken und die Essenz daraus viel klarer erkennen konnte, erschien mir mein Verhalten damals schlichtweg als unwissend und naiv. Doch auch

dieses Verhalten war lehr- und hilfreich für mein weiteres Leben, denn wo stünde ich jetzt, wenn ich das alles nicht durchgemacht hätte? Ich spürte plötzlich, dass sich ein lange gehegter Knoten in mir löste, der mich bisher daran gehindert hatte, meine Gaben und meine Liebe frei fließen zu lassen.
Endlich fühlte ich mich bereit zu verzeihen.
Meinen Eltern, für das, was sie mir angetan hatten. Allen Menschen, die mich im Laufe meines Lebens verärgert oder verletzt hatten. Speziell meiner Mutter, dass sie mir nie die Wahrheit gesagt und mir meinen leiblichen Vater vorenthalten hatte. Johannes, meinem Stiefvater, für sein Verhalten mir gegenüber. Nicht zuletzt auch mir selbst. Dafür, dass ich nicht schon früher umsichtiger gelebt und gehandelt hatte, immer nur auf mich selbst bedacht war und meinte, mir menschliche Zuneigung ausschließlich durch Äußerlichkeiten verschaffen zu können...
Ein unbeschreibliches Gefühl von Freiheit erfasste mich und es war, als dehnte ich mich bis weit über die Grenzen meines Körpers in alle Richtungen hin aus. Als würde mein Herz so groß werden, dass das gesamte Universum darin Platz finden könnte...
Die letzten Szenen zogen im Eiltempo an mir vorüber. Ich sah mit an, wie mir die Sonde von Schwester Sonja gezogen wurde, wie meine Eltern plötzlich in der Tür standen und Mama mich freudestrahlend in die Arme nahm, um mich endlich wieder mit nach Hause zu nehmen. Doch neben der Freude über meine Entlassung spürte ich auch den unbändigen Hass, der während meines Aufenthaltes hier auf meine Eltern gereift war. Nein, ich konnte und wollte mich nicht freuen! Ich wäre am liebsten ganz allein von dannen gezogen und hätte die gesamte Zeit hier wie ein zerknülltes, einmal und nie wieder benutztes Papiertaschentuch hinter mich geworfen, um endlich wieder meine eigenen Wege zu gehen...
„Jan!“, schnellte es mir plötzlich durch den Kopf.
„Was ist bloß aus ihm geworden?“, wandte ich mich fragend an das Kristallwesen. Doch auch um Jan brauchte ich mir keine Sorgen mehr zu machen. In Bruchteilen einer Sekunde, wenn man dieses Stück Ewigkeit überhaupt in Zeit ausdrücken konnte, erfuhr ich, wie er sich damals gefühlt hatte, als ich ihn im Urlaub auf so unglaublich kalte Weise zurückgestoßen hatte.
Seine tiefe Zuneigung mir gegenüber war nie gespielt gewesen und stellte für ihn keineswegs nur eine nicht so ernst zu nehmende Randerscheinung dar.
Im Stillen weinte er oft um mich. Und doch hatte er mir längst verziehen und sah in mir noch immer seine erste große Liebe!
Ich war sprachlos vor Rührung über seine edlen Gedanken, die weder

von Argwohn noch von Boshaftigkeit gekennzeichnet waren, sondern ausschließlich auf Bewunderung und aufrichtiger Verehrung mir gegenüber aufbauten. Wie bewundernswert, dass es immer noch solch großherzige Menschen wie Jan gab! Niemals hatte ich es für möglich gehalten, dass er mir verzeihen würde. Doch wahrscheinlich war ich damals in dieser Hinsicht - wie so oft - nur von mir selbst ausgegangen...

Es fühlte sich so ungemein erlösend an, plötzlich festzustellen, dass niemand eine Schuld zu tragen hatte. Jeder war für sich und sein Leben selbst verantwortlich. Mit Sünde, Beschuldigungen und Verurteilungen sollte jetzt ein für alle Mal Schluss sein.

Der Film, in dem ich selbst Regisseurin, Hauptdarstellerin und Zuschauerin gleichzeitig war, lief weiter, dem Ende entgegen.

*

Dunkles Geheimnis.
Du bist stets bei mir.
Versteckst dich in mir und ich in dir.
Du erzählst mir vom Leben und vom Tod.
Und von so vielen Dingen dazwischen.
Nichts beruhigt mich mehr als die Gewissheit,
dass das alles irgendwann zu Ende sein wird.
Doch du wirst immer da sein.
Dunkles Geheimnis.
Du geleitest mich durch alle Qualen.
Du läuterst mich durch die Evolution des Geistes.
Und ich erkenne, dass da nichts ist. Nichts.
Was uns vermag zu trennen...

*

Rückkehr nach Zuhause.

Heimwärts? Wehrlos? Wer?

Meine Geschwister freuten sich mich wieder zu sehen. Eigentlich alle, die mich trafen. Nur ich freute mich nicht. Nur ein bisschen, dass ich endlich wieder frei war, obwohl ich längst wusste, dass ich das nur im Kopf wirklich sein konnte, falls ich das überhaupt irgendwann einmal schaffen würde...

Und nun war ich also wieder da.

Seltsam, wie fremd plötzlich alles roch, wie ungewohnt mir mein Zimmer erschien, als ich es zum ersten Mal seit langer Zeit wieder betreten

durfte. Ich spürte tiefe Trauer und eine ekelhafte Wut in mir auflodern, als ich mich auf mein so lange vermisstes Bett setzte und über den frischen Überzug strich. Alles war so wie immer. Scheinbar. Doch in mir hatte sich alles verändert.
Ich konnte und wollte nicht mehr hier bleiben! Nicht mehr in diesem Zimmer, nicht mehr in diesem Haus, nicht mehr in dieser Stadt und vor allem - nicht mehr bei meinen Eltern! Die Erinnerungen erdrückten mich, wollten mir keinen Platz mehr für etwas Neues lassen, mit dem ich hätte beginnen können.
Ich wagte mich einfach nicht mehr zurück in dieses alte Leben, in diesen Alltag, der mich unter sich zu begraben drohte...
„Ich will nicht mehr bei euch wohnen!“, warf ich meinem „Vater“ an den Kopf, als er hinter mir das Zimmer betrat. Völlig fassungslos starrte er mich an, konnte nicht glauben, was er da eben gehört hatte. Ich wiederholte den Satz mit fester Stimme. Er antwortete nur, dass ich doch endlich meine dummen Witze lassen solle...
Was darauf folgte, war ein Streit, in dem ich ihn mit all dem, was ich je als ungerecht und gemein empfunden hatte, konfrontierte. Ich war so wutentbrannt und hasserfüllt, dass ich gar nicht mehr aufhören konnte und mich immer weiter in alles hineinsteigerte.
Die ganze angestaute Wut brach nun ungebremst aus mir heraus und ich bestand darauf sofort auszuziehen. Wenn es sein musste, zu einer Pflegefamilie! Hilfe - so weit war ich also schon!
Am liebsten hätte ich mich jetzt selbst zurückgehalten und mich zurechtgewiesen und verlangt, ein wenig umsichtiger und bedachter zu handeln, wenn mir dies möglich gewesen wäre. Doch das Kristallwesen ließ in dieser Beziehung natürlich auch nicht mit sich verhandeln.
Denn genau DAS war ICH.
So und nicht anders hatte ich mich in der Vergangenheit verhalten und das wurde mir nun knallhart vor Augen geführt. Jedoch keinesfalls mit der Absicht, mich zu verletzen, zu beschämen oder wütend zu machen, auch wenn es für mich den Anschein danach hatte. Nein.
Das Ganze war schlicht und ergreifend dazu da, dass ich erkannte, wie ich einmal gewesen war, um es ein für alle Mal abzuhaken und es für die Zukunft besser zu machen.
Ohne Bewertung. Ohne unnötige Emotionen. Einfach nur ansehen - erkennen - akzeptieren - loslassen. Wie einen kleinen unschuldigen Vogel, den man aus der Hand in den großen weiten blauen Himmel flattern lässt...

*

Das Vögelchen bekam, wonach es verlangte. Nach zwei Wochen Terror hatte ich meine Eltern soweit. Sie konnten sich nicht mehr vorstellen, dass es einmal ein menschliches Wesen namens Noemi gegeben haben sollte, das ihre Tochter war...
Mama suchte in ihrer Verzweiflung, mich nicht umstimmen zu können, tatsächlich nach einer passenden Pflegefamilie für mich.
Alles Bitten und Tränenvergießen hatte nichts genutzt. Nicht mehr. Ich blieb hart, denn ich wollte es ihnen heimzahlen.
Nun würde ICH sie alleine lassen.
Vor allem Mama würde das schwer treffen, das wusste ich. Genauso, wie es mich innerlich fast umgebracht hatte, als sie mich in der Klinik allein gelassen hatte... Unglücklicherweise fand sich auf die Schnelle keine Familie, die mich bei sich aufnehmen wollte. Jedoch bot uns der Bruder meines Vaters, Onkel Hans an, ich könne in seinem alten, leer stehenden Jägerhaus solange unter kommen, bis wir etwas anderes gefunden hätten. Natürlich kam das für Mama überhaupt nicht in Frage. Doch ich wollte es.
Onkel Hans hatte das Häuschen früher einmal privat als Förster genutzt, war nun schon pensioniert und bewohnte es nicht mehr. Es war aber noch ganz ordentlich in Schuss und lag gut eine dreiviertel Stunde Autofahrt von meinem Elternhaus entfernt, am Rande eines großen Waldgebietes...
Ich war bereit, alle Unannehmlichkeiten in Kauf zu nehmen, die mit meinem Aufenthalt dort zusammenhängen würden. Auch, dass ich dann aus Gründen der Wegstrecke die Schule wechseln musste. Doch das erachtete ich als nicht weiter schlimm, da ich während meines Aufenthalts in der Klinik ohnehin für so lange Zeit aus der Klasse gerissen war. So oder so musste ich ohnehin den Jahrgang wiederholen. Es war einfach zu viel Stoff, den ich versäumt hatte, als dass ich es geschafft hätte, alles innerhalb weniger Wochen nachzulernen. Das hatte ich, ehrlich gesagt, auch gar nicht vor. Neuanfang...
Ich wollte endlich für mich entscheiden können, für mich selbst verantwortlich sein und vor allem - für mich allein sein! Genau das hatte ich nun erreicht. Ich war so unheimlich stolz auf mich, dass ich auf der Stelle einziehen wollte. Mama und Papa erklärten sich bereit, mir bei den Ausbesserungsarbeiten im und am Haus, beim Umzug und beim Einrichten zu helfen.
Auch versprachen sie, mir einen monatlichen Geldbetrag in angemessener Höhe zukommen zu lassen, solange ich noch zur Schule oder zur Uni ging. Ich machte mich, so schnell es ging, mit den umliegenden Ortschaften und der nächsten Stadt vertraut und Mama half mir, eine neue Schule ausfindig zu machen...

Ich spürte, dass meine Eltern mehr als nur enttäuscht von meinem unmöglichen Verhalten waren. Doch sie unterstützten mich, wo sie nur konnten, obwohl ich ihrer Ansicht nach noch viel zu jung für ein Leben allein in einem eigenen Haus war, noch dazu in dieser Einsamkeit.
„Du hast dich doch noch gar nicht von deiner Krankheit erholt, Noe! Was, wenn du wieder anfängst zu hungern und diesmal niemand mehr da ist, der dich da raus holt! Du kannst noch nicht auf Dauer ganz alleine zurechtkommen!“, redete mir Mama immer wieder ins Gewissen. Doch ich blieb bei meiner Entscheidung. Ich versicherte, dass ich zur regelmäßigen Nachuntersuchung gehen würde und dass ich endlich auch Verantwortung für mich selbst übernehmen wolle.
Das wirkte! Kein Wort des Dankes kam während dieser Zeit über meine Lippen, denn ich betrachtete es als nur gerecht, dass meine Eltern mit ihren Diensten einen Ausgleich zu dem schafften, was sie bei mir verschuldet hatten.
Ich beschloss, sie nie mehr wieder zu besuchen, obwohl es mir irgendwie leid wegen meiner Geschwister tat. Sie konnten ja nichts für all das...
Die Tage verstrichen, Monat um Monat ging ins Land. Doch innerlich war und blieb ich zerrissen, fand keinen Frieden, schwankte oft zwischen Depression und Frohsinn hin und her, und meine einzige Zuflucht und Trost spendende Stätte in dieser langen Zeit meiner freiwilligen Isolation stellten die Natur, der Wald, vor allem aber meine schillernde Phantasiewelt dar, in die ich mich oft und gerne zurückzog. Die Lust am Hungern war mir in der Klinik gehörig vergangen.
Der Gedanke daran, wie es dort war und wie heilig mir meine Zeit für mich war, in der ich tun und lassen konnte, was ich wollte, war stark genug, um mich vor weiteren Abstürzen zu bewahren.
Wie auch immer, im Laufe der Zeit pendelte sich mein Gewicht ein paar Kilo unterhalb meines Entlassungsgewichtes ein und ich fühlte mich zum ersten Mal seit Langem wieder richtig wohl in meiner Haut. So sah also mein ganz individuelles Gewicht aus, weder von Ärzten, noch von Tabellen festgelegt, sondern von mir selbst bestimmt und für gut befunden.
Außerdem quälten mich in dieser Zeit andere Probleme, die mich wesentlich mehr beschäftigten als mein Gewicht. Plötzlich war es nicht mehr das Wichtigste auf der Welt. Nun war ich gezwungen, mich mit mir, mit meiner traurigen unvergebenen Vergangenheit, meiner schwarzen verworrenen Gedankenwelt und mit meiner noch im Unklaren liegenden Zukunft auseinander zu setzen. Leider war mir das unmöglich, da ich sozusagen feststeckte. Begraben unter der Kloake meiner unverdauten Gefühle...

Bis zu dem Punkt, an dem ich es nicht mehr aushielt. Die Isolation, die Ungewissheit, die Trauer über all das was geschehen war. Endlich war ich soweit, dass ich mich auf den Weg machte. Nicht nur auf den Weg zu meinen Eltern oder nur zu mir selbst, nein, den hatte ich schon lange beschritten.
Ich machte mich vor allem endlich auch auf den Weg der Liebe, des Verzeihens, des Verstehens und des eigenverantwortlichen schöpferischen Handelns.
Ich begriff, dass das Leben ein kreativer Prozess war, ein Spiel mit den unterschiedlichsten Energien. Wer dieses Spiel durchschaute und hinter den Schleier der Illusionen zu blicken vermochte, für den gab es keine Grenzen mehr. Alles Vorstellbare, jede noch so abstrakte Phantasie war dann bereit, sich früher oder später zu manifestieren...

*

Ich begriff nun, dass ich damals von meiner Sichtweise her begrenzt war, dass ich meine Eltern für etwas verurteilte, was für sie damals aus ihrer Situation heraus einfach das einzig Richtige war...
Oder welche Eltern hätten zugesehen, wie ihre Tochter langsam verhungerte? Ja, es wäre beinahe so weit gekommen, doch das war mir nicht bewusst gewesen. Mein Geist beherrschte meinen Körper und der war auf Selbstzerstörung programmiert. Auch, wenn ich das nie ernsthaft beabsichtigt hatte. Der letzte Rest meines Lebens, bis zu dem Moment meines Betretens des Esoterikladens, wirbelte im Sauseschritt an mir vorbei und alles was mir bis dahin noch schleierhaft erschienen war, fügte sich nun, wie ein großes Puzzle, Stück für Stück zusammen...
Die Vision am Lagerfeuer, die mir zweifellos ein früheres Leben als Indianerin, eingebunden in das harmonische Geflecht von Mensch und Natur aufzeigte, war ein Teil von diesem Puzzle.
Mein zweites „Ich", oder besser gesagt, meine geistige Führerin, die schwarze Fee, die nicht nur ein Hirngespinst oder eine Widersacherin von mir war, sondern meine bessere Hälfte, meine liebevolle gute Seite in mir darstellte und die Stimme meines Herzens vertrat, um mir beizustehen, ebenso. Oder auch meine wahre Herkunft, die mir so lange vorenthalten blieb...
Die verwegenen Träume, die mich so oft heimgesucht hatten dienten immer nur einem Zweck: Mich auf meinen Weg zurückzubringen, mich zu leiten, mir Hinweise zu geben...
Selbst meine bloße Existenz, die sich mir plötzlich als ein einziges unbegrenztes unbeschränktes Sein offenbarte, war einfach so großartig

und unbeschreiblich schön, dass ich diesem Leben auf jeden Fall einen unermesslichen Wert zugestehen musste...
Schwester Sarah, die damals mit mir in die Klinik gekommen war, sich so rührend und selbstlos um mich gekümmert hatte, um schließlich ebenfalls am Tag meiner Entlassung spurlos zu verschwinden...
„Ich bin so dankbar...", flüsterte ich mit einem mir übermächtigen Gefühl von unendlicher Erleichterung und im gleichen Augenblick löste ich mich vollständig aus diesem Film heraus. Mein Bewusstsein tröpfelte langsam in meinen Körper zurück und ich spürte abermals die wohlig-warme Flüssigkeit, die mich vollkommen erfüllte und sanft umspülte.
„Du hast alles erfahren, was du wissen musstest und nun ist es an der Zeit, Abschied zu nehmen!"

*

Plötzlich stand ich wieder vor Stellula-Kali und taumelte benommen, als wäre ich gerade aus einer Vollnarkose erwacht. Beruhigend legte sie ihre Hand auf meine Schulter.
„Das Kristallwesen hat mich erkennen lassen, dass alle Macht und Weisheit des Universums bereits in mir sind. Damit kann ich alle Herausforderungen bewältigen, die sich mir stellen!", sprach ich wie unter Trance zu ihr, immer noch tief mitgenommen und beeindruckt von alldem, was sich mir gerade auf so unglaubliche Weise offenbart hatte. Sie nickte und antwortete:
„Nun ist es an der Zeit, zurückzukehren, Noemi! Du hast noch viel vor dir!"
„Ja, und zum ersten Mal bereitet mir dieser Gedanke keine Furcht mehr!", antwortete ich und spürte einen stärker werdenden Sog, der an mir zerrte und mich mit sich reißen wollte. Stellula-Kali umarmte mich, barg mich schützend in ihren Armen und rief:

Hab Dank, du Wesen allen Lichts,
Tor der Zeit, oh öffne dich!
Gib uns frei, gib uns frei!
Spur verwische, Stern verglühe,
nichts ist wie es vorher war,
kehr zurück an deinen Ort!
Traumpfad durch die Sternennacht,
in deiner Zeit bist du erwacht!

*

Vergangenheit, Gegenwart und **Zukunft** verschmolzen zu einem großen Ganzen, einem allgegenwärtigen Jetzt, das sich in jedem Augenblick neu erschuf.

*

Und so, als wäre von alldem nie etwas geschehen, stand ich auf einmal wieder dort, wo meine lange Reise ihren Anfang genommen hatte. Vor dem Esoterikladen!
Mit dem Fahrrad. Mit meinem Rucksack. Ich konnte es nicht fassen und hatte damit zu kämpfen, nicht auf der Stelle durchzudrehen, so unglaublich, so verrückt und phantastisch war das alles. Vorsichtig schielte ich in das kleine Geschäft. Als wolle ich noch einen letzten Blick erhaschen, mich vergewissern, dass darin tatsächlich der alter Zauberer war. Aus dem Augenwinkel sah ich etwas huschen. Und – da war er! Für den Bruchteil einer Sekunde glaubte ich das Gesicht mit dem langen Bart erkannt zu haben.
„Ich glaube, du hast hier nichts mehr zu suchen! Du hast schon alles gefunden!", lautete die Antwort, die er aus seinen schelmisch blitzenden Augen zu mir herüber zwinkerte, bevor er hastig und ohne sich noch einmal umzudrehen durch die geheime Hintertür entschlüpfte. Ich starrte ihm von der Straße aus mit offenem Mund nach. Jedoch nur kurz. Auf einmal fiel mir auch wieder ein, warum ich eigentlich hier in dieser Stadt war.
„Ich wollte mir doch bloß etwas zu essen kaufen! Das Leben spielt mir Streiche!" Alles Erlebte mutete mir nun wieder so surreal wie ein Gemälde von Dalí an und ich hätte diese Geschichte, wäre sie mir von jemand anderem erzählt worden, beim besten Willen nicht für glaubhaft befunden. Mein Blick richtete sich auf die Kirchturmuhr. Konnte das alles nur purer Zufall sein? Elf Minuten nach zehn...
Stellula-Kali musste die Zeit für mich mit ihrem seltsamen Spruch wieder so hingebogen haben, sodass es keinerlei Verzögerung auf meinem Weg gab!
Mein Weg war mir geebnet worden - und er führte geradewegs auf etwas zu, das mir Freude und Schrecken gleichermaßen bereitete, wenn ich daran dachte...

Kapitel 21
Gräser im Wind - Heimkehr

Nichts würde von nun an so bleiben wie es war, und das war auch gut so.
„Alles ist einem nie endenden Wandel unterzogen, der nicht nur Teil des Lebens, sondern vielmehr das Leben selbst ist..."
Ich schwang mich auf mein Rad, um nun dorthin zu fahren, wohin ich die ganze Zeit über wollte - zu meinen Eltern. Zu meiner Mutter Maren und zu meinem Stiefvater Johannes, die ich nun beide mit ganz anderen Augen sehen konnte. Wie nun so vieles in meinem Leben...
Wenn ich meine Sinne offen hielt, konnte ich sie hören. Die seltsame faszinierende Melodie meiner Seele! Dann erschienen mir auch Zeichen, versteckte Botschaften, die mir zuflogen wie kleine Schmetterlinge.
„Alles ist gut!", kam es mir in den Sinn und ich spürte, dass ich bereits alles in mir hatte, was ich brauchte, um glücklich zu sein. Überall, wo ich hinsah, begegnete ich Reflexionen meiner eigenen Verhaltensweisen und Handlungen, die mir halfen, mich selbst zu erkennen. Menschen, Tiere, Situationen, ja selbst die Richtung, in die der Wind die Wolken am Himmel vorüberziehen ließ, waren nichts anderes als Spiegelbilder, Geschöpfe meiner eigenen phantastischen Innenwelt. Denn im Grunde gab es das alles ja gar nicht. Innen und Außen. Engel und Satan. Schwarz und Weiß. Quantensprünge im Evolutionszyklus der Ewigkeit...
Ich befuhr gerade einen von langen, im Wind wispernden, Gräsern gesäumten Feldweg, da packte es mich. Ganz plötzlich und ohne Vorwarnung. Das Glück.
Ich wusste nun, woher ich kam und wohin ich ging, denn ich hatte die freie Wahl. Ich hatte nichts zu verlieren, solange ich mich nicht selbst verlor.
Die Luft schmeckte nach Heu, die Grillen zirpten und der Fahrtwind umfing mich mit seiner duftigen Frische. Die Zukunft lag vor mir wie ein roher Diamant, dem ich ganz allein meine individuelle Form geben durfte. Am besten ohne darüber zu urteilen bevor er noch nicht vollständig fertig war.
Nichts, was ich tat, blieb unbemerkt und ohne Auswirkung. Ins große Buch des Lebens würde meine Geschichte ebenso eingehen und ihre Spuren hinterlassen, wie die Geschichten aller Lebewesen. Ich dachte an Maloko, und ein Gefühl der Liebe und der Sehnsucht schlich sich in mein Herz.

„Wo bist du jetzt? Was tust du gerade? Werde ich dir jemals persönlich gegenüberstehen?“
Irgendwie vermisste ich ihn, obwohl ich ihn doch bisher nur aus meinen Träumen und dem magischen Erlebnis mit dem Kristallwesen kannte. Doch das würde sich alles noch zur rechten Zeit regeln, lag es doch einzig und allein an mir selbst, was ich aus diesem neu gewonnenen Wissen machte. Ich war wild entschlossen, meinen leiblichen Vater eines Tages persönlich kennen zu lernen und ihn, wenn möglich, im Pine-Ridge-Reservat zu besuchen.
Doch im Augenblick stand etwas anderes, etwas nicht minder Wichtiges an, das ich nun unbedingt tun musste, um endlich wieder vollkommen frei für mein neues Leben, den neuen Abschnitt in meinem Dasein hier auf Erden zu sein. Die kleine Ortschaft kam in Sicht.
Mein Herz begann wild zu hüpfen, teils vor Freude, teils vor Aufregung. Ich wusste, ich war zu mehr bestimmt, als in einer alten verlassenen Jägerhütte oder in einem meiner Luftschlösser zu sitzen und mein Leben an mir vorüberziehen zu lassen. Zwar würde ich immer ein Mensch bleiben, der auf eine seltsame Art von Traurigkeit und Melancholie besessen war, aber dieser Zustand war einer, den ich schon kannte und den ich einfach innerhalb meiner immerwährenden Zuversicht integrieren konnte. Meine melancholische Konstante im Leben war nicht immer nur hinderlich, sie war oft auch eine Inspirationsquelle! Vor allem, wenn ich diese Gefühle als einen Teil meiner Persönlichkeit akzeptieren konnte.
Ich wusste nun, dass ich der Vergangenheit nicht länger hilflos ausgeliefert war, wenn ich mich entschied, meine Wahrheit auch mit anderen zu teilen.

*

„Ist das Leben nicht wunderschön, liebe Noe?“, hörte ich plötzlich eine mir vertraute, mit ansteckender Heiterkeit durchtränkte, Stimme in mir flüstern.
Einen Moment lang vergaß ich zu atmen und wagte nicht, ihr zu antworten.
„Kann das sein, kann das wirklich wahr sein?!“, rief ich und als prompt die Antwort „Du hast es geschafft Noe! Du hast es wirklich geschafft!“ in mir jubelte, wusste ich es genau. Meine treue Begleiterin sprach endlich wieder zu mir. Besser gesagt,

ich konnte ihre Stimme wieder wahrnehmen, zu der ich so lange keinen Zugang mehr gefunden hatte, weil ich zu fixiert, zu egoistisch, zu stolz und zu ängstlich gewesen war, und mich in Selbstmitleid fast ertränkt hatte.
Nun war all das überwunden und ich fühlte ganz deutlich, wie sehr sie sich mit mir darüber freute.
Ich kam an. Das Haus meiner Eltern, meiner Kindheit und meiner Jugend, das Haus in dem ich aufgewachsen war und in dem sich das „notwendige" Drama meiner Entwicklung und Abspaltung vollzogen hatte, stand nun vor mir. Ich stand vor ihm. Und alles sah noch so vertraut und gemütlich aus, wie ich es in Erinnerung hatte.
Die Begonien blühten üppig, wie jeden Sommer. Rosarot und weiß. Die Schwalben zwitscherten ihren lustigen Singsang auf dem roten, mit Flechten und Moosen überwucherten Ziegeldach. Ich freute mich.
Es fühlte sich irgendwie richtig an. Vorsichtig lehnte ich mein Fahrrad an die schöne hochgewachsene Birke vor dem Haus und trat entschlossen durch die Gartenpforte...

*

Die Geburt einer neuen Seele

Die Seele macht sich auf den Weg in die Abgründe und
die Wunder des menschlichen Seins.
Nichts ist wie es vorher war und eintauchend
in den Ozean der Liebe empfängt sie ihr neues Leben.
Möglichkeiten und Sehnsüchte, schier unermesslich.
Ein Gewirr aus Farben, Formen, Gefühlen
und schlummernden Sehnsüchten.
Doch sie kennt ihren Wunsch und den Weg.
Sie weiß um die Gefahr zu scheitern.
Sie sieht ihre dunkle Nacht schon heraufziehen.
Aber sie spürt die Liebe und ihre Aufgabe.
Es gibt kein Zurück mehr -

Noemi...

Biographie

Julia Jobst

geb.: 21. Dez. 1983 in Bad Windsheim (D)
Künstlername: Ophelia Belladonna
Homepage: www.julia-jobst.com

„Nach meiner Ausbildung zur Mediengestalterin begann ich im Jahr 2005 meine Tätigkeit als freischaffende Künstlerin in den Bereichen Malerei & Schriftstellerei...

...ich sehe meine Werke als eine Brücke zwischen der Welt ‚hier' und der Welt ‚außerhalb' unseres Alltagsbewusstseins. Vor diesem Hintergrund versuche ich stets eine gefühlte Botschaft zu transportieren, die mehr im Verborgenen/Unterbewusstsein rührt, als dass sie sofort klar mit dem Verstand zu erfassen ist."

Julia Jobst

aus der Sicht eines Freundes...

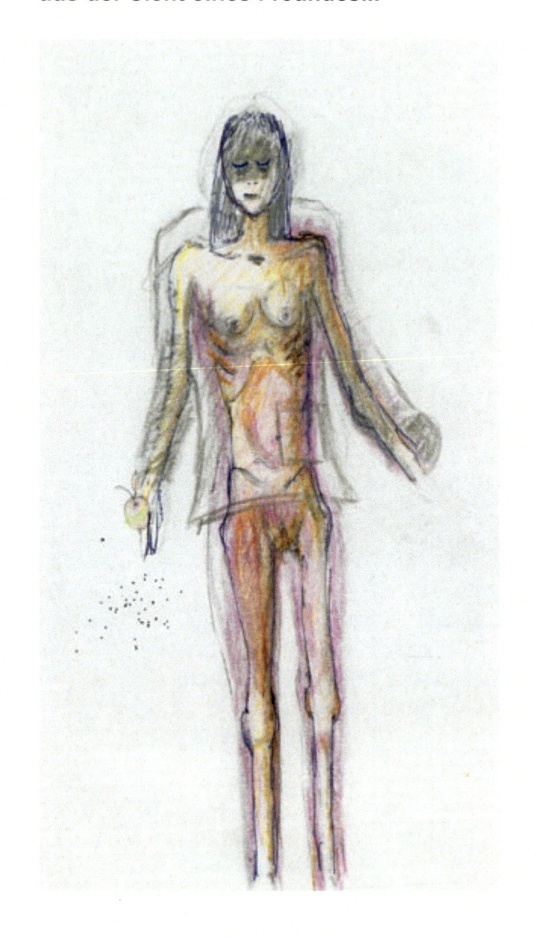

Noemi, eine intelligente, eigensinnige, naturverbundene und etwas ‚verrückte', junge Frau blickt auf eine sehr persönliche und selbstironische Weise auf ihr bisheriges Leben mit all seinen Höhen und Tiefen zurück...

...sie meint, ‚anders' als all die Anderen zu sein. Die Magersucht, in die sie sich als junges Mädchen flüchtet, erscheint ihr als einzig wahres Mittel zum Selbstausdruck. Sehnsucht nach Liebe und Anerkennung führt sie auf einen langen, steinigen Weg der Selbstfindung, auf dem sie zu begreifen beginnt, dass das Leben für sie mehr bereit hält als Selbstmitleid, Kummer & Hungern.

Eine magische Reise in tiefste Abgründe ihrer Seele beginnt und entführt die LeserInnen in eine Welt, die phantastischer, gefühlvoller und gegensätzlicher nicht sein könnte.

296 Seiten, 23 Farbbilder

ISBN 978-3-200-04255-1